CHARLEMAGNE
ou
LA JEUNESSE DU MONDE

Du même auteur

H.M.S. Fidelity, Presses de la Cité, 1957.
L'Oiseau, Presses de la Cité, 1960.
La Bataille d'Angleterre, Presses de la Cité, 1964.
Délit de vagabondage, Grasset, 1978.
Le Maître de Hongrie, La Table ronde, 1980.
L'Homme de 40, Laffont, 1980.
La Télévision libre, Gallimard, 1981.
Histoire de France des commerçants, Laffont, 1983.
Je suis François Villon, Denoël, 1987.
Loin de Massilia, RMC, 1987.
Le Grand Livre de la poésie française, France-Loisirs, 1988.

MARCEL JULLIAN

CHARLEMAGNE
ou
LA JEUNESSE DU MONDE

Flammarion

ISBN : 2-08-066879-X
Imprimé en France

AVERTISSEMENT

Il ne s'agit pas d'un livre d'Histoire.

Comme pour nombre de personnages des époques reculées, les traces certaines sur Charlemagne sont, le plus souvent, éloignées les unes des autres et controversées. Les précautions abondent dans les ouvrages qui lui sont consacrés : « l'épée *dite* de Charlemagne », la « cérémonie du sacre *représentée bien plus tard au XVe siècle* », « Roncevaux érigé à la dimension d'une grande bataille *grâce à l'épopée littéraire* », et tant d'autres. Les orthographes aussi diffèrent. On bataille même sur les écrits des contemporains. « Que de fer ! » fait dire Notker le Bègue, moine de Saint-Gall, à Ogier, compagnon de Charles quand il décrit son maître à Pavie, en contradiction formelle avec l'armement et l'équipement guerrier de son époque [1]. De même Alcuin parle de « la Sainte Eglise catholique » là où l'on attendait « chrétienne ». Roncevaux ne s'est appelé ainsi que deux siècles après le franchissement des Pyrénées par Charles.

Nous avons pris le parti du *personnage*, tel qu'il s'imposait, rigoureusement, de lui-même au fur et à mesure que le film et le livre se bâtissaient. Il n'avait ni « la barbe fleurie » des livres d'enfants, ni les traits des gravures anciennes. Il était, tout bonnement, gigantesque et hors de comparaison avec quiconque.

1. Les armées de Charlemagne utilisaient la « broigne », un vêtement de cuir sur lequel sont percées des plaques de fer en écailles de poisson. Le port de la « cuirasse » est postérieur.

C'est lui qui s'est imposé. Nous avons fait comme les autres Francs du VIIIe siècle : nous lui avons obéi.

Dès le début, nous avons marché dans les pas d'Eginhard, le biographe de son vivant. « Nardulus » – comme il l'a lui-même surnommé » – serait né dans la vallée du Main « vers 775 », il n'aurait donc pu être présent et adulte lors de la mort de Pépin le Bref et on s'interroge encore aux fins de savoir s'il a commencé à écrire avant, ou bien après, la mort du grand empereur. De plus, comme le dit Louis Halphen, membre de l'Institut, qui a préfacé et annoté sa *Vie de Charlemagne*, « il faut se défier de la partialité d'Eginhard ». Il ne s'est pas caché d'avoir voulu écrire un panégyrique, et on s'en aperçoit. Nous avons « galéré » avec lui en le sachant.

Nous avons donné une fin mystérieuse à Caroloman, alors que, selon Eginhard précisément, « il a fini ses jours dans la vie religieuse au monastère de Saint-Benoît à Cassino ». Nous y avons mêlé Ganelon, dont la fameuse *Chanson de Roland* fait à jamais le traître de Roncevaux. Eginhard ne le cite pas. Il est pourtant dans toutes les cervelles écolières. Il est l'ombre noire du preux Roland, et nous l'avons gardée et nourrie dans le sein de notre histoire. Ganelon cultive, tout au long d'une vie mouvementée, un rapport ambigu de haine et d'amour à l'égard de Charles. Nous lui prêtons un rôle ingrat et altier dans la mort de Caroloman, frère de Charles, et dans la rébellion de Pépin le Bossu, le fils infortuné du roi des Francs.

Nous nous en remettons à l'indulgence de l'érudit, et nous nous plaçons sous l'invocation, par deux fois, d'Anatole France :

« En histoire, il faut se résoudre à beaucoup ignorer. »

Pierre Nozière

« L'histoire n'est pas une science, c'est un art, on n'y réussit que par l'imagination. »

Le Jardin d'Epicure

PREMIÈRE PARTIE

LE PRINCE

Chapitre 1

L'HEURE DE CHARLES

« Le véritable lieu de naissance est celui où l'on a porté, pour la première fois, un coup d'œil intelligent sur soi-même », écrit Marguerite Yourcenar dans *Les Mémoires d'Hadrien.*

On peut dire, de ce fait, que Charlemagne est né à Saint-Denis, au cours de l'année 768, le 24 septembre, jour même de la mort de son père Pépin le Bref, donc à l'âge de vingt-six ans.

Charles est un tard venu, à la stature de géant – il approche les six pieds cinq pouces, plus de deux mètres –, à la force et à l'adresse insupportables, et qui, depuis qu'il est en mesure de chasser et de se battre, collectionne les gibiers, les filles et les coups. Il serait odieux pour avoir trop de chance s'il n'avait une foi d'enfant, l'une de ces fois, rarement rencontrées, qui, comme l'huile dans la lampe mettent de la lumière dans un corps d'homme. Charles est rude dans cette époque de loups et tendre pourtant à tout dénuement. C'est signe des temps. On y pratique la férocité et le secours avec la même violence. On en trouvera trace écrite bien plus tard dans ses *Capitulaires*, ses volontés d'empereur. « Si un brigand, édicte-t-il, est convaincu d'un vol, qu'on lui arrache un œil, et s'il est convaincu de deux vols, qu'on lui arrache un œil et coupe le nez, et s'il est convaincu de trois vols qu'il soit condamné à mort. » Mais en même temps, il est prescrit aux monastères comme aux laïcs d'accueillir et d'héberger quiconque se présente, de le nourrir, et de ne pas le laisser reprendre sa route sans lui avoir donné de quoi manger et de l'avoine pour son cheval afin qu'il puisse au moins atteindre le prochain village. A la vérité, l'homme en est encore à s'établir dans la nature et le climat et à protéger le faible du fort. Il n'a pas la possibilité d'être bienveillant à la malfaisance. Charles, comme tous les jeunes nobles de son époque, le sait. On cueille les fruits mûrs sur les arbres chaque soir pour ne pas les laisser à portée du malandrin. On serre tout dans des celliers et des greniers et on vit le plus souvent dehors. S'il pleut, on continue de cheminer, de manger ou de boire comme un castor. On appartient encore à la grande forêt gauloise. Il n'y a pas si longtemps, avant que Rémi ne fasse de Clovis un chrétien, on adorait les arbres et les sources. La douleur est dans la nature. On ne s'en étonne donc pas, ni on ne s'en plaint. On monte à cheval sans selle et sans étriers. A la franque, c'est-à-dire en sautant, à cru, par-derrière, les deux mains sur la croupe de la bête, et en s'envolant au-dessus d'elle. On en redescend, les deux jambes, droites et parallèles, le long du flanc. Et, dans le cas de Charles, on nage, en toute saison, comme un gros animal de rivière. En cette discipline, le fils de Berthe et de Pépin n'est, aux dires de ses historiographes, « surpassé par personne ».

Charles est prince. Le mot a la même racine que « premier » et « printemps ». Jamais un prince n'en eut plus pleinement conscience que lui. Sa naissance, sa force, son adresse, son courage sont insolents comme les jonquilles ou les primevères. Tout lui est dû par justice puisqu'il est en tout le premier. Il a conscience d'être le plus superbe des représentants de la jeunesse dorée carolingienne. Il ne pense pas à la politique. Pépin est là pour ça. Il ne pense pas à la mort, pas plus à celle de son père qu'à la sienne. Il vit pleinement auprès de ses compagnons de jeux, de luttes ou de paillardises, tous de haut lignage, impertinents comme lui, séduisants comme lui, intrépides comme lui et généreux ainsi qu'il sied à des héritiers inconséquents.

Charles est toujours *avant* tous les autres.

Immédiatement derrière, il y a Roland – le comte Roland, l'irremplaçable ami. Et la belle aventure entre eux est faite pour durer encore pendant des lustres. Dans son lit, Charles a une solide et vaillante Franque nommée Himiltrude qui, hors mariage, lui a donné un fils, prénommé Pépin comme son grand-père. Un fils *bâtard.* C'est ainsi qu'on désigne à l'époque les enfants nés d'un couple fidèle mais non uni devant Dieu. Pépin n'est pas que bâtard. Il est bossu. Le gentilhomme béni de la providence a tout réussi sauf sa progéniture. Et, en cette deuxième partie du VIIIe siècle, on ne peut être roi, ni pontife que si l'on est, physiquement, exempt de toute tare ou infirmité. Charles est un demi-dieu tout le jour. Quand il rentre, le soir, auprès d'Himiltrude, il voit tomber la nuit sur un contrefait.

Né à vingt-six ans, Charles, plus encore que le fils de son père, est celui de son grand-père. Ce n'est pas un hasard si, à sa venue au monde, on lui a donné le même nom en baptême : Charles. Le surnom n'est pas transmissible comme le nom. Il ne s'acquiert qu'au combat. Charles n'est devenu *Martel,* de « marteau », qu'à Poitiers, en 732. On s'accordait, de son vivant, à le reconnaître « beau, valeureux et propre à la guerre ». La bataille s'est déroulée sur la grande voie romaine qui conduit de Châtellerault à Poitiers, au lieu-dit Moussais. Pour la première fois dans l'Histoire, relatant la victoire, un chroniqueur désigne les Francs vainqueurs d'un vocable nouveau. Il écrit : « les Européens ». Charles a grandi avec cet encombrant grand-père dans la tête. Dans ses moments de colère et d'orage, sa mère Berthe aux Grands Pieds, lui lance volontiers au visage :

– On t'a baptisé Charles pour que tu ressembles à ton aïeul. Tu n'en as reçu que le prénom !

Berthe ! C'est le personnage sombre. De vêtement, de visage, de comportement. De son vivant, on s'est plu à la cantonner dans les travaux ménagers. « Berthe est à son rouet. » On y fera allusion, des siècles plus tard, quand les légistes de Philippe le Bel exhumeront la vieille loi des Francs saliens pour exclure les femmes de la succession des rois. On dira : « France ne doit pas tomber en quenouille. » Mais, s'il est vrai que Berthe a de grands pieds, elle a la tête bien faite et entend se mêler des affaires du royaume, d'autant qu'elles sont compliquées. Hydropique et court de taille, Pépin a fort à quereller pour se maintenir roi – comme l'a voulu le pape Zacharie qui lui en accorda le titre. Il a, d'une part, à tirer un trait sur la dynastie mérovingienne qui l'a précédé, d'autre part à mater les révoltes levées à la mort de Charles Martel, et, en plus, à se défier de son frère aîné Caroloman avec qui Pépin a dû partager l'héritage. Fâcheuse manière que ce dépeçage du futur pré carré, détestable pratique que cette rupture répétée du royaume à chaque décès d'un monarque. Le droit exclusif de primogéniture finira par y remédier. En attendant, il faut agir sans trop de scrupules. C'est sans doute à quoi a dû se résoudre Pépin. Les chroniques du temps, évoquant l'exclusion subite de Caroloman, au lendemain d'une campagne commune menée en Aquitaine par les deux frères, écrivent : « Caroloman annonça à Pépin son intention d'abandonner la vie du siècle et de servir Dieu sous l'habit monastique. » Encore aujourd'hui, on trouve de méchantes langues pour affirmer que Pépin le Bref a fait occire son frère bien aimé. On n'en entendra plus parler.

Le pouvoir est encore, pour les souverains francs, un fardeau dangereux pour celui qui l'exerce. Pépin, bien que malade, s'y emploie et il ne manque pas d'esprit politique. Est-ce pour cela que Charles évite d'en parler quand Berthe, en cet automne 768, inquiète de la détérioration de la santé de son royal époux, tente d'exhorter Charles à mener plus sérieusement son existence ?

– Tu n'es plus un enfant, Charles! Hier tu te tachais avec du lait. A présent, c'est avec du vin! Hier tu faisais pleurer les filles de ton âge en leur tirant les cheveux, maintenant, tu les engrosses. Tu ne changeras donc jamais que pour être pire chaque fois?

Au château, les plus hauts entre les Francs sont réunis. Caroloman, le cadet, avec son épouse, Gerberge, fille de Didier, roi des Lombards, et sa marmaille, Charles avec Himiltrude et la petite larve bossue de Pépin. On se parle peu entre frères. Berthe tance Charles devant son cadet, et elle a grand tort d'agir ainsi. Elle le sait et ne parvient pas à s'en empêcher. Ce n'est pas qu'elle soit maladroite ou injuste : c'est qu'elle l'aime. A sa manière, à elle, de grande reine blonde, aux attaches fortes, mariée à un homme noiraud et souffreteux. Berthe voit le roi dans le géant, vitupère le prince et s'impatiente. Elle voudrait lui dire qu'elle l'aime, mais elle ne sait comment l'exprimer à ce fils debout devant elle et qui la dépasse d'une tête. Elle n'a jamais su non plus se confier à Pépin, mais c'est son mari et l'a-t-elle vraiment aimé? Charles est le premier être qui la bouleverse, et ce sentiment, neuf, la dérange.

– Tu es fier d'être plus grand que moi, c'est ça? Méfie-toi : les Francs aiment la grandeur, mais pas seulement la hauteur de la viande, la hauteur de l'âme.

Charles se tient debout, muet, sans nulle arrogance. Il a le don de surdité quand il le veut. Il a vécu sans oreilles depuis la prime enfance : c'est sa façon de s'affirmer prince. Il ne réagit pas davantage quand sa mère désigne de la main le groupe autour du cadet, Caroloman, celui qui ressemble au père, tandis que Berthe et Charles, aux yeux pâles, aux cheveux d'épi et au gabarit impressionnant, sont de même race. Plus francs que quiconque.

– Prends modèle sur ton frère Caroloman! Lui se comporte en fils de roi. Il a fait un bon mariage et a déjà donné à sa femme italienne deux solides garçons qui régneront. Toi, tu as choisi une jument et elle t'a fait un bossu!

Dans son coin, Himiltrude s'est mordu la lèvre, l'enfant, près d'elle, joue sans savoir qu'on parle de lui. Charles s'est contenté de serrer les poings. Sur sa bouche, le sourire s'est élargi. Effort farouche de volonté. Rien ne peut irriter Berthe davantage.

– Eh bien ! Charles, défends-toi !

Comment faire pour obtenir ne serait-ce qu'un signe ? Insister encore ?

– Mon Dieu, pourquoi faut-il que mon cadet n'aie pas l'étoffe d'un roi et que mon aîné ne respecte rien ? Défends-toi, Charles ! Je t'ordonne de me répondre !

Charles ne dit toujours rien.

Il s'est avancé jusqu'aux immenses chandeliers qui éclairent la vaste pièce et où brûlent deux grands cierges. Sa stature est immense. Il étend les bras, ouvre les mains. Son regard plonge dans celui de sa mère. Sans ciller, il présente ses deux paumes aux flammes. On les entend grésiller.

– Charles !

Berthe a crié. Un hurlement de louve. Elle bondit vers son fils, arrache ses deux mains du feu, le tire vers elle, contre sa vaste poitrine. Charles ne s'est ni dérobé ni défendu. Alors Berthe, d'un coup, n'est plus reine, mais mère. Elle se laisse aller contre le torse immense de son fils. Elle serre les mains brûlées contre son cœur.

– Tu es fou ! C'est moi qui suis mauvaise !

Elle cogne sa tête contre Charles. Elle n'écoute plus ses propres paroles.

– C'est parce que tu es mon fils préféré. C'est parce que je t'aime trop !

Caroloman est devenu terreux et la haine a flamboyé dans ses yeux. Berthe a retourné les mains de Charles, elle les couvre de baisers comme s'ils étaient capables de délivrer de la douleur. Elle explique, elle dit des mots qu'elle découvre au fur et à mesure qu'elle les prononce :

– Tu es mon aîné, Charles ! Il faut que tu sois le meilleur partout. Toujours. Contre tous. Même contre ta mère.

C'est Charles, à présent, qui la calme et la console. Il n'a toujours pas fait l'aumône d'une phrase. Berthe le tient, le montre aux autres comme une fille fière de l'amant qu'elle a choisi. Sans nulle vergogne. On la sait altière et dépourvue de toute précaution. Elle est la reine régnante des Francs, l'un des peuples les plus puissants de la chrétienté. Elle n'a de comptes à rendre qu'à Dieu. Dans cette salle aux voûtes de cathédrale, elle se comporte devant tous comme si elle était seule avec son fils – son fils qui serait unique :

– Charles... Tu sais que ton père est très malade ? Tu le sais ?

Pour la première fois, on entend la voix de Charles. Ce n'est pas encore celle de Charlemagne. Il y manque l'épreuve et le deuil. Et l'or des conquêtes. Et le signe de la croix. Et le silence de Dieu. Elle est encore étonnamment jeune.

– Je ne veux pas le savoir.

Alors, Berthe se décide.

– Il va mourir, Charles.

La face de Charles s'est rembrunie. Il y a de la mâle rage dans ses prunelles.

– Je ne le sais pas, répond-il. Seul Dieu le sait.

Comme il aimerait être agenouillé, le géant, à cet instant précis! Comme ce serait bon et rude d'avoir les dalles de pierre sous les genoux. Dans cette posture où on est livré sans défense, on redevient un enfant.

Charles a fermé les yeux. Le tonnerre de la grande porte le force à les rouvrir.

C'est Pépin, son père.

Il fait une entrée fracassante et pitoyable. La maladie a tordu et déformé son corps et l'a tassé. C'est à elle autant qu'à son avarice de mots qu'il doit le surnom de *Bref* qu'on lui a donné dans sa vieillesse. Il fait peine à voir et il est visible qu'il souffre de son hydropisie. Il a un ventre de bête qui va vêler.

– Mon fils Charles a prononcé le nom de Dieu, c'est jour béni, lance-t-il avec ironie dès l'entrée.

Au premier regard, il a fait le tour de sa famille rassemblée. Comme un crapaud gémissant, il se contorsionne jusqu'à sa femme. D'elle, de longtemps déjà, il a dit, avec sa cruauté tranquille : « Elle est si orgueilleuse et si autoritaire que j'ai fini par l'épouser. » Elle lui a, vite, fait un fils, un fils bâtard donc : c'est Charles. Et il l'a, à présent, devant lui. Il ne parvient pas à se contenir en le voyant droit, les yeux impassibles et regardant très au-dessus de sa personne. Il éructe :

– Charles, tu n'es qu'un ivrogne, un voleur et un *faitart*!

Et, de douleur, il porte la main à ses tripes.

– Je ne suis pas voleur, répond Charles, très calme.

Pépin devient écarlate. Il a le sang vite en mouvement comme l'eau qui habite son ventre. Il ne contrôle plus bien ses liquides.

– Entends-le, jette-t-il à Berthe. Il vient, devant toi, de reconnaître qu'il était ivrogne et *faitart*! Et c'est *aussi* un voleur. Il veut me voler mon royaume!

Les yeux de Charles se sont transformés en ciel de tempête.

– Regarde-le! poursuit son père. Il ne sait rien. Même pas lire ou écrire. Il n'est bon qu'avec le corps, et encore! Il manque même les enfants qu'il fait! Lui, roi? C'est à mourir de rire.

Pépin, trop prolixe et douloureux, éclate, exprès, d'une hilarité insultante. Charles ferme les yeux pour ne pas entendre. Il serre les dents. Il se contrôle de façon étonnante pour un homme si jeune et si insolent de vie. Quand le rire paternel s'arrête, Charles rouvre les yeux.

– Ris encore, mon père. Quoi que tu fasses, rien ne m'empêchera de t'aimer et de te respecter comme mon roi.

Pépin se tourne vers Eginhard. Etonnant personnage que celui-ci. A maintes reprises, et depuis plusieurs mois, Charles l'a observé auprès de son père, le suivant comme son ombre. C'était un laïc mais élevé dans un couvent, très jeune encore, formé aux disciplines religieuses, fort instruit et déférent, avec une malice dans le regard, mais vite engloutie par sa modestie naturelle. C'est l'abbé de Fulda qui l'avait recommandé à Pépin dont il ambitionnait d'écrire le règne. Pour rédiger une vie de Pépin, il aurait fallu venir bien plus tôt. Le roi hydropique n'aimait pas se souvenir, mentait volontiers et, au fond, avait grande peur qu'au travers de ce petit Eginhard et de ses interrogations Dieu apprit quelque malfaisance qu'il croyait avoir pris soin de lui cacher. Régner est chose difficile.

– Note, toi qui écris mon règne, lance Pépin à Eginhard. C'est ma volonté royale : mon fils Charles ne régnera jamais !

Le scribe baisse la tête et griffonne. Caroloman a relevé la sienne. Il lui semble voir scintiller sur son front la couronne franque que porte encore son père. Charles, lui, n'a pas bougé.

– Que tu l'aies entendu, une fois au moins, par ma bouche, ce que c'est que d'être roi ! Que tu saches à quoi tu vas échapper ! Etre roi, c'est être comptable. Comptable devant Dieu de chacune des âmes de son peuple. Ce n'est pas être orgueilleux comme toi ! C'est être humble, au nom de Dieu !

Eginhard a réprimé le geste de se signer.

– Etre roi c'est savoir que Dieu ne te répond jamais et justement parce que tu es roi. Tu m'écoutes, Charles ?

Charles ressemble à un dieu de l'Antiquité comme les Romains en avaient érigés dans les cités gauloises. Il ne bronche pas. Le père répète : « Tu m'écoutes ? »

– Humblement, mon père.

Il met un genou en terre, puis le second.

– Je t'écoute à genoux.

Pépin est décontenancé par cette soumission inhabituelle de son fils. Il se méfie. Berthe encore davantage. Un sourire d'ange illumine la face du prince. Il dit, comme si les mots s'envolaient de ses lèvres malgré lui...

– Comme ce doit être simple...

– Quoi ?

– D'être humble quand on est roi. C'est quand on n'est personne que c'est dur.

Dans sa posture d'orant, il est presque à la hauteur de son père. Il le regarde.

– Sauf devant toi, qui es mon père.

Pépin ne sait que répondre. Il est intelligent et rusé. Son règne le prouve. Ses ennemis le savent. Sa maladie le tracasse et son corps lui fait mal. Il quête l'avis de Berthe.

– Il cherche à m'insulter ? C'est ça ?

Berthe ne répond pas. Ni de parole, ni de visage. Elle le fait de plus en plus souvent, depuis que Pépin est entré dans l'antichambre de la mort. On dirait qu'elle n'a plus de temps à perdre à présent. Elle vit dans le monde *après* Pépin. Cela suffit à faire perdre contenance à son royal époux.

– Lève-toi, Charles, lance-t-il. Sors. Va retrouver les voyous dont tu fais ta compagnie coutumière et les filles que tu besognes... Va-t-en !

Charles se lève. Silencieux, il se dirige vers la grande porte que Pépin a laissé béante. Il ne regarde pas son frère et sa marmaille. Il ramasse Pépin, son enfant bossu, et fait signe à Himiltrude, sa femme, de le suivre. Il sort, tel un haut nomade, accompagné des siens. De ses lèvres serrées, Berthe laisse tomber, à l'intention du roi :

– Tu es affreusement vulgaire quand tu as tes douleurs de ventre !

Pépin s'est effondré sur un siège. Assis, on ne voit plus que sa panse de ruminant.

– Je vais mourir, dit-il. Lui as-tu parlé du partage ? Il se tourne vers Eginhard.

– Ecris, toi... Je réserve une surprise à Charles... Ecoute, toi, Caroloman... Ecris, toi... Bien qu'il soit l'aîné, je lui lègue la mauvaise part... Je lui donne en héritage la mer de l'Ouest sur toutes ses côtes, des rocailles d'Aquitaine jusqu'aux brumes du Nord... Tu écris, Eginhard ?....

Il s'essouffle vite sous le poids de l'eau qui gonfle son corps.

– Caroloman aura la bonne terre : la Bourgogne, la France et la Provence romaine...

Comme Eginhard, effaré, lève des yeux incrédules vers son maître, Pépin, malin, lui explique :

– Tu comprends la manœuvre ? Ce partage injuste, c'est le coup de pied au cul de Charles ! C'est sûr qu'il prendra soin de le rendre à son frère !...

Caroloman a sursauté. Gerberge, plus reine qu'il n'est roi, a fermé son visage. Elle est indignée.

– Quand je ne serai plus là, poursuit Pépin, Charles deviendra roi tout seul ! Lui aura la taille qu'il faut pour faire respecter le pacte !... Le pacte de Quiercy, ignorant ! Qu'est-ce que tu penses de ça, Eginhard ?

Le scribe n'a pas le temps de répondre. Berthe l'a précédé. Elle interpelle son mari avec de la surprise dans la voix.

– Depuis quand demandes-tu son avis à ton biographe ?

Et la réponse les glace tous, prononcée d'une voix lasse que la douleur d'entrailles permanente a affaiblie.

– Depuis que la mort m'a pris par la main.

Soudain, Pépin pousse un cri atroce et porte la main à son ventre. Il s'effondre. Tous accourent pour le soutenir. C'est une douleur fulgurante mais, déjà, vaillamment, le roi se redresse.

***

C'est le moment crucial de toute l'histoire à venir de Charles, et du même coup de l'histoire de France et de toute l'histoire de l'Europe. Il faut s'y arrêter et même enjamber les siècles jusqu'au nôtre pour en mesurer la portée. En cette année 768, taraudé par la maladie, usé par une existence tourmentée, Pépin le Bref prend une décision qui le dépasse. Il déroge à la coutume de ses prédécesseurs mérovingiens qui, à la mort de leurs rois, partageaient le domaine entre leurs fils aînés, donnant à l'un l'Austrasie, à l'autre la Neustrie, découpage malencontreux mais équitable. Pépin veut contraindre Charles à sortir de lui-même en commettant une profonde injustice à son encontre. Autour des terres qu'il lui assigne, il trace un immense arc de cercle dévolu à Caroloman. Il rend l'aîné captif du cadet. « A Charles, le littoral et la moitié occidentale, à Caroloman le reste. » Charles n'a le choix, s'il veut conquérir d'autres espaces, qu'entre traverser l'océan ou envahir le royaume de son frère.

Pour parachever son œuvre, Pépin ordonne aux deux frères d'avoir, l'un, Noyon pour capitale, l'autre, Soissons, deux villes suffisamment proches l'une de l'autre pour qu'ils puissent « se consulter facilement ». Ils ne le feront jamais.

Le monde franc est désormais coupé en deux dans le sens d'un méridien. Une image nette, élémentaire, arbitraire et verticale qui, en scindant l'héritage de Pépin le Bref, va donner, paradoxalement, naissance à la première grande tentation européenne et fera de Charles, jeune prince inconséquent, le légendaire Charlemagne, empereur d'Occident.

Sept cents ans plus tard, en 1493, à cause de la toute récente découverte de Colomb, la même verticalité partage, cette fois, le monde entier en deux. C'est l'œuvre d'un pape, un Borgia qui occupe à Rome le trône de saint Pierre sous le nom d'Alexandre VI. Réputé pour ses mœurs scandaleuses et ses nombreux enfants illégitimes, il décide, en quatre bulles successives, de séparer le monde chrétien, tel qu'il est connu, par une « ligne de démarcation », inscrite sur un méridien terrestre. Rien de plus simple : d'un côté, la planète appartient à l'Espagne, de l'autre au Portugal. A eux d'évangéliser sur leurs possessions respectives les indigènes et de conquérir, librement, les terres, les âmes et les trésors.

La troisième coupure méridienne intervient durant les journées des 4 au 7 février 1945 sur la côte sud de la Crimée, dans une station balnéaire de la mer Noire : Yalta. S'y retrouvent les trois futurs vainqueurs de la Seconde Guerre mondiale : Staline, Roosevelt et Churchill. Le premier est un homme de fer, un dominateur absolu, un satrape. Les deux autres sont affaiblis par l'âge et la maladie. Ils réchauffent leurs vieux os sous des couvertures. Dans des palaces surannés, sous les ors et les lustres, ils se partagent le monde au mépris de toute justice et au terme de chantages éhontés. Autour d'eux, la guerre tue les braves gens. Quand elle sera finie, un rideau de fer ne tardera pas à tomber sur l'Europe à nouveau coupée, verticalement, en deux. Ainsi, tour à tour, Pépin, le roi, Alexandre, le pape, Staline, Roosevelt et Churchill ont commis la même hérésie : trancher entre les hommes au nom d'un principe, d'un méridien ou d'une idéologie.

Mais revenons en l'an 768.

L'heure de Charles ne va pas tarder à sonner.

Chapitre 2

LA MORT LES YEUX OUVERTS

C'est avant la poésie médiévale. Les Latins et les Grecs sont loin, le monde est âpre. On vivrait plus près de la bête que de l'homme s'il n'y avait la pitié de Dieu. Seules deux phrases émergent du passé franc et elles datent, l'une et l'autre, de plus de trois siècles. La première a été prononcée par un roi. « Dieu de Clotilde, a dit Clovis, si tu me donnes la victoire, je me ferai chrétien ! » La seconde par un évêque : « Courbe la tête, fier Sicambre, a ordonné saint Rémi, adore ce que tu as brûlé, brûle ce que tu as adoré. » De part et d'autre, la rudesse d'un pacte. Donnant donnant. Dieu est encore un enjeu. Il faudra attendre deux bons siècles pour avoir *La Chanson de Roland*, la première, car il y en aura d'autres. « Un mélodrame, écrit Joseph Bédier, le grand médiéviste du début de ce siècle, est de tous les temps, est à tous, n'est à personne, n'est rien. Mais le poème de Turold est admirable bien qu'il traite de la trahison (prétendue) de Ganelon, et non parce qu'il la traite. »

Roland, Ganelon... Ils sont là, avec quelques autres, autour de Charles. Ou, plutôt, comme à l'accoutumée, *derrière* Charles. Ils chassent dans la forêt, autour de Saint-Denis. A cheval, à la poursuite d'un cerf forcé. Le prince a, déjà, pris ses distances. Il galope, seul, en avant, le meurtre aux lèvres, l'arc à l'épaule. Le mot *franc*, d'origine assez obscure mais assurément germanique, vient de *fier*, de *farouche*, de *hardi*. Naguère, Sidoine Apollinaire, noble Gallo-Romain de Lyon, ne voyait en eux que des guerriers, des animaux de combat, blonds ou roux, sans barbe ni moustache, avec des touffes de poils sur les joues – comme des mufles. « Lancer dans le vide leur hache rapide, écrivait-il, mesurer du regard l'endroit où ils sont sûrs de frapper, faire tourner leurs boucliers, c'est un jeu pour eux, comme de bondir plus vite que les piques décochées et d'atteindre l'ennemi avant elles. »

Galoper plus vite que le trait qu'on a décoché ! C'est le perpétuel défi de grands garçons intrépides qui forment la jeunesse dorée carolingienne. Ils se nomment Roger, Olivier, Ogier, Gilbert, des noms d'apôtres des vieux pays gaulois ou germain, comme Roland ou Charles. Seul Ganelon tranche par son patronyme. *Gane* a signifié « jaune » durant longtemps, puis on a dit *jalne*. Optons pour Ganelon *le jaune*, celui qui a le teint bistré et les yeux noirs au milieu de ces visages pâles aux regards clairs.

La forêt du VIIIe siècle a conservé, en pays franc, tous ses sortilèges. La croix dressée par Rémi devant Clovis n'a pas encore dissipé chez ses descendants la vieille attraction superstitieuse. La forêt est toujours profonde et peuplée. De bêtes de toutes sortes et de divinités, certes révolues, mais présentes à de certaines heures, entre chien et loup. La vraie frontière entre l'ancienne Gaule et les territoires des Saxons, ce n'est pas seulement la Seine, c'est le contenu de la forêt. Au-delà du Rhin, ce qu'écrivait Tacite demeure vrai : « Les Germains regardent comme sacrés les bois et les bocages et donnent le nom de divinités à ce caractère mystérieux que seule leur vénération leur fait apercevoir. »

Charles galope au milieu des arbres immenses sur la trace du cerf aux abois. Il aime cette violence sans merci. Avant de pénétrer sous le couvert, il a sauté un très large ruisseau devant lequel les chevaux de ses compagnons se sont dérobés. Il est seul. Devant, il y a la bête. Derrière, mais très loin, les autres. Pépin, Berthe, Caroloman et sa marmaille sont enfermés à Saint-Denis, l'espace appartient au prince. Il boit le vent, débusque le cerf dans un étang, descend de sa monture, va, seul au milieu de l'eau, tue la bête et attend les autres. Il est bien. Il commence à avoir un peu de ventre, pas gorgé d'eau comme celui de son père, mais lourd de muscles et de graisse : il mange trop. Il fait tout trop.

Il y a une auberge, en plein champ, de l'autre côté de la forêt. Les compagnons regroupés s'y rendent en troupe, transportant la dépouille sanglante du cerf, tête et bois ballants. Turpin est avec eux. Il est évêque. Il arbore la croix pectorale sur sa tunique. Comme Roland a son olifant et Charles son *talisman* : un cristal de roche enchâssé d'or et orné de pierres précieuses. La maison de pierre, basse, avec un toit de chaume d'où monte une fumée, jouxte un verger débordant de fruits. Dressée dans l'herbe, une longue table, rugueuse et simple, avec des bancs. Les jeunes nobles entravent leurs chevaux et prennent place. Aussitôt, on apporte les céramiques, les pots et les fioles. Eux, ont de grands couteaux de vénerie. Alentour, c'est la campagne à perte de vue. Ils sont huit, ils sentent le suint comme leurs bêtes.

– Quelle chasse ! s'écrie Turpin.

– Parle toujours, réplique Ganelon, tu étais le dernier.

– C'est le privilège des clercs, mon fils. Dernier à la chasse, premier à la table !

Il prend son bol de bière à la main, le porte à son gosier et le vide d'un coup. Ogres et francs buveurs, les huit s'esbaudissent de tout. La fille de l'auberge passe. C'est encore une enfant, potelée et appétissante comme le lait du matin. Charles la regarde. Elle regarde Charles. Elle le trouve beau. Elle ne sait pas encore lire dans les yeux des gars. Elle y verrait qu'elle est gibier. Ogier, le taciturne, se penche vers Roland :

– Regarde Charles. Pour lui, la chasse continue.

Infortuné Ogier! Roland l'a surnommé Thomas, pour son incrédulité. Ogier vit dans le sillage d'un faiseur de miracles et il en a les yeux rougis. Ganelon parade. Il arbore à son cou des peaux de martres, « ses yeux sont vairs et fier son visage ».

– Vous m'avez vu sauter la rivière? Tous?

Olivier fait « nenni » de la tête.

– Je t'ai vu dans l'eau, moi, pas dans l'air!

Au tour de Gilbert :

– Personne n'a pu la franchir, Ganelon! Pas plus toi qu'aucun d'entre nous!

– Si, coupe Roland. Le prince l'a sautée. Je l'ai vu. Je lui ai crié de s'arrêter. J'ai cru qu'il allait se rompre le cou. L'instant d'après, il me faisait signe de l'autre côté de la rivière!

Charles ne les écoute pas. Toujours sa même façon de ne rien ouïr que son rêve intérieur, celé à tous depuis la prime enfance. Il regarde la jeune fille dans la prairie. Le soleil l'incendie comme il mûrit un fruit.

Ogier cherche toujours à en entendre davantage pour accroître son doute.

– Tu l'as vu tuer le cerf?

– Oui, *Thomas,* répond Roland. Il était seul, de l'autre côté de la rivière, face à la bête, dans les abois des chiens. Un animal superbe! Mais encore dangereux, prêt à éborgner ou à éventrer. J'ai bandé mon arc. Comme toujours, Charles a été plus rapide.

Ogier se lève. Il est plus lourd, plus bas de jambes que les autres. On dirait que le cul lui pèse. Il a ses yeux pour lui où brille une intelligence maligne comme la fièvre. Il a des muscles ronds, de porteur de fardeaux. La dépouille du cerf git par terre, un nénuphar aux dents. C'est Charles qui l'a enfourné dans sa gueule, pour qu'il emporte au paradis des bêtes la dernière plante auprès de laquelle il a été occis. Ogier traîne le cerf jusqu'à la table, à la vue de tous.

– Un gibier de roi! dit Roland.

Au nom de roi, Charles a tressailli. Il regarde, loin, au-dessus de tous, au-delà de la forêt voisine. Vers la flèche de l'abbaye de Saint-Denis, flamboyante dans un ciel prêt à naufrager dans le crépuscule.

***

C'est toujours la même chose : le mot qui transperce, à de certains moments durant lesquels on est en groupe, et, très précisément, avec les fidèles, les affidés, les complices. Comment les nommer ? Ils ne seront paladins que plus tard, de la seule volonté de Charles. Pour l'instant, faute d'être adoubés, ils sont son entourage. Le mot complice leur va bien. C'est, de tous temps, l'un des plus beaux de la langue française, l'un des rares qui engage et compromet. Avec eux, Charles est bien. Il est comme eux, ils sont comme lui. Sauf qu'il est leur prince. Mais pourquoi, en ce soir d'automne, se sent-il soudain si loin d'eux ? Il éprouve un lourd pressentiment qui lui commande – avec une impérieuse insistance – d'être seul et d'être *prêt.* Il ne peut détacher son regard de Saint-Denis.

Un peu plus tard, Charles entraîne Roland dans la prairie. Il fait presque sombre et l'air sent l'herbe qui va dormir. Qui est Roland ? On a écrit sur lui tout et son contraire. On en a fait le neveu de Charles, le fils d'un de ses meilleurs compagnons exécutés à tort et envers qui il voulait réparer, le *complice* précisément, celui avec qui, au printemps de la vie, on a tout partagé sans vergogne. Qu'importe ? Roland, c'est le héros destiné à mourir jeune. De fidélité abusive comme on trépasse de fièvre quarte. Roland est beau, non seulement dans la chanson qu'on lui consacre, mais dans la réalité de la vie. Il est violemment viril. On pense à la phrase de Jean Genet dans le *Journal d'un voleur* : « Les hommes voués au mal possèdent des vertus viriles. » Ceux voués au bien absolu aussi. Roland est « l'impardonnable ami » – comme Saint-Exupéry le disait de Mermoz.

Ils enfoncent les pieds dans la terre. La petite fille potelée revient de la futaie avec une brassée de bois. Elle baisse les yeux en les croisant. Par sagesse, timidité ou pour garder l'image intacte de son regard croisé, un peu plus tôt, avec celui de Charles. Elle passe... disparaît vers la maison basse où la fumée est droite, avec la brise apaisée.

– Il faut que je te parle, Roland, dit Charles. J'ai vu mon père, ce matin, il avait la mort sur lui.

Roland hoche la tête. Il veut éviter à son prince d'avoir mal.

– Cet été, j'ai cru voir ça aussi sur le mien. Je me trompais. La preuve : il vient de me faire un frère, tard venu. Ne crains rien.

– Si, dit Charles. Je ne lui ai jamais dit combien je l'aimais.

– Alors, va lui dire.

Charles s'assombrit.

– Non, si je le faisais aujourd'hui, il croirait pour de bon qu'il va mourir...

Ils ont l'habitude de ces longs silences à deux, après la lutte ou la chasse, de ces moments volés à tout le reste et où on se confie le secret de soi-même. Charles et Roland ! A bien considérer les choses, ce sont sans doute, en amont de Montaigne et La Boétie, et de tant d'autres ensuite, les premiers modèles français de l'amitié virile intégrale. « Si l'on me presse de dire pourquoi je l'aimais, écrit Montaigne, je sais que cela ne peut s'exprimer qu'en répondant : " Parce que c'était lui, parce que c'était moi ". » Et Charles, quand Roland périra : « Jamais je n'aurai jour, sans la douleur de toi ! » C'est encore loin tout cela, mais c'est déjà dans le devenir. La mort est présente en ce soir de septembre.

Elle est dans les notes, distinctes et fortes, du glas qui tinte soudain à Saint-Denis tout proche. La limpidité de l'air les rapproche comme si elles étaient dans le verger. Puis arrive le cavalier. En le voyant venir, Charles blémit :

– Mon père !

Déjà, il se met à courir. En quelques enjambées, le voilà aux chevaux.

Il saute sur le sien.

A la franque.

Il galope vers Saint-Denis.

Il laisse derrière lui un cerf occis.

Il court vers un roi défunt.

***

Saint-Denis était alors réputé pour son église et son marché. On les disait l'une et l'autre redevables au roi Dagobert. Sans doute était-ce vrai pour la foire qui témoignait du sens du commerce du roi : « Bonnes gens, c'est ici, au Lendit, la plus royale foire du monde »; quant à l'abbaye on la savait bâtie sur un cimetière gallo-romain, lui-même, à l'emplacement exact du martyre de saint Denis.

C'est jour de deuil immense : Pépin est mort. « Ce que l'on sait de Pépin, écrit Jean-François Chiappe, dans *Une Histoire de la France*, laisse percer les traits d'un prince de haute valeur : premier roi d'une nouvelle dynastie, nullement grisé par sa position, sévère sans cruauté, il apparaît comme un souverain moderne... Le monarque n'est plus le fauve dont l'Eglise se sert pour déclencher des guerres ou pour pacifier... il appartient lui-même au domaine spirituel et s'en tient pour coresponsable. »

La chambre mortuaire a été dressée dans la partie la plus ancienne de l'abbaye. L'air y est lourd d'encens et l'incessante prière des moines agenouillés ressemble à un essaim d'abeilles. Pépin git sur le lit, le visage brusquement détendu. Son gros ventre fait une bosse sous les couvertures. On a posé sur ses yeux une toile blanche. Tous, en posture d'orants, se tiennent l'un à l'autre autour du lit : Berthe, plus noire que jamais, Caroloman, sa femme Gerberge, et leurs deux jeunes fils. Il y a aussi un très vieil évêque qui tremble, on ne sait de quoi. Et Eginhard. Au-dessus de tous, le glas sonne lugubrement.

Il faut un pas précipité, une ou deux portes ouvertes avec force pour les tirer tous de leur recueillement : c'est Charles. Il a le visage rougi par le vent de la course et les yeux gonflés de chagrin. Berthe est la première à le voir. Lui se dirige droit vers son père. En deux enjambées, les dépassant tous de sa haute stature, il est au chevet du roi mort.

– Père !

Il s'écroule sur les deux genoux. Méchamment, Caroloman, lui lance, du bout des lèvres :

– Tu arrives trop tard. Comme d'habitude !

Charles a la tête qui touche presque celle du cadavre encore tiède. Sans se retourner, il demande d'une voix sourde :

– Qui lui a mis le linge sur les yeux, ma mère ?

– C'est moi, mon fils, lui répond Berthe. Le roi est mort les yeux ouverts.

– Comme il a vécu, comme un roi ! dit Charles.

Il y a un silence gêné. Même dans sa posture déférente, Charles est encombrant dans la pièce. Trop fort, trop vivant. Il demande encore sans cesser de regarder le visage immobile de son père.

– A-t-il dit quelque chose pour moi, ma mère ?

Caroloman, haineux :

– Son dernier mot a été Caroloman.

– Il n'était pas destiné à ton frère, Charles, précise la reine. Ton père s'adressait à son propre frère Caroloman, mort en sainteté, et qu'il allait rejoindre.

Caroloman tressaille de tout le fiel qu'il contient, mais, au fond de lui, il exulte : Pépin mort, il se taille la part du lion – qu'il n'est pas.

– Réjouis-toi d'avoir manqué son dernier regard. Tu aurais eu trop peur qu'il te maudisse.

Le visage de Charles s'est durci comme un marbre. Il se penche sur le lit, ôte le linge blanc du visage de son père. Le vieil évêque pousse un cri étouffé : « Sacrilège! » Charles regarde le roi dans les yeux, d'une fixité insoutenable. Tout le monde retient son souffle. Berthe observe son aîné. La louve de Rome devait avoir mêmes prunelles. Pieusement, Charles a reposé la toile sur les orbites du cadavre. Il s'est retourné :

– Mon père m'a parlé. Mon père mort.

Il s'est redressé. La stupeur et l'indignation sont couvertes par la lancinante litanie des moines.

– Et que t'a-t-il dit? demande Berthe.

– Un seul mot : *Quiercy.*

Un sourire, d'un infini amour, est passé sur ses lèvres. Leurs deux regards se répondent :

– Je ferai en sorte que, moi vivant, partout sera respectée la volonté de mon père.

Immense, dédaigneux, sans faire à l'assistance l'aumône d'un regard, il quitte la pièce.

Un seul a bougé.

Eginhard.

Il s'est levé et il est sorti à la suite de Charles.

* * *

Dehors, il fait nuit noire.

La masse robuste de l'abbaye pèse sur la campagne environnante qui ne sait pas encore, sauf quelques clercs et quelques paysans proches, qu'elle est en manque de roi. Des torches flambent et fument jetant des lueurs fauves sur les broignes des soldats et leurs armes de fer. Charles monte à cheval d'un saut. Il va l'enlever quand il entend une voix jeune et vaillante l'appeler :

– Sire!

Le *mot*, une fois encore! Jusque-là, lorsque Charles l'entendait, il s'adressait à son père qui, à présent, gît dans la mort avec les yeux ouverts sous son linge. Il se retourne. Il le voit. C'est Eginhard.

– Que me veux-tu ? demande-t-il.

– Que vous m'emmeniez avec vous.

Le regard est loyal, l'attitude décidée.

– T'emmener ? Que veux-tu que je fasse de toi ?

Charles, tout à coup, se souvient. C'est l'historiographe de feu Pépin qui se tient droit devant lui. L'homme lui paraît déterminé pour un laïc pauvre, élevé par les moines de Fulda. Il semble, en tout cas, ne guère hésiter lorsqu'il s'agit de sauter d'un règne sur un autre.

– Je veux écrire la vie d'un grand roi !

Pour le coup, Charles est conquis.

– Tu as été le premier à m'appeler Sire... Comment te nommes-tu, déjà ?

– Eginhard.

D'un mouvement de tête, Charles lui désigne un cheval dans la cour :

– Prends-le, et viens !

C'est alors qu'il les voit.

Ils sont en face de lui, tous les sept, Roland à leur tête. Rangés, côte à côte, comme des cavaliers de jeu d'échecs, visages de deuil, les yeux brillants de fierté. Au passage de leur ami – désormais royal – d'un même mouvement, l'un après l'autre, ils inclinent profondément la tête. Ils saluent leur roi.

Charles s'élance dans la nuit.

Chapitre 3

UN ROYAUME TROP PETIT

« Tout le peuple sait pour quels triomphes ce très noble vainqueur est honoré, combien il a étendu les frontières de notre empire, avec quel dévouement il a organisé la religion chrétienne dans son royaume et tout ce qu'il a fait pour la défense de la Sainte Eglise auprès des nations étrangères. »

Ce panégyrique de Pépin le Bref témoigne d'une piètre originalité. Il a le mérite d'être l'œuvre d'un contemporain, un moine, du pays des Angles, la grande île en mer du Nord de l'autre côté de la Manche. Retenez bien son nom : Alcuin. Il interviendra plus tard dans notre histoire, comme si le destin de Charles l'exigeait et il y jouera un rôle déterminant. Ce sera l'accoucheur qui, au moment capital, fera de Charles, roi de France, un empereur d'Occident.

Pour l'heure, ce 9 octobre 768, Charles est proclamé roi à Noyon, sa capitale, tandis que Caroloman prend, à Soissons, les insignes de la royauté.

Noyon, Soissons, deux cités distantes d'un peu moins de huit lieues séparées par la grande forêt de Compiègne et fort différentes de taille. Soissons, ancienne ville de garnison gréco-romaine, est la capitale de la Neustrie. On s'y souvient encore du fameux vase de Clovis, et c'est dans ses murs que, voici dix-sept ans, Pépin fut reconnu roi des Francs. Comparée à sa rivale, Noyon est bourgade, *hamelet* dira-t-on plus tard. Du temps de Charles, les vestiges gallo-romains sont bien visibles. Le château est à la dimension de la cité.

Mais c'est à l'abbaye de Saint-Denis que les deux frères fraîchement couronnés se rencontrent. Il fait grand jour et la lumière des hautes fenêtres baigne l'immense bibliothèque. Une longue table en occupe le centre. Sur les côtés des étagères où les gros livres aux nervures saillantes sont enchaînés comme des captifs ou des trésors de rapine.

Autour de la table, d'un côté Caroloman, sa femme Gerberge et leurs deux petits monstres. Tous sont en grand deuil. En face, seul, dans son costume franc coutumier, avec un gilet de loutre, son talisman au cou, Charles. Au haut bout, Berthe, noire comme un catafalque.

Pas le moindre bruit, si l'on excepte le glissement des sandales des moines qui, à deux, avec un claquement sec, déroulent sur la table un très long parchemin. Deux autres bloquent les deux extrémités du rouleau avec de gros livres, puis les quatre s'en vont.

C'est alors que Fulrad, le chapelain de Saint-Denis, venu d'on ne sait où sans qu'on l'entende, pose son long doigt maigre sur le parchemin. Il le plante, d'abord sur Soissons, puis sur Noyon. Caroloman, vers qui la représentation approximative de ses territoires a été tournée du bon côté, la contemple avec convoitise. Le parchemin est magnifiquement enluminé d'arabesques sarrasines.

– En bleu, dit le chapelain, le royaume de Charles...

L'aîné a frémi. Il connaît bien Fulrad même s'il a peu fréquenté le palais du temps de son père. Il avait fait partie de l'ambassade envoyée par Pépin au pape Zacharie à la veille de son sacre. Il le respecte. Il le trouve laid et vieux. Il le croit honnête. Il l'écoute.

– ... Il contient la région côtière de l'Aquitaine, la Bretagne, la Neustrie occidentale, la Picardie.

La main, froide et sèche, monte vers le Nord.

– ... La Belgique, la Hollande... jusqu'à l'embouchure du Rhin... De là... la limite emprunte et suit la vallée du fleuve, traverse une large bande qui englobe Francfort, et, dans sa partie basse, rejoint Noyon – la capitale.

Charles hésite à le croire. Pour quelques instants encore, il se tient coi mais, pour qui le connaît bien et l'observe, il est prêt à bondir.

– En rouge, dit le chapelain, le royaume de Caroloman.

Le doigt a repris sa déambulation sur le parchemin. Les yeux de Charles étincellent.

– Il comprend tout le reste de la France... jusqu'à la frontière espagnole... A l'Est, le territoire s'étend jusqu'aux Alpes et à la frontière bavaroise. Vous observerez que l'Aquitaine est partagée en deux, du Nord au Sud, entre les deux royaumes.

Comme elle semble ridicule au jeune géant cette part de royaume peinte en bleu, acculée à la mer et captive d'un immense arc de cercle rouge! L'Austrasie est, certes, le berceau de la famille carolingienne et elle est riche, mais, désormais, enclose. Conscient de l'effet produit, mais, de longue date, accoutumé au silence réprobateur des puissants, Fulrad reprend autrement, sa litanie: l'Austrasie, le Nord de la Neustrie et l'Aquitaine maritime à l'un, l'Alémanie, l'Alsace, la Bourgogne, la Hesse, le sud de la Neustrie et la Provence au cadet.

Charles se tord le cou pour lire les mots. Il ne parvient pas à les déchiffrer. Il lève vers l'abbé un regard de mauvais élève :

– C'est vrai? Ça serait ça, le monde?

– D'après les Sarrasins, répond Fulrad, c'est le monde.

Regardons-le bien ce parchemin. Il défie l'avenir. Il fait bouillir la colère de Charles; il l'enferme dans une réserve comme on le fera, ailleurs et plus tard, pour les Indiens d'Amérique. Les deux royaumes se tassent ensemble, à l'extrémité de ce petit promontoire de l'Asie qu'on appelle l'Europe. A l'Ouest, l'océan, au ponant l'île qu'on appelle « Mercie », la future Angleterre dont les contours sont encore très approximatifs. Vers l'Ouest : la Saxe païenne jusqu'à l'Elbe et, au-delà, l'inconnu, l'immense plaine des Wélatabes, puis plus rien. Au Sud-Est, les possessions sarrasines d'Espagne qu'on prononce Cordoue. Et quelque part, dans l'outremer de la Mediterranée, l'Empire byzantin, la Grèce et la Turquie.

Charles ne peut détacher les yeux de ce tableau abstrait et, selon lui, insultant. Pour la première fois, il mesure combien il est floué. Ou plutôt, il refuse de croire à une si éclatante injustice. Il entend le fils de son frère dire bêtement :

– Qu'est-ce qui est à moi ?

Et Caroloman répondre :

– Toutes les terres en rouge.

Charles sursaute. Il interroge sa mère du regard. Elle n'a plus d'yeux. Il se tourne vers Fulrad :

– Elles sont à moi, n'est-ce pas ?

Certes terrorisé, mais peut-être aux prises avec une secrète jubilation, le chanoine de Saint-Denis, d'un mouvement de tête, détrompe le roi. Charles tente, une dernière fois, d'espérer :

– Pourquoi m'a-t-on montré le monde à l'envers ?

Il s'est levé brutalement de son banc. On dirait que l'ombre de l'empereur de fer qu'il deviendra est déjà présente et surplombe le territoire infini à conquérir et à protéger sous le regard de Dieu. En quelques larges enjambées, il passe de l'autre côté de la table, là où se tiennent son frère et son insupportable marmaille. De là, il tend la main :

– Où est Rome ?

Fulrad l'indique.

– Où est Quiercy ?

En haut, tout proche de sa capitale de lieu-dit, le long de la rivière de l'Aisne, Quiercy du pacte. Quiercy qui scelle à jamais l'alliance du pape et du roi. Charles rugit :

– Et si je pars de Quiercy, selon le vœu de mon père défunt et m'en veux aller à Rome voir le successeur de Pierre, le puis-je ou non ?

La voix grave de Berthe tombe du haut bout de la table :

– Sans l'autorisation de ton frère, non.

Ah ! Le regard de Charles, sa machoire serrée comme roc de granit, sa terrible rage !

– Ici même, à Saint-Denis, le 28 de juillet de l'an 754, alors qu'on sacrait notre père roi de tous les Francs, n'étions-nous pas tous les deux, à genoux, devant le pape Etienne II, pour recevoir l'onction ? Ne nous a-t-on pas, à l'un et à l'autre, donné le titre de patrice des Romains ? N'avons-nous pas reçu, par avance, et au nom du Seigneur, mission de protéger la ville de Rome ? Et je ne pourrais m'y rendre sans permission ? Vous, l'abbé, vous étiez là ? Que dites-vous, à présent ?

Fulrad incline la tête. Jamais il n'a paru si vieux et si faible aux yeux de Charles. Il répond, piteux :

– C'est la volonté du roi Pépin !

Le rugissement du colosse est si fort que Gerberge, affolée, tire ses rejetons en arrière et leur fait, de ses bras, un rempart dérisoire. Caroloman ricane, de biais, comme une hyène.

– Mon père ne peut pas avoir voulu cela, dit Charles. Ce n'est pas un royaume à ma taille.

Cela se produit parfois quand la tension est trop forte : l'agneau devient loup. Là, c'est Gerberge, tout apeurée qu'elle soit, sûre de son bon droit, qui interpelle son beau-frère tout proche :

– C'est un royaume assez grand pour que tu y joues avec ta bande d'ivrognes et de voleurs !

La réaction de Charles est imprévue. Il ne regarde pas Gerberge, il dit, d'une voix soudain apaisée, presque douce.

– Qui a permis à cette femelle d'être dans ce conseil ? Fors ma mère, reine des Francs, seuls les mâles y peuvent siéger.

Caroloman n'est pas sans courage. La couronne neuve lui donne de l'assurance et il connaît trop Charles et sa force pour craindre qu'il en fasse usage.

– C'est mon épouse, avec mes enfants. Nul ne t'a interdit d'amener ta concubine et ce contrefait que tu appelles ton fils!

Un silence de cathédrale. Vite troublé par une manifestation incongrue, grinçante, au-delà même du grotesque. Le fils aîné de Caroloman a, par surprise, échappé à la protection maternelle. Il a sauté à terre, et haussant et arrondissant une épaule, face déformée, il fait le tour de la table en boîtant, répétant comme les paroles d'une comptine enfantine :

– Pépin le Bossu! Pépin le Bossu! Pépin le Bossu!

Berthe a le réflexe de saisir le pitre au passage, de l'enfouir tête la première dans ses jupes noires, de l'étouffer à demi en même temps que sa litanie et de contenir les mouvements de rage de ses petites jambes qui battent des pieds. « Charles! » dit-elle. Il s'est tourné vers elle. Un sentiment de féroce amour passe entre leurs deux regards. Sans nul doute, cette femme est *née* reine. Fille de Caribert, comte de Laon, elle a grande allure et n'a jamais eu peur de rien ni de personne.

– Cela suffit, dit-elle. Votre père a décidé. Vous avez chacun vos états et votre capitale. Il les a choisies proches l'une de l'autre afin que vous puissiez vous consulter aisément et fréquemment pour la grandeur du royaume des Francs. Ce n'est point l'heure de vous disputer le bleu ou le rouge, mais de regagner chacun votre ville pour y régner ainsi qu'il l'a voulu.

Elle a relâché le petit monstre qui, visage rouge et bouffi, va se réfugier dans le giron de sa mère.

– C'est ma volonté royale, conclut Berthe. Nous sommes dans le deuil de votre père mort. Je ne tolérerai pas qu'il soit troublé.

Ils vont se séparer lorsqu'on annonce l'arrivée d'un messager : l'homme semble avoir longtemps chevauché et il est couvert de poussière. L'un des moines qui, à son entrée, a paru frappé de stupeur admirative, lui désigne, tant bien que mal, Caroloman. Il s'en approche. Agacé, craintif, le cadet indique Berthe. Le messager va vers elle, incline la tête, lui remet le rouleau qu'il porte. Elle le déroule, le lit, et, au fur et à mesure de sa lecture, son visage s'empourpre de colère. Quand elle referme le rouleau, elle le jette au sol.

– Le chien! s'écrie-t-elle, l'immonde chien!

– Qui, ma mère?

C'est Charles qui a parlé et s'est approché de Berthe.

– Le duc Hunold d'Aquitaine! Il a osé!

Charles s'est penché, a ramassé le rouleau.

– Osé quoi?

– Prétendre qu'il ne prêtera pas le serment d'allégeance au roi des Francs puisqu'il y en a deux et qu'on ne peut donner sa foi qu'à un seul!

Berthe est au comble de la fureur. Dans ces moments-là, elle a presque une voix d'homme, solide, charpentée, dépourvue de toute grâce.

– Lui qui, par trois fois, a réclamé la protection de votre père et l'a obtenue par trois fois!

Elle se tourne vers l'un, puis l'autre de ses fils.

– C'est félonie! Partez sur-le-champ, mes fils! Vous chevaucherez de compagnie. Marchez sur Bordeaux et rapportez-moi la tête de ce parjure! Allez!

Elle s'est levée comme une déesse guerrière qui porterait, à l'avance, le deuil des morts des futures batailles. Son regard croise celui de Charles. Elle y lit une détermination égale à la sienne. Caroloman s'est dressé au-dessus de la table. Son doigt pointe sur le parchemin.

– Le duc Hunold m'a envoyé son fils qui porte même nom que lui. Il m'a fait savoir que son refus était destiné à Charles, non à moi. Il ne se révoltera, s'il met sa menace à exécution, que dans le royaume de Charles. Je ne bougerai donc pas de Soissons.

– L'offense publique est faite à mes deux fils, répond Berthe avec humeur. Elle est donc faite à tous les Francs!

Caroloman a baissé la tête. Il supporte mal la sévérité des yeux de sa mère, mais il se sent guetté par Gerberge. Il parle à la table :

– Je ne ferai pas la guerre à Hunold, ma mère.

L'indignation étouffe les paroles de Berthe.

– Ton père t'a pourtant appris qu'un guerrier franc qui déserte le champ de bataille doit être puni de mort!

– Je ne suis pas un guerrier, ma mère. Je suis le roi.

– Le roi doit être le premier de ses guerriers.

– Alors, demande à Charles. Il ne sait rien faire d'autre que chasser!

Le sourire dédaigneux que Charles réserve à ce qui grouille ou rampe quand il le rencontre vient à ses lèvres.

– Laisse, dit-il à sa mère. L'homme qui apporte ce message est au duc d'Aquitaine. Si on le faisait tourmenter il finirait par tout nous dire. Je gage qu'il accompagnait Hunold, le jeune, lorsqu'il est allé à Soissons conspirer avec mon frère Caroloman. Ils sont complices. C'est à moi, seul, qu'ils font tous les deux la guerre.

D'un poing de fer, il martèle l'emplacement de son cœur.

– Je pars pour Bordeaux, ma mère. J'en reviendrai avec la tête du traître Hunold!

– Je te bénis, mon fils! dit Berthe, et elle détourne les yeux de son cadet.

Charles est déjà parti. Il fait tout plus vite que les autres et ses sorties s'apparentent à des tours de magie : *il disparaît.*

***

Rentré à Noyon, Charles s'enferme avec Eginhard. Il s'est pris d'affection pour ce jeune compagnon, qui ne quittait guère son père. En le voyant auprès de lui il peut s'imaginer que, dans sa grande chambre, allongé sous les couvertures et les peaux de bêtes, gonflé au ventre, Pépin règne encore. C'est à lui que l'abbé Baugolf, prieur de Fulda, l'avait adressé en le suppliant de le nourrir et de l'instruire à ses frais. Il est si petit, surtout dans l'ombre d'un géant, que le besoin de lui donner un diminutif s'impose. Charles l'appelle « Nardulus ». Eginhard le sert et le suit comme un chien fidèle. Ce soir-là, son maître lui demande de lui lire les observations faites par le feu roi Pépin, ayant trait à l'Aquitaine et à son duc.

– Votre père a longuement combattu contre le duc précédent, Waifre. Durant neuf années. Il avait grande confiance en son successeur le duc Hunold.

– Qui, dès qu'il meurt, le trahit, observe Charles. Et il enchaîne, gai : Tu vas faire la guerre, Nardulus! à mes côtés!

– Votre père ne m'emmenait jamais.

– Parce qu'il ne t'aimait pas assez.

Il lui sourit :

– Ce sera la première fois?

– Oui, Sire.

– Moi aussi. Ce doit être comme la chasse. Sauf que les bêtes sont moins cruelles que les hommes.

L'envie lui est venue de raconter un adoubement.

Le mot vient du francisque *duban* qui signifie *frapper*. On ne pratique le rituel que lorsque le garçon a fini son apprentissage militaire et que le maniement des différentes armes de mort lui est devenu familier. On *frappe* vraiment très fort, du plat de l'épée, avec une grande violence. La cérémonie rituelle s'exercera dans les formes plus tard. Chez les Carolingiens, elles sont élémentaires. Quand Pépin avait adoubé Charles, il ne lui avait pas tiré un cri, mais à la fin de la cérémonie quand le jeune chevalier avait desserré les dents, ses lèvres saignaient.

Qu'est-ce que la guerre pour des hommes bien nés du temps de Charles? L'ennemi est semblable à la forêt, un monde sauvage et, le plus souvent, inconnu. Forêt veut dire le monde « sans l'homme ». En bataille rangée, casqué, vêtu d'écailles de fer, le visage invisible, le guerrier, lui aussi, a perdu sa forme d'homme. Il est un mystère qu'il faut réduire à merci.

Eginhard écoute, émerveillé, durant toute la longue nuit. A l'aube, Charles se baigne. L'eau le lave de ses doutes. Il sait que, dehors, récurés et impatients, tous armés de pied en cap, ses compagnons l'attendent. Il entend piaffer leurs chevaux et reconnaît le rire de Roland. Dans la pièce voisine, Himiltrude s'est rendormie auprès de Pépin le Bossu après que Charles est passé l'éveiller et lui confier son royaume, selon la tradition franque qui laisse à l'épouse le soin de la maison. Le royaume est une maison. De même que la guerre est une chasse.

Cette fois, le gibier se nomme Hunold. Il dérive de Hunbold, qui en Germanie signifie *Hun renommé* ou *géant renommé.*

Mais le géant de cette belle et rude aventure est le chasseur : c'est Charles. Et il s'est mis en route.

***

Le château de Hunold se dresse dans un méandre de la Garonne là où elle est large comme un bras de mer et coule d'un flot rapide et vigoureux. Le duc a des yeux gris de vieux rapace un peu triste. Il a revêtu la broigne et le casque, un peu bosselé mais qui s'ajuste bien à son crâne. Il regarde son fleuve du haut de sa tour.

– C'est notre rempart, mon fils, dit-il, à Hunold le jeune, son lionceau. La Garonne est une cuirasse d'eau. Elle a maintes fois sauvé l'Aquitaine. Elle le fera une fois encore s'il le faut.

– Père, crois-tu qu'il va venir ?

Etrange destin que celui de Charles ! Il n'a encore livré aucun combat et, pourtant, sa réputation le précède. Elle est si mauvaise, si calomnieuse, qu'on le croit capable de tout – surtout du pire. L'Aquitaine, peureuse, s'abrite derrière son fleuve, Charles avance avec son ignominie présumée comme complice.

– C'est un Franc, répond Hunold. Ils ont la fièvre du combat.

Il se souvient à voix haute.

– A Poitiers, je me suis battu aux côtés de son grand-père, Charles le Martel. En voilà un qui n'avait peur de rien ni personne ! Nous avons porté des coups terribles au gouverneur arabe Al-Gafiki qui pillait tous les monastères sur son passage. Il avait franchi les Pyrénées à Roncevaux. Il croyait glorifier le nom d'Allah jusqu'au septentrion. Il n'a réussi qu'à ouvrir la voie aux seigneurs carolingiens. C'est ce Charles-là qui m'a fait duc d'Aquitaine. Je ne vais pas ployer le genou devant son petit-fils, un enfant qui, jusqu'ici, n'a culbuté que des servantes !

Hunold le jeune admire son père. L'évocation de Poitiers allume des lumières dans ses yeux. Un jour cette marche d'Aquitaine sera sienne. Il a rencontré à Soissons le roi Caroloman ainsi que son père le lui a ordonné. Le piège consiste à attirer Charles dans le Sud, le retenir, l'occire s'il se peut ; en tout cas à l'éloigner de sa ville capitale et – qui sait ? – faire tomber son royaume dans l'héritage du cadet. Les rois francs ne vont pas par paire sans désagrément pour l'un des deux.

– Sa femme, Gerberge, hait Charles, dit le jeune.

– C'est bon pour nous, dit le vieux duc sans cesser de contempler son fleuve.

– Mais Caroloman a peur... de quoi ?

– De Charles, d'abord, dit Hunold. De tout ensuite. Le lâche a toujours peur de sa peur.

– Que feras-tu quand nous aurons vaincu Charles ?

Une lueur de crime passe dans les yeux du vieux rapace.

– Je ferai tuer Caroloman. Afin qu'il n'ait plus jamais peur !

Un épervier trace des cercles autour des remparts, ailes éployées. C'est un signe en terre franque où l'oiseau chasseur est propriété sacrée comme l'épée. Même puni pour un vol, un parjure ou un meurtre, le condamné ne peut être condamné à se défaire de l'un ou de l'autre.

– Charles! dit soudain Hunold le jeune en regardant l'épervier.

Et, dans un fier élan, il demande :

– Laisse-moi l'affronter, mon père. Je veux être le premier à le vaincre.

- Non, mon fils. Va à Langon. Assure-toi que le pont a été détruit comme ceux qui nous entourent, puis reviens ici.

– Et si Charles attaque?

Le duc prend son fils par les épaules et lui montre le fleuve à leurs pieds.

– La Garonne est là. Elle n'a pas peur des hommes. Va et reviens!

Hunold le jeune salue le vieil Hunold et sort.

Le duc reste seul, tout droit, songeur.

Avec l'immensité du ciel sur la tête.

Et l'épervier.

***

Les Francs sont comme des loups. Ils avancent sans bruit. On ne les voit pas. La forêt est leur royaume. Nul ne peut savoir qu'ils sont là. Le crépuscule, d'or et de pourpre, tombe sur le fleuve. Il fait flamber, de l'autre côté de la Garonne, la tour de Hunold.

C'est le spectacle qui s'offre à Charles, à cheval, en broigne de guerre, son talisman au cou, entouré de ses compagnons, Roland, Roger, Gilbert et les autres. Charles regarde le fleuve qui lui barre la route. Il n'est pas de ceux qu'on peut franchir d'un saut comme lorsqu'on chasse dans les hauts bois près de Saint-Denis. De plus, il est en crue et charrie des branches maîtresses et quelques bêtes mortes.

Olivier vient vers eux. Il était parti en reconnaissance.

Il apporte de mauvaises nouvelles. L'armée de Hunold a détruit tous les ponts, de Marmande à Langon. Si l'on veut passer il faut faire un grand détour par Agen.

– A moins qu'ils n'en détruisent le pont avant que nous n'arrivions.

Charles se tourne vers Roland dont l'olifant bat la poitrine.

– Tu entends, Roland. C'est bien une félonie de Caroloman. Il les renseigne.

– Tu en es sûr ?

– Ganelon me l'a fait dire par son émissaire.

– Et si Caroloman se défiait de Ganelon et lui mentait, pour te tromper, pour t'inciter à rebrousser chemin ?

Charles fait de la tête un signe de dénégation. Sa conviction est inébranlable : Caroloman a dit la vérité à Ganelon. Celui-ci ne s'est-il pas présenté à lui, comme Charles le lui avait ordonné, en se prétendant chassé par lui et prêt, désormais, à servir le cadet ?

– Il prépare un coup sur Noyon. Il faut se hâter de vaincre Hunold et rentrer. Himiltrude et mon fils sont en grand danger. Ton conseil, Roland ?

– Aller à marches forcées jusqu'à Agen, franchir le fleuve et attaquer Hunold sur l'autre rive.

– Selon toi, d'où Hunold s'attend-il à nous voir surgir ?

– D'Agen.

– Et quand, selon toi, nous attend-il ?

– Dans trois jours.

Les dernières flammes du soleil se sont éteintes d'un coup et la nuit bleue a chassé le crépuscule.

– Alors, dit Charles. C'est simple : il faut attaquer ici et cette nuit !

Tous, de stupeur vive, ont tressailli.

C'est Olivier, le messager, qui le premier a le courage de contredire le roi.

– Mon prince, on ne pourra jamais faire passer l'armée sur l'autre rive. Le fleuve est trop gros !

– Qui a parlé de l'armée ? On n'en a pas besoin. Si

l'armée ennemie est à Agen, en embuscade, c'est qu'Hunold est seul, ici, avec une petite garnison. Il est sûr de son fleuve. Il a tort. On doit se méfier de l'eau comme de la femme auprès de qui on dort. Viens-tu, Roland?

Charles connaît, déjà, la réponse. Il a glissé le long de son cheval. A pied, il s'engage dans les roseaux qui bordent la Garonne. Roland a compris et il l'a vite rejoint sur la rive; il dit, gaiement :

– Tu vas gagner une fois de plus!

Ils sont joyeux comme deux grands garçons qui vont faire une farce. L'espace d'un éclair, quand Charles voit Roland se débarrasser de sa carapace de fer et se mettre nu, il pense à ce que lui disait son père : des « faitarts ». Roger, Gilbert, Ogier, Olivier et même Turpin, l'évêque, se sont déshabillés. Ils sont superbes comme des athlètes d'Olympie. Turpin n'a conservé que sa croix pectorale, Roland son olifant et le roi son talisman. Dans le soir bruissant de présences animales, serrés les uns contre les autres, ils forment un bas-relief comme les Romains en ont laissés à Noyon. Ogier tremble un peu :

– Je bois chaque fois toute l'eau, dit-il. Je finirai bien par savoir nager.

– Ou par mourir en tout cas, réplique Gilbert. Ça, tout le monde sait le faire, de naissance.

– Faites comme moi, ordonne Charles.

Il a plongé la main dans la vase au bord du fleuve et a entrepris de s'en badigeonner le visage et le corps. Tous l'imitent. Après quoi, ils assurent leur longue épée dans leur dos avec des bandelettes de leurs jambes.

– Cette nuit, c'est sûr, je coule... se plaint Ogier.

– Tous à genoux! Au nom de Dieu!

C'est Turpin qui a parlé et il donne l'exemple. Ils prient, brièvement, à voix haute, comme des enfants sages. Un très beau moment, insolite et grave, entre chien et loup.

Amen!

Signe de croix. Ils se relèvent. Des guerriers de la boue.

C'est Ogier qui, le premier, voit l'épervier dans le ciel. Il blémit.

– Il sait, déjà, qu'il y aura des charognes.

Chacun se signe.

Charles est entré dans l'eau. Un regard en direction de la tour que l'ombre a rendue violette, et il s'enfonce, étend les bras et nage...

⁂

Plantées au sommet de la tour, des torches brûlent dans la nuit. Elles se reflètent dans l'eau noire du fleuve. Des sentinelles montent la garde. Elles ont le pas tranquille et solide des militaires dont la mission consiste à préserver une forteresse que l'on sait, de longtemps, imprenable. On entend des abois de chiens de l'autre côté du fleuve et que l'eau a portés.

Charles a sorti la tête barbouillée de boue. Il prend sa respiration, regarde autour de lui et replonge. Derrière apparaît la face de Roland. Puis une autre, une quatrième, une autre encore... D'étranges lotus, sitôt engloutis...

Le roi, courbé, est monté sur la rive. Il se redresse derrière un bouquet de saules. Une vraie statue de Mars. Il défait les bandelettes de son épée et la prend à pleine main. Son sexe s'est raidi entre ses jambes. Un bruit, derrière lui, le fait se retourner : c'est Roland. Deux sourires de dieux vainqueurs.

Un après l'autre, les Francs sortent du fleuve et prennent leur arme. Ils sont prêts.

Dans la tour, plongée dans les ténèbres, les deux Hunold, le vieil et le jeune, qui vient de rentrer, dorment. Une salle ronde sans autre meuble que le lit où le duc est allongé. Le louveteau est couché à même le sol, enroulé dans une couverture, la main sur la garde de son épée. Au mur, un crucifix éclairé par une petite lampe.

Dehors, une sonnerie. C'est l'olifant de Roland. Le

jeune Hunold a tressailli, il a rejeté sa couverture, s'est levé, le fer au poing et a appelé : « Père! » Déjà, on entend des pas pressés dans l'escalier de pierre.

– Père, ils sont là!

C'est comme si la foudre venait de tomber. Hunold est debout, hagard, incrédule, mais vaillant. Il est un homme de courage. Les assaillants se rapprochent. D'en bas, montent des chocs de métal et des cris de mort. « Les Francs! Les Francs! » La plainte se répercute dans la tour... Le jeune Hunold s'est placé devant son père. La porte vole en éclat. Une statue de boue surgit, dégoutante d'eau, l'épée brandie. Le duc l'a reconnue. « Charles! »

Le visage du jeune resplendit. Le combat singulier, il l'a livré cent fois dans ses rêves. Il a peuplé ses nuits. Il lève son arme. D'un seul coup rageur, Charles la fait voltiger puis d'un revers de bras, il écarte le jeune guerrier. Il est en face du duc. Celui-ci, voyant cette tête de Méduse bourbeuse, alors qu'il croyait Charles en train de galoper vers Agen pour tomber dans le piège tendu, a une phrase imprévisible :

– Le fleuve m'a trahi!

– Comme tu as trahi ton serment d'allégeance, Hunold, réplique Charles. L'eau a plus de mémoire que l'homme. Jette ton épée.

Hunold hésite à peine, et, à la stupeur épouvantée de son fils, il laisse tomber son fer. L'épée fait un grand fracas dans la petite pièce ronde où brille au mur le crucifix.

⁂

Les soirs de batailles ressemblent aux curées après la chasse. Les guerriers francs, statues de boue, finissent de désarmer la garnison. Nu, sa croix pectorale pendant au cou, Turpin s'agenouille près des mourants et fait, sur eux, Francs ou Aquitains, le signe de la croix.

Roland sort de la tour avec Hunold captif. Etrange cortège que celui de l'homme aux blancs cheveux entouré de démons jaillis du fleuve!

En haut, Charles se tient entre Hunold le jeune et la porte fracassée.

– Non, dit-il. Voir mourir un père vaincu n'est jamais bon pour un fils.

– S'il doit mourir, je veux qu'on me tue aussi.

Charles le regarde avec une subite considération.

– Tu es courageux, dit-il, sois fidèle et tu trouveras une meilleure occasion de perdre la vie!

Et il sort sans se retourner.

Le long du fleuve, on a tranché, d'un seul coup d'épée, le col d'Hunold le félon.

Chapitre 4

L'HEURE DE BERTHE

C'était la première fois que Charles avait tué un homme. Avec du fer planté dans le ventre. Comme pour un daim. Il avait vu le soldat surgir dans la nuit aquitaine. Au détour d'un buisson, sur la rive. Un grand gars, lourd; solide, franc mangeur avec sa face rougeaude et son nez énorme.

Il avait roulé des yeux, le soldat, croyant avoir affaire à un monstre boueux sorti du fleuve. Rien qui ressemble, de près ou de loin, à un ennemi comme on le lui avait appris. Non : une bête, sale et trempée. Alors, le soldat avait tiré son épée. Charles avait enfoncé la sienne. Dans du mou, de toute ses forces. Presque avec volupté. Il y avait eu un gargouillis d'entrailles et un jet de sang poisseux qui avait giclé sur le bas-ventre nu du roi. C'était fort, comme la première fois avec une fille, dans le pré, derrière le château de son père. Elle avait couiné. Il avait eu peur et avait été fier à la fois. Après, elle lui avait dit que c'était de plaisir.

En chevauchant vitement vers Noyon, pour parer à toute vilenie fraternelle, Charles se souvenait de son guerrier éventré. Le signe du sang. La tête d'Hunold, tranchée, galopait en avant-garde. Charles avait chargé Roland d'aller la porter à Berthe, sa mère, sitôt qu'ils seraient en vue de leur bourgade capitale. Elle les précèderait et les annoncerait.

***

L'envie d'amour était dans le ventre du roi. Elle le prenait sitôt que l'image d'Himiltrude lui traversait la tête. Bien qu'il soit résolument friand de chair féminine, comme on l'est de vin ou de nourritures, sa reine bâtarde gardait une place à part. Même avec une autre fille, il ne se sentait nullement infidèle. Il ne pouvait l'être que si, quelque jour, pensant à elle, il n'éprouvait plus le désir, immédiat, de la cajoler et de l'enfourcher. Il le lui avait dit, lors de leurs premières étreintes :

– Si je ne te voulais plus quand je te vois, je te le dirais. C'est qu'amour serait mort.

Là, ils sont là tous les deux, comme jouvenceaux campagnards, dans l'herbe, débraillés et cul nu, avec des rires émoustillés. Charles place Himiltrude sur le dos. Himiltrude est une jolie paysanne un peu ronde, qui va sur ses vingt-trois ans, aux cuisses roses et aux tétons gais. Qui n'a jamais été rétive aux jeux de la chair.

Derrière eux, le vieux château qui domine la vallée boisée de la rivière Oise. Rentré chez lui, rassuré sur la passivité haineuse de Caroloman qui attendait l'issue de la guerre pour prendre parti, Charles est redevenu prince. Il se donne aux embrassades et aux luttes avec une mâle ardeur.

Des ébats, joyeux, dans un jardin français.

C'est alors qu'il arrive.

Pépin.

Pépin le Bossu.

Il avance, déhanché, avec des gestes malhabiles. On dirait à chaque pas qu'il va trébucher et tomber. Il a un sourire ravi aux lèvres.

Les deux jeunes gens ne l'ont pas entendu venir. Il apparaît soudain au-dessus d'eux. Une petite gargouille de maléfice. Il rit. Il est hilare de voir ses géniteurs si enlacés et si peu vêtus. La nudité est inconvenante, dehors, en ce siècle huitième. Elle n'est permise qu'au lit parce que propice à la conception. Entre époux accolés.

Pépin est rouge d'avoir couru. Charles tend les bras, le saisit, le serre contre lui et roule avec lui dans l'herbe. Himiltrude met de l'ordre dans ses jupons.

– Mes deux hommes!

En luttant, de mâle tendresse avec son fils, Charles a posé, sans le vouloir, sa main sur la bosse. C'est comme s'il s'était brûlé. L'épouvante passe sur son visage et presque aussitôt s'enfuit. Le moment magique est éteint. Himiltrude a vu. Ses yeux rencontrent ceux, désemparés, de son prince.

– Dieu a fait le monde, dit Charles, le monde avec ses étoiles et son ciel, et sa mer, et les forêts, et les animaux et les hommes en six jours! Pourquoi a-t-il fallu qu'il prenne le temps de faire les bossus?

***

On est dans un château fort comme dans une cage. Le monde extérieur n'y entre pas, mais on peut aussi, si l'on vous donne l'assaut, s'y sentir captif à la manière des rats. En ce jour d'hiver tôt venu, du feu flambe dans la haute cheminée et, aux murs, les flambeaux fument.

Charles est assis près d'une grande table. Il a le cercle doré royal autour du front. Eginhard lui tient compagnie, ses tablettes à la main. Deux grands chiens, efflanqués, dorment sur les dalles.

Le roi attend sa mère. L'une des bêtes l'a entendue venir avant lui. Elle s'est levée, à grandes enjambées souples, pour aller vers la portière. Celle-ci se soulève : c'est Berthe. Pour qu'on remarque moins ses pieds, elle marche penchée, de toute sa silhouette noire, vers l'avant. Comme si son torse suivait ses jambes.

Elle est statue de deuil qui marche.

Charles la serre dans ses bras.

– Ma mère!

Eginhard, debout, s'incline et disparaît. Berthe s'est assise et le grand chien, visiblement accoutumé, vient s'étendre devant elle de tout son long. La reine mère regarde son fils :

– La guerre te va bien, Charles!

– Tu m'avais demandé la tête d'Hunold, je te l'ai envoyée.

Le feu crépite dans la cheminée. Ils sont tous deux tranquilles comme s'ils ne parlaient pas de la vie et de la mort. Berthe est passée par Soissons. Elle lui dit la colère de Caroloman. Charles, lorsqu'il a porté le fer en Aquitaine, ne s'est pas arrêté à la frontière, artificielle, qui la partage, verticalement en deux. Il a, dans sa fougue, conquis le domaine de son cadet.

– Il est furieux, dit Berthe.

Charles hausse les épaules :

– On l'est toujours quand on a manqué son coup!

Il n'a pas de haine en lui. Nulle sensibilité non plus. Le problème ne se situe pas dans l'âme, mais dans l'action. Pour Charles, la tâche à accomplir est claire : on ne peut régner que seul. Son père a réglé la même nécessité impérieuse avant lui. On a même cru pouvoir dire qu'il avait un peu aidé le destin, sans que cela ait jamais été prouvé. Charles écoute sa mère sans tourment. Elle ne se déplace jamais pour rien. Elle passe son temps à son rouet, mais tandis que ses mains vont et viennent toutes seules, elle fait le monde dans sa tête.

– C'est vrai, demande-t-elle, ton père mort t'a parlé?

– Non, répond Charles. J'ai entendu, mais ses lèvres n'ont pas bougé. Ce sont ses yeux qui me l'ont dit : *Quiercy.*

Une douceur, furtive et peu commune, passe sur le visage de la reine mère.

– Tu t'en souviens?

– Oui. Très bien. Le pape Etienne était très vieux et je lui avais demandé si les papes perdaient leurs ailes comme les anges avant de mourir.

Berthe rit.

– Ton père t'avait grondé.

– Oui, mais ça l'arrangeait de me voir importuner le pape. Il avait besoin de flouer un peu le saint homme. Il s'engageait à lui faire restituer les territoires occupés par les Lombards et à lui rendre du même coup des duchés qui n'étaient pas à lui.

– Il voulait que vous soyez oints, tous les deux, par le pape de Rome. Quel que soit le prix, il était décidé à le payer.

Elle regarde Charles droit dans les yeux. Celui-ci ne réagit pas comme le grand animal impétueux qu'elle a morigéné le jour de la mort de Pépin.

– Eginhard, dit-il, m'a appris que le monde est une forêt mystérieuse. Le lion peut se prendre pour le chasseur et le chasseur pour le lion. Il arrive que le lion tue le chasseur.

Il lui sourit, tendre et cruel à la fois, et l'interroge.

– Tu ne te déplaces jamais pour rien. Dis-moi ce que tu as résolu de me dire.

Berthe a la force et la lourdeur des marbres. Elle est campée dans les idées et les volontés comme sur ses jambes écartées. Elle n'est jamais féminine ailleurs qu'au lit. Elle ne mâche pas ses mots :

– Change de femme, Charles. Prends-en une à ta taille ! Tu ne seras pas un grand roi tant que tu n'auras pas une vraie reine dans ton lit.

Charles a grogné. Si fort que l'autre chien s'est dressé sur ses deux pattes postérieures et a posé les deux autres sur la poitrine du roi. Son museau atteint presque son visage. Charles lui donne son poing à mordre.

– J'ai déjà une reine.

Berthe a un mouvement de tête de dénégation :

– Aucun des papes qui ont succédé à Etienne ne l'a reconnue. N'importe quel évêque, s'il en reçoit l'ordre, t'en débarrassera avec cinq lignes de latin.

– Elle m'a donné un fils.

– Il est bossu. Il ne régnera jamais.

Le chien, féroce et amical, a mordu Charles jusqu'au

sang. Le roi l'a renvoyé d'une bourrade. La bête claque des dents et tremble. D'excitation, de délectation ou de dépit ?

– Et moi, je règne, peut-être ? demande Charles. Mon père, par son testament, m'a exilé loin de Rome et a mis, entre la Ville éternelle et moi, le royaume de mon frère. Je suis un roi captif. Je n'ai pas d'autre allié que mon épée.

Berthe le regarde à nouveau. Elle s'étonne de le voir si réfléchi. D'où lui vient cette gravité sinon du jeu des muscles et du cœur dans l'acte de mort auquel il s'est livré en Aquitaine ?

– Il n'y a pas que l'épée, Charles, il y a le mariage.

Le roi a tressailli.

– Didier, roi des Lombards, poursuit Berthe, a un buisson de filles. Adelperge a épousé le duc de Bénévent, Liutpergue celui de Bavière, Tassilon, celui-là même qui, à la mort de ton père, s'est abstenu de venir renouveler l'allégeance. Il en reste une : Hermengarde. Epouse-la et tu entres, toi aussi, dans la dynastie chrétienne lombarde.

Charles suce ses morsures et recrache le sang qui étoile de rouge la dalle devant lui.

– Comment l'épouserais-je ? Rien que pour voir de près son corps, il me faudrait passer par la mer, et cela prendrait des mois !

– Réfléchis, Charles...

La voix de Berthe, si impérieuse d'ordinaire, sait se faire persuasive lorsqu'elle désire convaincre. Elle se lève, ce qui provoque le grognement de la bête à ses pieds, et va vers le long parchemin, au mur de la grande salle.

– Epouse Hermengarde, et c'est Caroloman qui sera captif, coincé comme un furet dans un terrier entre le royaume de Didier et le tien.

Le roi hoche la tête.

– C'est déraison, ma mère. Comment pourrais-je l'épouser ? Je ne vais même pas me rendre à Pavie demander à Didier de me donner sa fille.

– Moi, je le peux.

La mère et le fils s'affrontent des yeux.

– Oui, dit Berthe. Je suis reine mère des Francs. Partout où sont des Francs je suis chez moi! Donne-moi le comte Ganelon pour escorte. Je partirai demain.

⁂

Pavie! Montaigne y est passé huit cents ans après Berthe. Tout ce qu'il en a rapporté, ce sont deux lignes : « La ville est grande, passablement belle et remplie d'artisans de toutes espèces. » Didier vit hors la ville dans le Belvédère, avec sa cour. Au sommet de la tourelle d'angle huit fenêtres, étroites comme des meurtrières, offrent, lorsqu'on se déplace de l'une à l'autre, un panorama magnifique comme fragmenté par un artiste amateur de portiques. On distingue les montagnes au loin. Le ciel est bleu. Dans la cour intérieure, derrière les hauts murs, chantent des jets d'eau.

Nous sommes loin de la robuste architecture de Noyon et Berthe est éblouie. Elle s'en ouvre au comte Ganelon.

– Comment peuvent-ils être des hommes entiers avec tant de beauté autour d'eux?

Le roi Didier de Lombardie est un monarque de cinquante ans aux cheveux gris et bouclés qui se comporte, en toute circonstance, avec beaucoup de recherche. Quand on lui annonce l'arrivée de la reine des Francs, il croque délicatement des raisins qu'il choisit dans une coupe d'onyx tout en devisant avec Tassilon, son gendre, duc de Bavière.

Ils sont seuls. On entend des chants d'oiseaux. Tassilon est mince et sombre. Eginhard, lorsqu'il le rencontrera, quelques années plus tard, le trouvera d'« une arrogance trop grande pour être tolérée »! Il a une moue désabusée lorsqu'il se tait et méprisante dès qu'il ouvre la bouche.

– Vous connaissez le proverbe, Sire? demande-t-il à son beau-père. « Mieux vaut avoir un Franc comme ami que comme voisin! »

– Que peut bien me vouloir cette femme ? demande Didier.

Le duc de Bavière hausse les épaules.

– Les femmes sont des marieuses. Elle doit avoir son gros Charles à caser.

Didier a froncé les sourcils. Ils sont broussailleux et noirs. Il recrache la peau épaisse de ses raisins.

– Charles ? Tu crois ? Que sait-on de lui ?

– Qu'il est marié, hors l'Eglise, avec une Franque qui lui a donné un enfant bossu et que c'est un propre à rien !

Le roi n'est guère convaincu. Les échos de la chevauchée meurtrière d'Aquitaine de Charles ont passé les Alpes. Didier croit voir ricaner la tête tranchée d'Hunold, le vassal qui s'est révolté contre son prince. L'ironie mordante de Tassilon l'agace.

– Ces familles franques n'ont donc pour se singulariser que leurs malfaçons corporelles : Pépin le Bref, Berthe aux Grands Pieds, Pépin le difforme et Charles, Charles le fauve. Il paraît qu'à huit jours, déjà, il faisait peur à sa nourrice !

Il s'approche du roi.

– Vous vous demandez ce que Berthe est venu chercher, ici ? Votre dernière fille, Hermengarde. Pour son monstre de fils.

– Dans quel dessein ?

Le duc de Bavière a pris trois grains de raisin dans la coupe. Il les aligne sur la table basse.

– Un raisin blanc : le pape à Rome. Un raisin rouge : Charles à Noyon. Un raisin noir... juste entre les deux : vous, mon cher beau-père à Pavie ! Terrible situation !

D'une main preste, il a ramassé les trois grains et les a croqués.

– Question ? Allez-vous sacrifier votre tendre Hermengarde sur l'autel de la raison d'Etat ?

A ce moment, une tenture se soulève et entre Liutpergue, fille de Didier, épouse du Bavarois. Elle est belle et mate, et visiblement autoritaire.

– Qui parle de sacrifier ma petite sœur ?

Elle est vêtue avec recherche. Ses sandales dorées font un bruit, léger, sur les dalles.

– C'est vous, mon père ?

Il a levé les yeux. Un éclair sauvage les fait étinceler. Cet homme sans éclat et apparemment sans vertu doit avoir de la violence en lui.

– Qui es-tu, ma fille, pour prétendre donner des leçons politiques à ton père, le roi des Lombards ? As-tu jamais embrassé d'un regard la chrétienté dans sa totalité ? Dans mon dos, j'ai l'empire des Avars, païens et pillards, venus du bout du monde pour porter le feu. Au Sud, Rome où le pape se croit roi. Et au pied même de la botte et en Sicile, la primauté orgueilleuse de Byzance. Je suis placé au carrefour parfait de la chrétienté d'Occident et de la chrétienté d'Orient.

Liutpergue s'est assise, a pris une grappe d'or et y mord à pleines dents voraces.

– C'est pour ça, mon père, que vous vous croyez le nombril du monde ?

La rage luit sur la face du roi.

– Et à qui voulez-vous vendre ma sœur ? poursuit Liutpergue.

Tassilon répond pour Didier :

– A Charles, cette moitié de roi des Francs.

Sa femme pousse un cri d'horreur.

– A ce porc ?

Didier ignore sa fille et se tourne vers le duc de Bavière.

– Je n'oublie jamais le mal que l'on me fait. Souvenez-vous d'Etienne et de la phrase, ignoble, qu'il a prononcée, naguère, à Quiercy : « Comment, en France, peuvent-ils s'unir à cette race fétide des Lombards, la plus perfide, la plus dégoûtante de toutes... » J'ai dans la tête chacun des mots « ... et d'où la lèpre est sortie ! » La lèpre !

Il hoche la tête.

– Les Lombards doivent se garder de leurs voisins. Je

veux maintenir le pape dans son palais du Latran, à Rome. Si ma famille s'allie aux Francs, Charles fera peur à Hadrien. C'est de la politique.

Liutpergue a, pour son père, un œil vert d'une cruauté impitoyable.

– Tu payes avec le ventre d'Hermengarde!

Nonchalant, pervers, avec un charme qu'il fait mine d'ignorer, Tassilon sourit à son beau-père.

– Vous ne dites pas toute votre pensée, mon beau-père. Vous mettez Hermengarde dans le lit du barbare. Et, dans le même temps, vous envoyez votre fils, Adelchise, voler quelques cités appartenant au pape. C'est ce que vous appelez votre grande politique lombarde.

– Et bavaroise, mon gendre, répond le roi. Car j'entends vous mêler à la partie.

– Ne comptez pas sur moi. Je ne combattrai pas davantage le pape Hadrien que je n'ai prêté serment aux Francs.

L'étrange violence de Didier éclate dans sa voix.

– Je vous en donne l'ordre.

Un silence. Des yeux, Liutpergue encourage la rébellion de son époux.

– Je suis duc de Bavière, dit Tassilon. Seule la Bavière m'importe.

Ce sont des pas, solides, en bas des escaliers, et un vacarme soudain qui alertent le roi. Et la voix de Berthe :

– Dites à votre roi que c'est la reine mère des Francs qui lui rend visite. Et qu'elle ne supporte pas d'attendre!

***

Elle devait ronger son frein, la reine noire qui avait traversé trois royaumes pour ramener une femme à son fils aîné!

Jamais encore on ne lui avait fait faire antichambre. En traversant la cour intérieure du Belvédère, accompagnée du comte Ganelon, l'impatience gronde en elle. Elle foule l'herbe et s'immobilise à l'arrivée du roi et de son gendre. A voix basse, elle glisse à son compagnon de route :

– Regarde-les! Deux scarabées bourrés de venin, l'un et l'autre.

D'une autre porte, entrent Adelchise et sa sœur Liutpergue. Les quatre convergent vers la reine des Francs. Didier s'avance et, le premier, s'incline devant Berthe aux Grands Pieds.

– Je suis heureux et fier de vous accueillir, Madame.

Elle réplique :

– La dernière fois que je suis venue à Pavie, j'ai dormi sous la tente. Nous nous faisions la guerre, vous vous en souvenez ?

Tout le groupe, à présent, entoure la reine. Elle a un regard, incisif, vers Liutpergue. On sent qu'elle cherche à deviner si c'est la sœur d'Hermengarde ou la princesse elle-même qu'elle a devant elle. Son regard de mère « marieuse ». Liutpergue est dédaigneuse. Ganelon, rigide comme une broigne, écoute et épie tout. L'atmosphère entre eux tous est insupportable. Didier le sent, entraîne sa visiteuse vers les jets d'eau bavards.

– Ma fille, Hermengarde, fait une retraite dans un couvent de Pavie. Vous la voulez pour votre fils Charles, c'est cela ? Je suis prêt à vous la donner.

Berthe est surprise. Elle ne s'attendait pas à un accueil aussi abrupt. Elle éprouve le besoin de marquer un point.

– C'est pour m'annoncer cette décision que vous m'avez fait si longtemps attendre ? C'est bon, qu'on me conduise tout de suite vers elle.

***

Didier savait ce qu'il faisait en confiant la vieille reine franque à sa fille duchesse de Bavière, hostile au mariage. Le prétexte selon lequel seule une femme pouvait conduire Berthe dans un couvent de femmes laissait une chance au hasard : tout dépendrait du bonheur ou de l'échec de la rencontre. Berthe ignorait la langue des Lombards. Liutpergue servirait d'interprète et Didier pouvait être assuré de la perversité de sa traduction. Comment se comporterait la jeune princesse Hermengarde, cloîtrée en attendant un prince accueilli dans le clan, très recherché, des gendres du roi de Pavie ?

En attendant, Didier fait front contre Tassilon et Adelchise, lesquels s'accordent à repousser le mariage franc. Tassilon hait Charles sans le connaître. Tout ce qu'il sait de lui le révulse : sa force, sa santé, sa violence de mâle accompli, sa primauté en tous jeux du corps, son intrépidité. Et il est de ceux qui croient à la légende d'un Charles né près de Munich, dans un moulin et qui serait de pure race germaine – donc un rival direct. Tant sa colère est grande, Tassilon se déclare prêt, si le roi des Francs menaçait quelque jour l'indépendance de la Bavière, à s'allier, pour le contenir, avec le barbare Widukind, le Saxon rebelle.

Sans l'évêque Remi qui a baptisé Clovis, Charles serait aujourd'hui un païen comme Widukind. Au fond de lui-même, sans qu'ils le sachent, ils sont, l'un et l'autre, mêmes animaux féroces de la forêt!

Adelchise est jeune et vaillant, et, à son insu, gravement épris de sa sœur. Il la voit délicate comme une fleur protégée qui pousse dans un jardin clos et qu'on va jeter, en la donnant à Charles, au froid et à la nuit. Il crie pitié pour elle. Il en appelle au cœur du roi son père. Mais les rois ont-ils droit à un cœur ?

Didier, en tout cas, n'a pas d'oreilles.

***

Berthe, escortée de Liutpergue, traverse les cours intérieures du couvent, bruissantes de tourterelles. Les femmes franques de haut lignage sont familières des cloîtres. Elles y font souvent retraite lorsqu'on les réserve pour un époux de noblesse ou lorsque les intérêts du royaume commandent de les écarter du pouvoir sans les occire.

L'ombre succède à la lumière. L'abbesse referme une porte sur les deux visiteuses. La pièce est voûtée, vide, partagée en deux par une grille de fer. Derrière cette grille, au mur, un crucifix. Une porte s'ouvre et une forme féminine entre, le visage entièrement dévoré par un ample capuchon. C'est Hermengarde.

Et l'étrange interrogatoire commence. Il est truqué. Liutpergue biaise chaque question de Berthe et chaque réponse de sa sœur. Elle veut qu'Hermengarde refuse le parti imposé par son père. Celle-ci, mystérieuse et invisible, vierge de seize ans, veut savoir si l'époux qu'on lui propose est aussi grand qu'on le prétend, s'il est doux avec les animaux, comment il se comporte avec les femmes. Liutpergue modifie les phrases de Berthe et cela donne un portrait terrible de Charles, propre à en détourner toute âme chrétienne et pure. Et pourtant, sous sa bure, Hermengarde frémit. Chaque mot la trouble. Elle se voit livrée à une bête carnassière qui ploie tout sur son passage et, contre toute attente, son âme en palpite. Elle ne sait plus si c'est de honte que ses sens défaillent ou si c'est un autre mal qui la prend, qui lui fait désirer ce que sa sœur lui présente comme l'horreur absolue. L'exil, la glace et la rudesse sans merci de l'ogre auquel son père la destine la fascinent. Son corps vibre si fort qu'elle en est devenue incapable de prononcer un mot. Elle quitte la cellule, muette comme elle y est entrée.

– Alors ? demande Berthe, impatiente.

– Elle rendra la réponse à mon père demain, répond Liutpergue.

A cet instant, la reine des Francs croit, avec grand dépit, avoir totalement échoué dans son ambassade.

C'est un grand soulagement et une fière surprise pour Berthe, la Franque, quand Didier lui annonce, le lendemain, que sa fille, Hermengarde a accepté l'honneur que lui faisait le roi Charles en la demandant pour épouse. Elle s'attendait à un refus. Méfiante elle en vient à douter de la beauté et de la vertu de la fiancée.

– C'est un laideron ou une ribaude, dit-elle à Ganelon. Ils ont pris soin de ne nous la point montrer.

La princesse voyage dans un chariot aux rideaux tirés avec les deux grosses lombardes qui l'accompagnent. Elle refuse absolument de se montrer. On traduit à Berthe la phrase qu'elle a jetée en réponse à sa prière :

– Je réserve mon visage et mon corps à mon époux.

Durant le passage des Alpes, Berthe cherche, à nouveau, à attirer Hermengarde à l'extérieur. Le paysage est grandiose. La jeune fille se contente de le contempler par l'intervalle entre les lourdes tentures.

– Si elle est contrefaite, Charles la renverra à son père, confie-t-elle à Ganelon, et c'est le pacte de Quiercy qui s'écroule !

Plus on avance dans le royaume de Caroloman, plus l'humeur de Berthe s'assombrit comme le ciel. Elle se sent, elle, la brave, entourée de périls. C'est comme si elle pénétrait dans une forêt de maléfices. Elle chevauche avec le comte Ganelon à ses côtés en traînant sa bru derrière elle. Tout l'irrite : les ronciers qui ralentissent la petite troupe, les nocturnes aux cris de meurtre dans les ténèbres et l'ignorance dans laquelle elle est des intentions véritables de son cadet. A l'étape, elle l'imagine au lit avec Gerberge, tout en sueur, occupé, une fois encore, à la besogner pour lui donner un troisième gros garçon, bête comme les deux autres. Elle n'y tient plus. Elle appelle le comte Ganelon :

– Tu vas te rendre sur-le-champ à Soissons, lui dit-elle, auprès de Caroloman. Annonce-lui le prochain mariage de son frère. Gagne sa confiance. Fais-lui espérer que tu trahirais volontiers Charles à son profit. Cajole-le. Son royaume encombre le chemin de Rome. Ah ! Qui me délivrera de mon cadet ?

Dans l'ombre épaisse et moite, le comte Ganelon

galope vers Soissons avec l'instinct d'une chauve-souris. Berthe ne ferme pas l'œil de la nuit. L'aurore la trouve debout, prête au départ, avec l'angoisse au visage. Inexplicablement elle a mal à sa lignée. A croire qu'un signe de mort s'est inscrit dans le ciel où le soleil se lève. Il fait encore doux et elle frissonne. Elle approche de Noyon avec la tourterelle captive promise à son géant de fils, elle a réussi son ambassade et, pourtant, elle ne parvient pas à maîtriser le tremblement qui s'est emparé d'elle : de sa tête à ses grands pieds. Pressent-elle que le destin, déclenché par elle, est en marche et ne s'arrêtera plus de galoper ?

Chapitre 5

LA ROUTE DE ROME

L'air sent l'hiver, mais il ne neige plus.

On entend le martellement des sabots de nombreux chevaux sur la terre gelée.

L'Oise coule avec la lenteur que lui donne le froid. Le matin semble l'un des premiers du monde.

Charles apparaît seul; en avant, comme toujours.

Depuis qu'il est né – sauf dans les cérémonies où il suivait respectueusement son père – il n'a jamais galopé sans avoir eu la route entièrement libre devant lui.

Il porte la couronne d'or autour du front, la fourrure de loutre aux épaules, son talisman au cou et l'épée au côté. Derrière, sa garde fidèle. Elle est aujourd'hui composée de Roland, Olivier, Roger, Gilbert et Ogier. Les soldats suivent. Tous se reflètent dans l'eau à demi prise par le gel.

Sur la berge d'en face, la reine Berthe avec son escorte et ses chariots. Celui de la princesse lombarde, tous rideaux tirés. Les deux troupes s'arrêtent. Les naseaux des chevaux fument. Charles saute de sa monture. Déjà, il piaffe d'impatience. Roland l'a rejoint.

Une barque a quitté l'autre berge. Deux passeurs la font avancer avec de très longues perches. A bord : la reine Berthe, un homme d'armes et une forme féminine, enfouie dans une cape jusqu'aux pieds, capuchon baissé.

Charles fronce les sourcils. Jamais il n'a paru plus jeune, plus impulsif :

– Ma mère ne m'aurait pas ramené un moine ? Roland, regarde... C'est elle !... Hermengarde c'est son nom... Elle pourrait montrer son visage... Son corps aussi...

Il n'en peut plus de curiosité et grogne :

– Si elle n'est pas belle, je lui fais repasser la rivière et je la renvoie au roi Didier !

Enfin, la barque touche la berge. Charles bouscule les passeurs, tend la main à sa mère pour l'aider à descendre, et, sitôt après, offre ses deux bras à l'inconnue. Une main délicieusement fine sort de la cape. Charles attire sa fiancée contre lui et, sans plus attendre, repousse le capuchon en arrière.

C'est un éblouissement.

Le roi n'ose en croire ses yeux.

Une fille comme il n'en a jamais vue, plus tout à fait une enfant, pas encore une femme, habillée à l'italienne, les cheveux maintenus sous une coiffe ourlée de perles fines, avec un visage tout d'innocence et de beauté. Elle offre à Charles, ébloui, des yeux vert pâle de fiancée. Cette image-là, saisissante dans le froid de l'hiver, le géant ne l'oubliera jamais. Hermengarde va traverser sa vie comme l'hirondelle. A se demander si l'on n'a pas rêvé. Il ne le sait pas encore et frémit de désir d'elle. Il veut le lui dire :

– Tu es belle ! Tu es très belle !

Rassurée et de nouveau dure, Berthe met son fils en garde :

– Ne perds pas ton temps : elle ne parle pas notre langue.

Aux dires de certains historiens, la rencontre aurait eu lieu près des eaux chaudes d'*Aquæ Grani*, la future Aix-la-Chapelle, dont Charles, plus tard, fera sa capitale. Un ballet nautique aurait servi d'initiation amoureuse à la princesse lombarde. L'image est plaisante et met de l'épice dans le récit. Elle ne paraît guère probable et peu conforme à la personnalité du prince et à la réalité politique du moment.

Charles veut recevoir sa promise italienne dans son château de Noyon, pour modique et sombre qu'il soit. C'est son aire. Il veille jalousement sur sa petite capitale. En outre, pour se rendre en Germanie, il lui aurait fallu traverser, d'Ouest en Est, le royaume de son frère, ce qu'il s'était interdit de faire lorsqu'il avait envisagé, peu de temps plus tôt, d'aller à Rome ou à Pavie.

Sans doute, sitôt l'émerveillement exprimé sans mesure, Charles s'est-il étonné de l'absence du comte Ganelon et Berthe s'est-elle contentée de répondre qu'elle l'avait dépêché auprès de Caroloman, avec mission de lui annoncer le prochain mariage du roi avec la fille de Didier. Il reste à Charles, avant même de déflorer de tendre hardiesse la belle Hermengarde, une tache terrible à accomplir et qui n'incombe qu'à lui, maintenant qu'il est assuré d'Hermengarde : répudier Himiltrude. C'est sale besogne.

La neige sur les toits, les grandes bûches qui flambent dans la cheminée, robustes comme des troncs d'arbres, et les deux chiens qui grognent, teigneux et qui ont faim...

Charles est debout, une fourrure passée sur sa tunique franque, rustre comme un méchant garçon qui se conduit mal. Il a traîné Roland avec lui, pour n'être pas seul, pour partager la honte comme toutes choses qu'ils ont, de longtemps, faites ensemble.

Le prince monté en roi regarde la bonne compagne des jeux d'amour de son adolescence. Elle d'ordinaire rondelette, les joues vermillon, n'est plus que paleur et tourment. L'évêque Turpin, depuis l'aube, s'obstine à la vouloir convaincre. Enfouie dans sa longue cape de voyage, elle n'est plus qu'un paquet qu'on s'apprête à emporter. C'est une fille de la campagne, dure au mal, vaillante au lit, mais qui se cabre contre l'injustice. Elle supplie :

– Charles, laisse-moi au moins emmener notre fils!

L'évêque tente bien d'expliquer qu'elle va dans un couvent de femmes et qu'un mâle, même enfant, n'y a point sa place, elle s'entête.

– Je suis une femme franque. Je fais mes paquets quand le roi me l'ordonne. Je me mets en route. Pour où on voudra. Mais pas sans mon fils. Dis-lui, Charles, dis-lui, à ton évêque : Pépin ne peut pas se débrouiller tout seul, avec sa bosse... Dis-lui comme il est... C'est ton fils!

Charles, lâchement, détourne la tête sans répondre. Himiltrude veut se jeter à ses pieds. Turpin la retient. De sa place, la reine mortifiée cherche encore à sauver son fils.

– Pourquoi veux-tu le garder, Charles? Ici, tu ne peux rien pour lui. Il a besoin de nous, plus qu'aucun autre enfant. Je m'en occuperai bien, je t'en fais le serment!

Infortuné prince! Il est trop sincère pour se bien conduire dans son métier, trop neuf, de roi. Le jeune homme n'est pas mort en lui. Il ne mourra jamais d'ailleurs. C'est à la fois la force et la faiblesse de Charles.

– Tu as entendu ce qu'a dit l'évêque? Nous ne sommes pas unis, toi et moi, selon les règles de l'Eglise de Rome. Notre fils est né hors mariage.

– Mais c'était déjà vrai quand nous l'avons fait, Charles!

Charles hoche la tête :

– Hier, j'étais prince. Aujourd'hui je suis roi.

– Nenni, Charles, tu es toi, je suis moi comme Dieu nous a faits! Et lui est bossu, comme Dieu l'a voulu.

Himiltrude parvient à se dégager de Turpin pour s'agenouiller devant son roi :

– Ce n'est qu'un petit garçon, *notre* petit garçon!

D'un regard, Charles a fait signe à Roland. Le preux se penche et relève la malheureuse. On le sent plein de compassion pour elle et de sévérité pour son roi. De fait, Charles n'est jamais très adroit quand il n'est pas fier de lui.

– Même petit, Pépin peut mettre le royaume en péril.

– Le royaume ? Lui ? réplique Himiltrude. Un infirme ? C'est donc si fragile, un royaume ?

Charles a tourné les talons. Il n'a plus le courage d'affronter une douleur aussi intense et qu'il sait venir du plus profond des entrailles. D'autant qu'Himiltrude ne se contrôle plus. Elle pleure, gémit et hurle tant que les deux grands chiens efflanqués se sont levés et viennent la renifler, au sol, à leur hauteur. Elle se déclare prête à affirmer que son fils n'est pas de Charles afin de lui épargner de grandir dans le fond d'une cuisine royale, moqué de tous.

– On touchera à sa bosse avec des mains graisseuses pour s'attirer la bonne fortune !

Et, l'amoureuse, en elle, pousse un dernier rugissement.

– Je sais pourquoi, cette nuit, tu m'as fait l'amour si fort, à me blesser ! C'est que tu savais, déjà, que ce matin, tu me jetais ? C'est ça, Charles ? C'est *mon* Charles qui m'a fait ça ?

Au moment où il va quitter la grande pièce, Charles a encore le temps d'entendre la malédiction de sa reine :

– Ton fils te haïra pour ce que tu me fais aujourd'hui ! Il te haïra !

Charles sort.

Il lui faut faire l'amour tout de suite à Hermengarde s'il veut se sentir, de nouveau, un homme. Un homme avec ce que ça implique de trahison.

Roland a honte pour son ami. Il dit à l'évêque qui entraîne Himiltrude :

– Je ne souhaite à personne d'être roi !

***

Pour deux amants qui s'aiment et veulent se le dire, il n'est point meilleur langage que le corps. Surtout quand – comme c'est le cas pour Charles et Hermengarde – ils ne parlent pas la même langue.

On le sait : Charles adore se baigner et il se montre dans l'eau d'une agilité sans égale. C'est au bain d'eau chaude, familier aux Romains, qu'il a résolu de posséder Hermengarde. Aucun témoin n'est là pour le raconter. Pour une fois, Eginhard, lui-même, n'est pas de la partie. Même Roland a été laissé dehors. Narquois, il a jeté à Charles :

– Tu es sûr d'y parvenir seul ?

Charles est nu. Il nage vigoureusement jusqu'au bord de la piscine. Plus encore que sur terre, il se déplace avec une aisance de prince et quand il lève les yeux et se dresse dans l'eau, il est la jeunesse du monde. L'eau masque son sexe. Hermengarde se tient debout, tremblante et pure dans sa longue chemise blanche, pieds menus posés sur les escaliers de marbre. Charles lui tend la main, l'incite, d'un sourire, à descendre, une marche, puis deux... puis, avec sa belle violence, l'entraîne avec lui au fond de l'eau. Ils disparaissent ensemble, dans la buée. Charles sort le premier, comme un geyser. Il tient Hermengarde par la taille, la serre contre lui, toussotante et agitant les bras. Elle ne sait pas nager. Il la console, l'étreint, la cajole, la ramène vers le bord, l'assied sur les marches, son buste dépassant l'eau, sa chemise collée sur ses petits seins d'adolescente. A travers les irisations du bassin, Charles découvre l'étoile de mer brune de son sexe et son corps tout entier s'incendie...

Il se penche, lui tend la joue. Elle l'embrasse comme un enfant le fait pour son père. Lui l'embrasse à son tour. Plus que comme un homme : un fauve. Avec une sorte de sauvagerie désemparée. Hermengarde se débat, d'abord avec fougue, puis, très vite, moins vaillamment, jusqu'à ce qu'elle abandonne la lutte. Pour la reprendre, aussitôt, avec la fougue renversée, buvant aux lèvres de Charles, se collant à lui, jambes et cuisses mêlées, ayant soudain perdu toute peur de l'eau et découvert sa grande soif de l'homme...

***

Rome, « l'Eglise très grande, très ancienne et connue de tous, que les deux très glorieux apôtres Pierre et Paul fondèrent et établirent », c'est ainsi que l'on désigne, ordinairement, la papauté en son palais du Latran. La reconnaissance de Rome, au temps du patriarcat d'Occident, s'exerçait sur toute l'Europe de l'Ouest, là où elle était chrétienne, et sur l'Illyrie et la Grèce. Elle n'en faisait pas l'Eglise universelle. Au Ve siècle, Augustin, évêque d'Hippone, au nom de quatre autres prélats et au sien propre, le précisait bien dans une lettre au pontife de Rome. « Nous ne versons pas notre petite rivière (l'Eglise d'Afrique) dans ta grande source pour la rendre plus abondante, mais nous voulons que tu vérifies si notre petite rivière, bien que plus petite, provient, elle aussi, de la même source que la tienne, qui est surabondante, et pour que ta réponse nous console et nous permette de voir que nous participons à la même grâce qui est une. » Augustin, s'il ne conteste pas la supériorité de Rome et son avance dans la construction de l'Eglise du Christ, n'en marque pas moins sa méfiance envers tout ce qui, sous prétexte d'uniformisation, s'écarterait de la tradition authentique.

En cette fin du VIIIe siècle, Rome a, depuis l'année 330, une puissante rivale en Orient. L'initiative de l'empereur Constantin de créer « une nouvelle Rome » qui porte son nom, a, d'un coup, limité la puissance des papes. A Constantinople, l'empereur règne – sur les peuples et sur les âmes. A Rome, le pape n'est dépositaire que d'un pouvoir spirituel, sans limite, tandis que les ducs, princes ou rois qui l'entourent, continuent, chacun sur ses terres, à régenter les affaires publiques. D'où des affrontements, des semonces et des sermons. La Cité de Dieu, la Cité des hommes. Saint Augustin dont la pensée irrigue encore les puissances de la terre, trois siècles après lui, a écrit sur l'ordre des choses de ce monde une phrase dont Charles ne cessera de s'inspirer : « La volonté divine veut que le titre de roi aille à celui qui a su en acquérir les pouvoirs plutôt qu'à celui qui n'a pu les conserver. »

Le pape qui règne sur la chrétienté depuis le mois de janvier 772, où meurt Etienne III, s'appelle Hadrien Ier. Il appartient à l'une des plus nobles familles romaines, et, dès son accession au trône de Pierre, il a pris soin de s'entourer de proches dont ses neveux, Paschalis et Campulus, ainsi que d'un prélat nommé Vitale dont il fera un cardinal. Après le pontificat d'Etienne terminé dans le tumulte et le poignard, la papauté se doit de rétablir l'équilibre entre ses turbulents voisins. La doctrine d'Hadrien tient en une phrase :

– Je veux la paix avec tous.

C'est une besogne plus complexe qu'il n'y paraît. C'est ce qu'il s'emploie à faire comprendre à ses intimes dans la grande salle du palais du Latran et en présence d'un petit moine, effacé et craintif, qui a la charge de noter toutes ses volontés. Il se nomme Léon. Il tient auprès d'Hadrien le même rôle qu'Eginhard à la cour de Charles. Hadrien, installé depuis peu de jours dans son palais, s'inquiète du mariage du roi des Francs et de la princesse lombarde.

– Décidément, dit-il, ce jeune Franc a trop de sang pour savoir bien choisir ses femmes. Il bouge trop, comme un gros enfant qu'il est. Didier va, désormais, se croire tout permis, et il enverra son fils Adelchise piller nos terres.

L'homme pourpre répond avec beaucoup de miel à l'homme blanc qui siège sur son trône.

– Plus que jamais, Saint-Père, Rome doit rechercher l'amitié de Byzance !

Hadrien s'emporte contre la mémoire du premier empereur chrétien :

– Qu'avait-il besoin de se faire une capitale portant son nom et de la dédier au Christ-Roi ? Sans cela, aujourd'hui, le cœur du monde chrétien serait à Rome et nulle part ailleurs !

Paschalis a un sourire désabusé.

– Tu veux, mon conseil, Saint-Père ?

– Oui, mon neveu.

– Réjouis-toi que Constantinople soit une puissance qui fait trembler. Sans elle, les rois francs, tous plus ou moins barbares, se seraient déjà rués sur Rome. « La paix avec tous » as-tu dit ? Envoie Vitale à Noyon morigéner le géant orgueilleux. Moi, j'irai à Byzance assurer Irène de ton appui paternel dans la lutte farouche qu'elle livre aux iconoclastes. Rome doit rester, pour tous, le fléau de la balance.

Le petit moine, Léon, écoute, écrit et se tait. Vitale s'exprime toujours avec plus d'ampleur que nécessaire. On dirait qu'il répète un prêche avant de le prononcer.

– Sa Sainteté devrait aller voir la mosaïque qu'elle a commandée dans la salle des Conciles. Selon son ordre elle représente le Christ donnant aux apôtres la mission d'évangéliser le monde. A gauche, il remet les clefs au pape Sylvestre. A droite, il confie l'étendard à l'empereur Constantin.

Campulus parle pour la première fois :

– Le pouvoir spirituel se tient debout, le pouvoir temporel est à genoux. Il doit toujours en être ainsi.

Une aisance souveraine éclaire le visage du pape. Il est plus fort, plus savant, et voit infiniment plus loin que ses conseillers. Il dit, du bout des lèvres.

– Les rois agenouillés ne font peur à personne. Je veux un Charles debout, mais soumis.

– Il ne se soumettra jamais à ton pouvoir, répond méchamment Paschalis...

– Il me suffit qu'il obéisse à Dieu, dit le pape, et, d'un geste, il les congédie tous :

– Allez l'un à Noyon, l'autre à Byzance, n'y faites ni ne dites rien de plus que ce que je vous ordonne en ce jour. Que le Seigneur vous accompagne.

Le petit moine s'apprête à sortir le dernier, glissant sans bruit sur ses sandales, quand Hadrien le retient.

– Léon!

Le petit moine se retourne, inquiet, déjà, de ce que le pape va lui dire.

– Tu vas à Noyon avec le cardinal. Avant de partir tu viendras me voir.

Et il ajoute :

– Seul.

Léon n'en croit pas ses oreilles.

A l'aube, la rivière Oise est brillante comme une anguille. Du fond de l'horizon montent deux cavaliers. Ils ont dû longtemps galoper et leurs chevaux suent. Le premier est le petit moine Léon. Il se tient bien campé sur sa monture. Le second, juché sur un gras animal rembourré, tressaute, s'accroche, ahane et souffre. C'est le cardinal Vitale. Ils arrivent devant Noyon comme le disque du soleil rouge illumine le ciel. Noyon, fief de saint Eloi.

Au château, tout est encore clos et dort.

***

A l'intérieur, dans la chambre aux volets entrebaillés, les premiers feux du matin tracent des rayures sur le lit où Charles, rompu d'amour, gît comme un géant terrassé. Auprès de lui, Hermengarde, chevelure défaite, nue et tiède, remonte des profondeurs du plaisir.

Elle soupire, ouvre les yeux, s'étire doucement et pose un pied sur le sol dallé. Elle prend garde à ne pas éveiller le roi. Elle sort du lit comme une fleur qui s'ouvre. Le soleil, par les persiennes, fait des stries sur sa peau. Petite princesse italienne repue de plaisir, elle va jusqu'à la grande broigne aux écailles de fer de son guerrier, dressée au milieu de la pièce comme une carapace vide. Elle pose ses mains dessus. C'est froid, rugueux et magique. Hermengarde s'y plaque, elle ferme à demi les yeux. Sa main tâtonne jusqu'à la poignée armoriée de la lourde épée. Elle la décroche, et sous le poids de l'arme, elle manque de la lâcher.

Le géant dort toujours, avec une moue d'enfance sur son visage de roi.

Hermengarde s'agenouille dans un rai de lumière. Elle tire lentement l'épée du fourreau. Elle la regarde glisser et étinceler. Elle la tient bien droite, devant elle, la pointe sur les dalles. Elle la contemple, extasiée. Puis mue par un désir irrépressible, elle l'approche de ses lèvres et pose un baiser sur la garde flamboyante...

***

Léon a martelé de ses deux poings la lourde porte. C'est Turpin qui apparaît, mal tiré du sommeil. Il a la lance au poing et la croix au cou. Derrière lui, Roland, l'épée haute.

La pourpre du cardinal met Turpin à genoux. Roland l'imite.

– Je suis le cardinal Vitale dit le vieil homme. J'apporte un message de Sa Sainteté. De la plus haute importance pour la paix du monde.

On conduit les deux voyageurs dans le château.

Charles dort toujours. Il faut des coups terribles sur l'huis pour le tirer, par violence, de son anéantissement. Il se redresse, nu, et saute à terre. Hermengarde le voit courir vers elle. Il tend la main vers l'épée. Elle la lui offre. Déjà, il est à la porte, l'ouvre. Hermengarde a bondi sur le lit et a tiré les draps jusqu'au menton.

Turpin est sur le seuil, les yeux agrandis de surprise :

– Un envoyé du pape, Sire !

– Où est-il ?

– En bas, dans la grande salle.

En un tournemain, Charles est vêtu. Il descend recevoir son visiteur. Vitale est un paquet de pourpre affalé dans son siège. Léon, un avorton apeuré. Est-ce là l'ambassade que Rome a dépêchée au roi des Francs ? Pour quoi faire ? Le morigéner. Le terme vient d'au-delà les Alpes. *Morigeratus.* Charles a appelé Eginhard car le mot l'agace. Il ne le comprend pas et il le supporte mal. Par chance, au VIIIe siècle, il ne signifie pas encore tancer, réprimander. Vitale s'érige plutôt en maître de conduite. Tout en regrettant les écarts du chrétien, il le maintient dans les bonnes mœurs. Charles, encore noyé dans les étreintes d'Hermengarde, n'a cure de reproches et s'est levé, indocile.

– Il est superbe ton pape, lance-t-il à Vitale, d'emblée épouvanté! Déjà son prédécesseur me reprochait ma Franque parce que nous n'étions pas passés par l'Eglise. Je la répudie et celui-ci me cherche querelle parce que j'ai choisi une Lombarde, à laquelle je suis uni devant l'évêque!

Il désigne Turpin, droit comme un chevalier, et dont rien, fors la croix, ne dit l'appartenance à la religion et, de sa voix de bataille, il tonne :

– Dis-le à ton pape! Sa mission est d'informer les chrétiens sur la tradition romaine et non de chercher à gouverner la chrétienté! C'est sur le trône de Pierre qu'il exerce son ministère, pas dans ma chambre à coucher!

Au fur et à mesure que le géant fait souffler la tempête, le vieux paquet de crainte cardinalice se tasse dans son siège. Léon tremble comme une feuille.

– Qu'il prenne garde, ton pape! Combien sont-ils encore, en Méditerranée, à ne le reconnaître *que* comme évêque de Rome! Successeur de saint Pierre, ça se mérite!

D'épouvante, Vitale s'effondre. Est-ce encore une malice ou a-t-il vraiment défailli de peur?

– Qu'on l'emmène et qu'on le soigne bien, ordonne Charles. Qu'il puisse faire le voyage de retour. J'ai un message à donner au pape!

Et à Léon, qui, d'avance, courbe le dos :

– Toi, reste!

***

Les voies de Dieu sont impénétrables.

A Rome, Hadrien avait retenu Léon. A Noyon, Charles

fait de même. Les affaires du monde se trament souvent dans des instants invisibles où ceux qui doivent fatalement se parler s'expriment. Dès lors, l'essentiel, à l'insu de tous, se met en marche. Léon est si pris de peur qu'il a l'audace, d'emblée, d'ouvrir la bouche :

– Sire, dit-il, Sa Sainteté vous appelle à l'aide.

– Que ne me le disait-on ? réplique le roi, à la bonne humeur vite revenue. Parle !

– Le roi Didier a donné ordre à son fils Adelchise...

– Mon beau-frère !

– ... d'envahir les Etats du pape.

L'œil de Charles s'allume. Il comprend. Et la mission du vieux scarabée pourpre destinée à restreindre les ardeurs du prince franc, et celle du petit moine qui est un cri de détresse. Il apprécie. Il savoure. Tout au long de sa vie, il aura même gourmandise des moments juteux où le monde semble s'en remettre à lui.

– Le pape m'a dit de prononcer un mot, dit le moine.

– Lequel ?

– Quiercy.

Quiercy a, sur le roi, un effet magique. Il suffit à le remettre sur le droit fil de sa destinée. Charles est né simple et mourra ainsi. Il sait, d'hérédité directe, que la complexité est l'affaire des clercs. L'action est celle des rois. Il a définitivement pris Quiercy comme bâton de marche. Il faudra, après sa mort, que ses enfants, turbulents et séparés, l'arrachent de ses doigts crispés avant de ruiner l'héritage. Pour l'heure, il le tient bien et fort.

Il empoigne l'infortuné Léon par le bras et le traîne devant le long parchemin.

– Regarde, petit moine, regarde ! C'est le monde ! Il me brûle les yeux chaque fois que je le vois ! Entre ton pape et moi, il y a le royaume de mon frère, Caroloman, et, à présent, celui de mon beau-père, Didier, et de mon beau-frère, Adelchise ! Regarde, te dis-je !

Léon, à force de se mordre la langue, a vaincu les terreurs qui l'étreignent depuis qu'il est entré dans le palais de Noyon. Il regarde Charles, et pour la prime fois, ne baisse pas les yeux. Le roi y lit comme en un livre ouvert.

– Qu'est-ce que tu oses me dire, petit moine?

Léon rassemble toute sa foi en Dieu pour répondre au géant.

– Sa Sainteté, dit-il, pense que le temps, désormais, est à l'Histoire. Sire, il vous demande de prendre Pavie et de délivrer Rome!

Dès l'aube pointante, Charles s'est mis à l'eau. Il nage à brasses vigoureuses. C'est l'un de ses plus sûrs moyens de disperser les mauvais sorts et de lutter contre la fatalité. Il abat parfois une lieue, à force d'obstination, allant et venant d'un bord à l'autre. Seul, ce qui ne lui ressemble guère. « Quand il se baignait, rapporte Eginhard, la société était nombreuse [...] Il arrivait qu'il y eût dans l'eau avec lui jusqu'à cent personnes ou même davantage. » Ce matin-là, intriguée par son inhabituelle solitude, Berthe va le voir. Charles lève les yeux vers elle et l'accueille avec dureté :

– Vous m'avez fait contracter mauvaise union, ma mère! Rome a changé de pontife et vous vous êtes fait flouer par le roi Didier. A Pavie il ne vous a donné sa fille que pour tromper ma vigilance et attaquer les Etats du pape derrière mon dos! C'est comme si vous aviez, de vos mains, déchiré le pacte de Quiercy!

Son torse musculeux, ses épaules de géant émergent de l'eau et de la buée. Les nouvelles de Rome l'ont tenu éveillé toute la nuit. Il n'a pas touché Hermengarde. La jeune reine l'a longuement contemplé sans baisser les yeux et sans troubler son mutisme. Tremblante de désir, elle ne défaille pas. Elle demeure fière et tendre comme doit l'être le corps fémelin. Charles, pour la prime fois de son existence de mâle orgueilleux et conquérant, se prive de regarder la fille qui est dans son lit. Il la convoite et veut l'ignorer. Finalement, il quitte la chambre. Hermengarde reste seule avec la grande épée de fer.

***

– Que vas-tu faire, mon fils? demande Berthe, ce matin-là.

Les réprimandes masculines n'ont jamais ébranlé la reine, tour ténébreuse et forte qui n'a pas cessé de régner, depuis qu'elle est nubile, sur la chrétienté franque. Elle reçoit les rebuffades des mâles royaux comme un guerrier tancé par son chef.

– Sellez votre cheval, ma mère, répond Charles, et rendez-vous à Soissons. Vous direz à mon frère que je m'apprête à traverser son royaume avec mon armée, et qu'il ne s'avise point de me barrer la route. Je ne l'épargnerai pas.

– Où vas-tu?

– A Pavie, réparer le mal que vous y avez fait. Punir le roi Didier et délivrer le pape de la menace lombarde. Vous, allez où je vous le commande.

L'œil de Berthe s'est fait noir.

– Depuis quand donnes-tu des ordres à ta mère?

– Depuis que je suis le roi, ma mère.

Ils se regardent. Ils sont bien de même race tous les deux. Des guerriers. Il suffit de se souvenir du nom des premiers rois francs pour en prendre pleine conscience. *Childeric* se compose de Hilde et de Rik, ce qui, en francisque, veut dire « puissant à la guerre », et *Clovis* de Hlod et de Wig, autrement dit « illustre au combat ». Ces gens sont bâtis, de naissance, pour figurer sur des bas-reliefs.

Etrange journée que celle-ci! L'une de celles où Dieu ordonne d'abattre toutes les cartes sur la table. On n'avait point de nouvelles du comte Ganelon. Intelligent, tortueux, suintant de malice, tout entier dévoué à son maître, il est inquiétant quand il est là, davantage encore lorsqu'il est loin. Le voici, pourtant, armé de pied en cap, avec la guerre dans les yeux. Charles lui ouvre les bras. Il a passé une longue chemise sur son corps d'athlète. On dirait un vainqueur d'Olympie. Le premier mot de Ganelon frappe Charles : « Sire ! » D'ordinaire, il dit « mon prince » comme les autres compagnons de jeunesse. Le roi s'en étonne. Et le comte de répondre :

– Je te dis *Sire* parce que tu l'es, Charles. Pleinement. Ton frère, Caroloman, est à Dieu. Il l'a rappelé à lui cette nuit. J'ai sauté à cheval et j'ai galopé pour te l'annoncer.

L'œil de Berthe brille d'une lumière subite. On lui annonce la mort de son cadet, elle irradie. Charles chancelle sous la responsabilité que cette journée, à nulle autre pareille, pose sur ses épaules. Il n'avait aucune haine pour Caroloman. D'ailleurs, c'est un matériau qu'il ne connaît pas, comme tous ceux qui sont nés solides et vaillants. Son frère l'encombrait, par ses droits d'héritage, point par sa personnalité, falote. Le vide de Caroloman, brusquement, est immense. Charles regarde sa mère. C'est lui qui, l'espace d'un instant, vacille. Et elle :

– Tu peux ordonner à ta mère, à présent, Charles. Tu es seul roi des Francs.

Et elle ajoute :

– Comme l'était Pépin, ton père !

⁂

Le pouvoir est un vêtement qui engonce et contraint. Il arrive même qu'il entre dans la chair, aux jointures, et fasse saigner. Pour le supporter, il faut tout un artifice. Charles le sait. Il a dit à ses fidèles compagnons de s'apprêter à une cérémonie comme les hommes les aiment. Simple et brutale, avec des colifichets de fer. Ils sont donc là, sortant de table, avec des rires et des rots, gros et beaux bestiaux de labour, lourds du cul et n'ayant à peu près peur de rien. Sinon des pucelles et de l'au-delà.

Ganelon s'est levé de son banc le dernier. Il s'est offert le luxe de vider son gobelet. Tous se ressemblent par la guerre inscrite sur leur face. Seul Ogier semble de quelque doute habité. Il pense un peu et cela l'encombre. Roland est de bravoure si haute et de fidélité si âpre qu'il ne s'interroge plus. Ce n'est pas faute d'intelligence, c'est détermination farouche de héros.

Charles se tient droit devant eux, habillé de cuir et de fer, le talisman au cou.

– Vous le savez : mon frère Caroloman est mort et Didier, roi des Lombards, attaque les Etats du pape. Je vais traverser le royaume aujourd'hui entièrement *mien*, et porter la guerre à Pavie. Le temps de l'insouciance est fini. Celui de l'action commence.

– Nous irons où tu nous mèneras.

– Je vous confie mon royaume. Tassilon, duc de Bavière, le convoite. Il est le gendre de Didier et nos épouses sont sœurs. C'est donc un ennemi implacable. Je veux que vous montiez la garde aux frontières des Francs. Agenouillez-vous !

L'un après l'autre, ils se laissent tomber, pesants et maladroits, sur les dalles. Comme Ganelon va le faire, le roi l'arrête.

– Pas toi, Ganelon !

Que se passe-t-il à cet instant précis, dans la tête du comte ? Il est mis à part des autres et devant eux. Est-ce récompense ou punition ? Ses yeux sont devenus des épées.

Charles a tiré la sienne. C'est l'heure de l'adoubement. Le mot ne sera employé que deux siècles plus tard, mais le verbe *dubban* qui signifie « frapper » est dans le langage des Francs. Et Charles frappe. Fortement. Du plat de la lame, l'un après l'autre, sur l'épaule de ses fidèles. Le premier, c'est Roland.

– Roland, je te fais comte de Bretagne !

Le preux reçoit le titre comme un sacrement.

A Gilbert :

– Gilbert, comte de Provence...

Puis c'est le tour de Turpin, seigneur évêque de France, Olivier, comte d'Aquitaine... Ne reste plus qu'Ogier, l'éternel hésitant. Charles le frappe avec violence et, au moment de lui confier une part du grand manteau de la terre franque, il se ravise :

– Ogier... A toi de choisir ton titre... en me gagnant une bataille. Je t'emmène à Pavie.

Ils sont tous à ses pieds. Il leur commande de se relever. Les voici désormais ses « paladins », officiers du palais, attachés à jamais à sa personne. Il leur ordonne de se porter, avec tous les hommes qu'ils peuvent, chacun, rassembler, aux bornes du royaume et de les protéger de toute intrusion ou révolte. Il ne garde que Ganelon, auquel, sans préavis, il demande :

– Comment mon frère est-il mort ?

Le service des géants requiert une habileté particulière. Il faut leur dire non ce qui est mais ce qu'ils désirent entendre. Le réel n'est pas leur territoire. Ils sont dans le futur.

– D'accident, Sire. Il est tombé de cheval.

Les yeux de Charles font mal à regarder tant ils contiennent de reproche et de lucidité. Dès sa douzième année, le fils aîné de Pépin avait le regard d'un homme qui a déjà longuement vécu.

– Tu m'as menti, Ganelon. Caroloman n'a pas fait de chute à la chasse. Il est trépassé de ce qu'il a bu ou mangé.

Il y a de l'arrogance dans la réponse de Ganelon.

– Il se peut, Sire. A Soissons, je ne servais pas aux cuisines.

Et, comme leurs yeux s'affrontent :

– Charles, tu ne trouveras jamais vassal plus dévoué que moi. Quelle que soit la part de ton royaume que tu me confieras à défendre, je me ferai tuer pour te la garder !

Charles annonce à Ganelon qu'il l'emmène en Lombardie et, avec un mépris cruel, il lui précise :

– Là-bas, tu mangeras avant moi dans chaque plat qu'on me servira...

Charles est impatient : il le sait, il lui reste à faire le plus difficile.

⁂

Hermengarde, en prière sur les dalles, s'est faite plus franque qu'elle n'a jamais été. Pour cette ultime rencontre, elle a abdiqué toute joliesse italienne. La gravité est sur ses traits. Elle n'est plus que détresse digne. Dès l'entrée de Charles dans la chambre, sans se retourner, elle dit, en français, pour la prime fois : « à-Dieu ! » Elle a décomposé les deux syllabes par maladresse et elle en a, sans le savoir, accru encore la portée.

D'un coup, toute la rudesse que Charles avait montrée en adoubant ses compagnons s'effondre. Devant tant de reconcement et de grâce, mêlés à une telle fraîcheur d'âme et de corps, il ne sait que dire. Elle l'aide, en voyant les mots se former sur ses lèvres sans qu'on les entende. Elle dit simplement :

– Je sais.

Et elle répète : « à-Dieu ».

Des larmes coulent de ses yeux comme des perles. Charles veut lui prendre les mains. Elle les refuse. Désormais, leurs peaux ne doivent plus se toucher.

– Mon royaume est en guerre contre celui de ton père. Et pourtant, ma mie, je t'aime... Je t'aime plus encore que chaque nuit qui furent nôtres. Je suis d'amour perclus.

La belle princesse regarde son prince captif. Elle lui parle sans le quitter du regard, comme aimantée tout entière, dans sa langue qu'il ne peut pas comprendre. Elle dit sa peine et son désarroi. Elle évoque ce paradis de Pavie où elle était fille de roi et parlait aux fleurs et aux oiseaux. C'est comme s'il entendait les jets d'eau des cours intérieures à parfum de jasmin. Et tant de douceur le transperce. Les derniers mots, Hermengarde, malhabile, les prononce en langue francisque :

– Garde-moi, Charles. Seulement dans ton lit. Nous y sommes seuls au monde !

Charles est foudroyé. Jamais il n'aurait imaginé qu'une fille puisse dire de tels mots à un homme. Le IXe siècle est encore loin et il faudra attendre trois siècles de plus pour que, dans le *Lai du chèvrefeuille*, Marie de France ose écrire :

« Ne vous sans moi ni moi sans vous. »

C'est trop fort, trop neuf, pour que le roi des Francs puisse répondre. Il quitte la pièce laissant sa reine répudiée, muette dans ses larmes.

A Roland, il dira bien plus tard, sur la route d'Espagne, quand ils chevaucheront de compagnie :

– Tu le savais, toi, qu'une fille pouvait avoir envie d'un homme comme un homme a envie d'une fille ?

Nul ne connaîtra jamais la place que la jeune princesse italienne, si violemment aimée et si roidement enfermée dans un couvent pour crime de filiation ennemie, a conservé dans le cœur de Charles. Oncques il n'en a parlé, si on excepte la seule question posée au comte Roland.

En robe grise de novice, le crane rasé, Hermengarde a été engloutie, comme une fleur coupée, dans l'ombre glacée d'un couvent du royaume franc dont elle fut un temps la reine éphémère.

***

« Ces énormes vagues de granit qu'on appelle les Alpes ! » Charles en les voyant se dresser devant lui doit, un millénaire avant Hugo, éprouver la même impression de majesté blanche. Jamais il n'avait vu le ciel d'un bleu aussi intense. C'est donc cela, cette barrière dont Eginhard lui a parlé et qui borne, au Sud-Est, son royaume. Il est là, son biographe, le souffle coupé par le blizzard glacé, le visage criblé d'aiguilles de gel. Le soir, sous la tente, il note sur ses tablettes : « J'insisterais encore sur les difficultés que Charles eut à vaincre les Alpes, sur les efforts que coûtèrent aux Francs la traversée de ces montagnes inaccessibles, avec leurs pics dressés dans le ciel et leurs rochers abrupts, si je ne m'étais proposé dans le présent ouvrage de faire connaître plutôt la vie du roi que le détail de ses guerres. »

Tout le jour, Charles chevauche sur le sol glissant. De fer, il est devenu roi de gel. Blanc du heaume aux sabots de son cheval, les rênes raidies dans les mains.

Les yeux pâles comme des pierres dures.

***

Derrière la muraille de glace des Alpes, les Lombards se préparent à recevoir les Francs. Belle assemblée de famille! Didier d'abord. L'Histoire n'en fait guère mention, mais il est affecté d'un tremblement presque permanent de la paupière gauche qui le fait cligner, de façon intempestive, lorsqu'il éprouve de grandes contrariétés. L'annonce que l'avant-garde de Charles est entrée en Italie l'a plongé dans une rage subite et il en a, aussitôt, rejeté la responsabilité sur son entourage. A dire vrai, la soudaineté de la réplique du roi des Francs l'a stupéfié. Lorsqu'il a lancé l'assaut contre les Etats du pape, Didier se croyait protégé de Charles par le royaume de Caroloman. La mort subite du cadet de Pépin est venue brouiller les cartes. Le géant frappe violemment à la porte de Pavie avec son gantelet de fer.

Autour du roi clignotant, son fils, Adelchise. Il est tout imbu de ses récents lauriers conquis sur les soldats du pontife au cours de rencontres de patrouilles, à Ravenne, Faenza et Ferrare et il ne rêve plus désormais que de ramener à son père Charles vaincu, captif et enchaîné. Pour ce frère ombrageux et romanesque, le roi franc a souillé une sœur fragile qu'il a lui-même toujours ardemment convoitée. Gerberge est là avec sa marmaille. Avant même de transporter son fils mort à Saint-Denis, Berthe aux Grands Pieds, instruite par la mémoire, a pris soin d'éloigner sa veuve et ses enfants pour les soustraire à l'éventuelle vengeance de Charles. A Pavie, la reine veuve retrouve sa famille. Ils sont donc là, tous les trois.

L'aîné, celui qui se moquait, naguère, de la bosse du petit Pépin, parade dans une broigne d'enfant grotesque. Enfin, Tassilon. Le duc de Bavière s'est empressé, dès que le mouvement des Francs lui a été connu, de se rendre à Pavie. Il respecte la puissance de Didier et craint celle, qui est peut-être plus terrifiante encore, de Charles. Il n'a d'autre propos que l'indépendance de la Bavière et il l'expose, sans ambages, à son beau-père.

Didier à l'œil tressautant l'inquiète. Le roi des Lombards se flatte d'entrer dans Rome et d'y contraindre Hadrien à faire couronner le fils aîné de Caroloman roi des Francs. Tassilon, plus réaliste et que les prétentions militaires d'Adelchise laissent circonspect, cherche, avant tout, à ne pas se compromettre. Fervent catholique, il ne veut pas de rupture avec Rome. Il décide donc de rentrer à Ratisbonne et refuse d'intervenir dans le Nord, contre les paladins de Charles comme Didier veut l'en persuader. Il n'a que faire de ce pacte de Quiercy qui semble tant préoccuper le Lombard. Les deux hommes se quittent sur un malentendu. Didier ne tarde pas à en prendre conscience : il est enfermé avec une veuve et ses enfants et il n'a même plus le secours de son fils, renvoyé en hâte au Sud où la guerre le réclame.

Didier, désormais, est seul : avec les mouches.

*
* *

D'abord, Didier a cru que c'était son œil gauche qui voyait, par intermittence, une tache noire volante. Puis, il a bien fallu vivre avec les mouches. Jamais on n'en avait tant vu à Pavie. On a mis un peu partout, sur les dalles, des coupelles emplies de vinaigre et d'aromates pour tenter de les chasser. Par milliers, au terme d'un vol ivre et chancelant, elles tombaient, au sol, où elles demeuraient, inertes et vivantes. On a, alors, allumé des cassolettes où on a brûlé de l'encens. Maintenant, on vit avec les mouches poisseuses. Et des gens, parmi les plus âgés et les plus faibles, meurent.

Didier, au sommet de son belvédère qui surplombe toute la plaine, veut voir dans le mal qui s'abat sur sa ville une manifestation divine :

– Les meilleures batailles sont celles pour lesquelles le vainqueur n'a pas besoin de combattre. Que les Francs paraissent et Pavie se battra pour nous. Avec ses mouches, ses petits asticots et ses fièvres. La terre lombarde et l'air empuenti tueront plus sûrement les barbares que nos flèches.

Au troisième jour seulement, quand on a vu les premiers rats crevés, le mot de peste a été prononcé.

Le roi Didier, aussitôt, se rend à la chapelle. Dans la grande cour, derrière la protection des hauts murs d'enceinte, les arbres, les oiseaux et les eaux jaillissantes disent encore la beauté des choses, mais la mort, à Pavie, désormais, rôde. Le roi à l'œil oblique se souvient des mots terribles d'Ezéchiel :

« Au dehors, l'épée
Au-dedans, la peste et la famine.
Celui qui est aux champs mourra
par l'épée
et celui qui est dans la ville,
la famine et la peste le dévoreront. »

Alentour de Pavie, la peste a fondu sur l'*ost* des Francs. On leur avait promis des jardins et des femmes – après qu'ils eurent mis en perce quelques ennemis farouches –, ils n'ont plus désormais que la puanteur et la fièvre. Ils ont chu dans la boue, devant un mirage. Enroulés dans des couvertures sales, grelottant, les yeux hagards, les beaux guerriers de Charles crient misère, les plus jeunes appellent leur mère comme des agneaux. On a dressé les tentes. Des femmes compatissantes, de longtemps accoutumées au malheur et qui viennent de leur campagne là où les hommes meurent au labour, s'empressent autour des moribonds. Elles vont et viennent au milieu d'un troupeau d'esclaves qui sortent des habitations de toile en baissant la tête, un seau à la main, pour aller dehors, déverser leurs eaux croupies. On remarque, à l'intérieur, dans le bourdonnement des mouches, la haute stature de Turpin qui se penche sur les agonisants et présente sa croix pectorale à leurs lèvres. Nul dans ce mouroir fétide ne saurait reconnaître la glorieuse armée franque qui a franchi si vaillamment les Alpes enneigées.

Le comte Ganelon se bat contre la nuit. Visage creusé, mangé de barbe et de fièvre, il n'est plus que deux yeux suppliants. Turpin s'agenouille à son chevet et lui prend la main. Ganelon s'y agrippe comme un noyé, mais c'est au-dessus de l'évêque qu'il regarde, intensément, car Charles est entré.

– Ils ont creusé mon trou, Charles, lui dit Ganelon. Comme pour les trente-deux autres depuis ce matin.

Il lâche Turpin pour tenir le bras du roi et cherche à se soulever.

– Je voudrais mourir debout. Aide-moi.

– Tu ne mourras pas, promet son prince.

– Je veux me confesser.

Turpin est là qui offre son bras. Ganelon le repousse.

– Non. Pas à toi. A mon roi.

L'évêque s'éloigne. Charles se penche, met un doigt sur les lèvres de Ganelon et s'exprime à voix très basse.

– Je te pardonne, dit-il. Ne dis rien. Jamais. A personne.

Il se redresse et, d'un coup, redevient le roi.

Dehors, la terre grouille d'asticots. On a enterré de nombreux morts, on a jeté de la chaux à cause de la peste et planté de grands piquets selon le rituel des Francs pour protéger les dépouilles des animaux sauvages. Le camp ressemble à une taupinière enneigée. Non loin derrière les murs de la forteresse de Pavie, soudain, les jets d'eau se sont taris.

⁂

– Toi, l'évêque, tu confessais mon frère Caroloman avant son trépas. Tu prêchais à Cologne. Je t'ai emmené avec moi. Tous ces morts, est-ce la réponse de Dieu ? Cela veut-il dire qu'il ne veut pas de ce siège ?

Hildebald est un homme rude et austère qui a toujours estimé inconvenante l'espérance d'une réponse divine. Il est d'esprit mesuré et fort attentif au commerce des puissants. Appelé dans la grande tente royale, meublée d'un lit, d'une table et d'un petit autel, il répond d'une voix tranquille :

– C'est le pape Hadrien qui vous a imploré de conduire l'armée en Lombardie, Sire. Dieu ne peut vous punir de lui avoir obéi.

– Alors, qui est-ce ? Qui me punit ?

Eginhard est là, lui aussi, plus silencieux que les meubles.

– La nature, Sire, répond Hildebald.

– Elle ne peut désobéir à Dieu ! C'est lui qui l'a faite ! Tu te trompes, l'évêque !

Et voilà Eginhard qui s'éveille ! Il ose parler, lui, le muet !

– Il faut poser la question au pape, mon prince, dit-il. C'est lui qui sait. Il faut aller à Rome !

C'est une entreprise insensée. Entre la Ville éternelle et Pavie captive et pourrissante, les troupes d'Adelchise contrôlent toutes les routes. L'idée chemine très vite dans la tête de Charles.

– Avec une petite escorte de cavaliers, en passant par la campagne, il doit être possible d'atteindre Rome ! C'est là que Dieu habite sur la Terre. C'est là qu'il me répondra ! On part à Rome sur-le-champ !

⁂

Ils l'ont fait.

En galopant le long des plages salées, à la limite des

vagues, en empruntant les chemins étrusques, en côtoyant tous les dangers, de nuit comme de jour. Une douzaine de cavaliers surgis de l'Apocalypse. Des voleurs d'étincelles qui, dix fois au moins, ont failli se heurter à un parti lombard, plus nombreux qu'eux, qui lui échappaient par miracle, et qu'une clarté surnaturelle semble guider vers Rome à travers toutes les embûches.

A Rome où une surprise les attend.

Chapitre 6

L'HEURE DE ROME

« Rome, écrivait Virgile, élève autant la tête au-dessus des autres villes que les cyprès, d'ordinaire, parmi les viornes flexibles. » La fondation de la cité remonte aux Troyens, conduits par Enée, et qui, errants jusque-là, s'y fixent pour de bon, bientôt rejoints par les aborigènes, plutôt turbulents et anarchiques. Puis, au long des siècles, d'autres races viennent s'y incruster et y faire souche.

On estime que l'Italie romaine, aux premiers siècles après Jésus, devait compter quelque six ou sept millions de citoyens libres, hommes et femmes, eux-mêmes servis par près de deux millions d'esclaves, domestiques ou travailleurs des champs.

Le centre de la cité devient le dôme lorsque les chrétiens édifient leurs églises. Alentour, les *domus*, ou hôtels particuliers des riches, le cirque, le théâtre, les thermes, puis les habitations du peuple.

Rome est encore cité orgueilleuse quand Charles y pénètre pour la première fois de sa vie, plus en chef de commando qu'en roi. Toutefois, les mendiants, les estropiés, réels ou factices, pullulent dans les rues.

En son palais du Latran, Hadrien est un pape mugnificent et fragile. Il ne faut jamais oublier, en cette fin du VIIIe siècle, que la papauté romaine tient encore sa toute-puissance de l'Orient. C'est à Constantinople, en baptisant la ville de son propre nom, que Constantin, premier empereur chrétien, a fait sa fameuse « donation » et a confié à Rome sa primauté sur le royaume de Dieu :

« En reconnaissance des pouvoirs que Jésus-Christ a concédés à saint Pierre, je, Constantin, ai décidé d'exalter le siège de Rome, en conférant au vicaire de Pierre puissance impériale, dignité, gloire, force et magnificence. Je confirme la primauté du siège romain sur tous les autres sièges, y compris ceux des patriarches orientaux. L'église du Saint-Sauveur, dans le palais du Latran, *est la tête, le sommet de toutes les églises sur toute la surface de la terre.* »

C'est au nom de cette *donation* que, le 6 janvier 754, le pape Etienne avait scellé le pacte de Quiercy avec Pépin le Bref, nommé pour la circonstance « défenseur de saint Pierre ». Une seconde donation complétait la première : le roi des Francs s'y engageait, de la plus formelle façon, à remettre au pape et non à l'empereur de Byzance toutes les terres qu'il pourrait conquérir sur les Lombards. C'est là se conformer à un autre chapitre de la donation originelle qui confère « tout pouvoir sur la ville de Rome et sur toute l'Italie, sur toutes les provinces, les lieux, les cités des régions occidentales » au seul pontife romain.

La « donation » est dans le droit fil de la doctrine de saint Augustin qui sépare la Cité de Dieu de la Cité des hommes. « Il ne sied pas, stipule Constantin, qu'un empereur terrestre siège dans ce même lieu où l'empereur céleste exerce son principat sur les prêtres et où réside la tête de la religion. »

La puissance de Rome vient donc, en ligne directe, de la phrase prononcée par le Christ : « Pierre, tu es pierre et sur cette pierre je bâtirai mon Eglise. » Depuis, la pierre d'angle de la chrétienté est à Rome et nulle part ailleurs. C'est ce qu'a reconnu, le plus naturellement du monde, Pépin le Bref à Quiercy. Et c'est à Rome que son fils, tout naturellement, va s'agenouiller devant Hadrien.

***

C'est grande stupeur pour Hadrien quand on lui annonce l'imprévisible arrivée du roi des Francs.

Hadrien est l'aîné de l'une des plus nobles familles de Rome. Il a fait une ascension régulière dans la hiérarchie catholique, d'Etienne II à Etienne III, en passant par Paul Ier et Constantin II. Il a passé dix-huit années studieuses sous quatre papes dont le premier a signé le pacte de Quiercy.

Charles entre comme la foudre.

Hadrien renvoie aussitôt tout son entourage.

Ils sont seuls.

Charles est vêtu à la franque, l'épée au côté. Il est couvert de poussière comme un chevaucheur. A deux pas du pape, il s'agenouille. Hadrien le bénit puis, presque incrédule :

– Comment as-tu fait pour venir à Rome ?

– Je suis là.

– Où est ton armée ?

– Devant Pavie. Elle crève de la peste sans combattre. Didier s'est terré comme un rat dans son belvédère.

Hadrien s'est rembruni. Un instant il s'était cru sauvé par les troupes de Charles. Elles sont embourbées à Pavie. Le Franc s'est relevé. Hadrien prend meilleure conscience de sa taille. Le roi est un géant aux yeux clairs qui le regarde sans faiblesse.

– Qu'attends-tu de moi ? lui demande-t-il.

Charles sans détour :

– La réponse de Dieu !

***

– A genoux !

C'est à genoux, côte à côte, devant des milliers de fidèles agitant des palmes et des branches d'oliviers, et chantant des cantiques, que le pape et le roi gravissent, une à une, les marches extérieures de la basilique.

En voyant le géant et l'homme vêtu de blanc faire le pèlerinage des humbles, le peuple de Rome, qui vit dans la peur des guerriers d'Adelchise, se croit, lui aussi, délivré. C'est un moment de liesse intense et fallacieuse.

Charles n'est pas dupe. Les discussions avec Hadrien ont été âpres comme des marchandages entre paysans. Le pontife s'est assuré de la présence, auprès de lui, de ses conseillers. D'abord le cardinal Vitale et le moine Léon qu'il avait expédiés au roi pour lui reprocher son mauvais mariage et lui rappeler les promesses du pacte de Quiercy. Puis ses deux neveux, deux franches et hautes crapules. De l'aîné, Paschalis, le pape a fait son Premier ministre, de l'autre, Campulus, son trésorier. Ce sont princes de rapines qui tiennent leur pouvoir, exorbitant, de leur oncle et en font mauvais usage. Hadrien feint de les prendre pour des mules qu'ils ne sont pas et, en compensation, pour des fidèles qui le servent bien, ce qui est de grande fausseté, car ils le trahissent. Tous trois sont, sans le proclamer, du parti de Byzance, ce qui est de tradition chez les plus fortunés des Romains, attentifs à la puissance temporelle des empereurs d'Orient. S'y mêlent aussi de fructueux intérêts de commerce.

Avant d'accéder au désir de Charles d'aller, ensemble, se tenant par la main, devant la foule, les genoux meurtris, supplier le Dieu des chrétiens d'accorder sa bénédiction aux troupes franques, le pape a posé ses conditions. Il s'est présenté comme le successeur de Pierre, détenteur d'une légitimité unique dans l'Histoire des hommes. Charles a tout juste trente ans, son armée est pesteuse. Certes, il a déjà montré sa valeur, bousculé l'Aquitaine, franchi les Alpes, contraint Didier à s'enfermer dans sa citadelle, mais la toute-puissance divine de Rome l'a, dès son arrivée, ensorcelé. Il a promis tout ce qu'on lui demandait. Le nom de Quiercy est, à ses yeux, un sésame. Il écoute. On lui énumère les cités qu'il doit maintenir ou ramener dans le giron de la chrétienté. Les neveux implacables, le vieux débris de cardinal, tour à tour, le harcèlent.

– Pérouse... Bologne... Ravenne... le Latium... la Marche d'Ancône... la Romagne... la Sabine...

A les en croire, tout dans la péninsule est au pape. La donation de Constantin, celle de Pépin. Au Latran, on est en famille, donc sans merci. Seul, Léon, le petit moine, se tait, mais ses yeux n'en peuvent plus d'intelligence. Chez Charles, le vieux fond terrien des Francs reprend le dessus. Il n'a pour soutien, sous le regard du pape, que le fidèle Eginhard. Et Eginhard, déjà ébloui d'être là, déborde d'admiration pour Hadrien. Que faire ? Si le sauvetage des soldats de Pavie est au prix d'un serment, eh bien ! jurons !

Charles n'a nulle intention d'être parjure. Il souhaite, simplement, que les bons hasards des combats et l'aide toute-puissante de Dieu le mettent en mesure demain de tenir sa promesse. Il accepte de garantir tous les territoires qu'on lui a cités, et qu'il serait bien en peine de situer géographiquement. Il n'a plus que deux obsessions dans la tête : le pèlerinage à genoux devant la Ville éternelle rassemblée, et le retour à Pavie, avec le vieux cri de Clovis :

– Dieu de Clotilde, donne-moi la victoire !

C'est à ce moment d'éblouissement qu'il songe en gravissant, auprès d'Hadrien, les marches dures de la basilique. C'est dans la nef, devant l'autel, qu'il attend la réponse de Dieu.

Dieu ne répond jamais aux rois, mais l'infortuné Charles ne l'a pas encore admis.

***

A moins d'une lieu de Pavie, à l'aube naissante, Charles et ses compagnons sont saisis par la narine. L'air sent le printemps. Aux branches des amandiers les fleurs sont venues et le ciel est redevenu limpide. Illuminé de joie, le roi se tourne vers Eginhard.

– Dieu nous a entendus !

Il presse son cheval et, très vite, galope seul, devant les siens. Il fait une entrée violente et joyeuse dans le camp des Francs, se laisse glisser le long de sa monture, et interpelle Turpin, debout, la croix pectorale au cou, au seuil de la tente royale.

– La peste ? lui demande-t-il.

– Depuis deux jours, il ne meurt plus personne.

Un soulagement indicible s'inscrit sur le visage de Charles.

– Et Ganelon ? Il n'a pas trop souffert ? Tu l'as fait enterrer chrétiennement ?

– Il est vivant !

La stupeur succède à l'interrogation. Que se passe-t-il dans l'esprit de Charles ? Sans doute voit-il, là encore, la volonté divine de maintenir sur la terre le fidèle abusif jusqu'au crime et qu'il croyait avoir absous au prix de son silence ? Ganelon a-t-il ou non assassiné Caroloman ? Charles aurait préféré ne jamais en être certain. Regrette-t-il le pardon qu'il lui a accordé ? Déjà, il a regardé vers Pavie. La guerre bout en lui. Il commande qu'on fasse venir Ogier auquel il veut donner ses ordres pour l'assaut. On lui répond qu'Ogier n'est pas là.

– Il est mort ?

Turpin, à grand-peine, tandis qu'Eginhard et l'évêque rejoignent le camp, lui fait l'affreuse révélation :

– Il a pris peur. La nuit avant-dernière, c'était puanteur et mouches, il est parti.

– Où ? Où est-il parti ?

Force est à Turpin d'avouer la désertion du paladin. Il n'y avait plus d'eau. On crevait dans la boue et les excréments. Les rats s'attaquaient aux gisants avant même qu'ils n'aient succombé.

– Le malheureux, dit Charles. S'il était resté à mes côtés, je l'aurais fait duc de Pavie ! Où est Roland ?

Durant le siège horrifique, le fidèle entre les fidèles s'est à tous dévoué. A croire que le mal ne pouvait davantage l'atteindre que la mort dans le combat. On le fait crier. Il vient. Lumineux comme toujours. Charles le serre contre sa poitrine.

– Regarde le ciel, comte Roland, Dieu est de nouveau avec nous, comte Roland!

Le roi désigne les murailles de la forteresse et le belvédère qui les domine. Tout semble mort à l'intérieur. On dirait que, par tour de magie, la peste, comme les rats, a choisi de se répandre dans la cité et d'épargner désormais la campagne. Dans les cours et les patios de Pavie, les jets d'eau se sont taris et les oiseaux se sont tus. On n'entend plus que les mouches.

– Sonne du cor, Roland! Ils sauront que je suis revenu!

***

Le son du cor monte jusqu'au sommet du belvédère. Le roi Didier l'entend, et comprenant que le destin a basculé, il ferme les yeux. Le Lombard est seul, abandonné de tous et sans nouvelles de son fils Adelchise. Il a longtemps cru que la vermine et les mouches, alliées naturelles de la peste amenée par les rats, avaient pris à leur compte la défense de Pavie. Depuis deux jours, il n'en est plus rien. On dirait qu'ils se sont, ensemble, insidieusement, rendus maîtres de la cité. A croire qu'ils sont entrés sur les pas d'Ogier, le transfuge. Didier ordonne qu'on lui amène le paladin dans sa tour.

Ogier est un vrai chevalier. Jusqu'à cette nuit avant-dernière, il n'a jamais connu de défaillance. Plus que tous les autres, il lui est arrivé de douter. Pas forcément de Charles mais, plutôt, du sort contraire qui semblait s'acharner contre Charles. Il a douté, surtout, de lui-même. Etait-il suffisamment fort et courageux pour combattre auprès d'un roi de la dimension, effrayante, de Charles? Si le géant n'avait pas quitté le camp pour son escapade à Rome, sans doute Ogier n'aurait-il ni chancelé ni failli. Lui aussi, Ogier a entendu le cor. Il sait à présent que Charles est dehors, face aux murailles, et qu'il va donner l'assaut. Ce n'est plus qu'une question d'heures. Pour lui, celle de sa mort a sonné.

– Charles est revenu, dit Didier.

– Je le sais.

– Il va attaquer la ville.

– Et la prendre.

La tranquille certitude d'Ogier exaspère Didier.

– Et tu sais ce qui t'attend ?

– Oui. Je me suis préparé à mourir, répond Ogier.

A nouveau, le cor, plus longuement. Didier saisit Ogier par le bras et le conduit vers la fente étroite d'une meurtrière.

– Regarde !

On dirait que le roi n'ose plus porter les yeux sur l'extérieur. Il a posté Ogier et l'interroge.

– Dis-moi si tu vois Charles, dis-moi si tu vois ton roi !

– Je vois l'armée de Charles, dit Ogier. Elle est immense. Elle se regroupe pour l'assaut.

Didier, de mâle rage, cogne sa tête contre les murs et court le long de la paroi du belvédère.

– Il n'a plus de soldats ! Il les a enterrés dans la chaux vive !

– On les dirait sortis de terre, roi Didier.

– Et Charles ?

C'est à ce moment que les glaives des Francs commencent à frapper, de façon lancinante et méthodique, sur leurs lourds boucliers.

– Et Charles, le vois-tu ?

Ogier semble pétrifié devant l'étroite ouverture.

– Je le vois, dit Ogier. Il est avec sa broigne et son casque, sur son destrier, les armes à la main !

– Il est au milieu des autres ?

– Il est *devant* les autres. Derrière lui, c'est une moisson de fer. Tous les survivants sont debout !

Les glaives et les boucliers scandent leur mélopée de mort violente.

– Et Charles ? s'écrie Didier. Que fait-il ?

– C'est un homme de fer!

– Dis-moi encore... Que fait-il?

Ogier vacille et ferme les yeux comme si le reflet du soleil l'éblouissait.

– Oh! Que de fer! Hélas! Que de fer!

Il se tourne vers Didier qui s'est terré au centre de la tour :

– Voilà, dit-il, voilà Charles, celui que tu as tant cherché!

Didier pousse un long cri, insupportable, de bête blessée, et il tombe à genoux sur les dalles.

– Si tu veux avoir une chance de vivre, conseille Ogier, avec du mépris dans la bouche, ordonne d'ouvrir toutes grandes les portes de la ville!

***

L'orage gronde dans le ciel.

Il est venu d'un coup – comme s'il avait, par ce clair printemps, un rendez-vous impérieux avec l'Histoire.

Les coups d'épée sur les écus redoublent.

Et le cri éclate, trois fois répété par les gosiers des guerriers.

– Charles! Charles! Charles!

Les portes s'ouvrent comme la pluie crépite. Et le tonnerre retentit. Une cataracte qui tombe du ciel.

Incompréhensiblement.

Charles est descendu de cheval.

Insensible aux lances de l'orage, il se tient debout, dix pas devant ses guerriers.

Du grand portail vide, sous le déluge du ciel, sort le roi Didier, couronne au front. Les boucliers et les bouches se taisent.

Deux pas en arrière, Ogier, le preux, s'avance la tête haute, des gouttes de pluie ruisselant sur son visage comme des larmes.

Le roi des Lombards parcourt la distance qui le sépare

du roi des Francs. Ils ne sont plus que deux statues d'eau, l'une géante, l'autre naine. Didier s'agenouille.

– Prends ma vie, dit-il. Epargne mon peuple. La peste est entrée dans la ville.

Les yeux de Charles sont immensément tristes, couleur d'orage. Il dit d'une voix sourde.

– Relève-toi.

Il lui tend la main pour l'aider à se mettre debout.

– Vous aurez tous la vie sauve. Au nom de messire Jésus.

C'est maintenant le tour d'Ogier. Il n'a jamais eu pareille dignité sur sa face. Il jette son épée devant son roi.

– Fais de moi ce qu'il te plaît. Je n'ai pas voulu mourir avant de t'avoir revu.

– Va-t'en, répond Charles. Tu as été mon ami. Je t'ai fait paladin. Je ne veux jamais plus te revoir. Je ne veux même plus savoir qu'une mère t'a mis au monde! Va! Ne te retourne pas!

Ogier tourne le dos et s'éloigne vers la campagne noyée de pluie. Les rangs des Francs s'écartent pour le laisser passer. Derrière Charles, ce sont Roland, Turpin, Ganelon, Hildebald, Eginhard et les autres familiers qui, les premiers, ouvrent la route au transfuge. Ganelon a, lorsqu'Ogier le frôle, un regard de mépris glacé.

Charles a fait signe aux moines qui se tiennent près d'Hildebald, l'évêque. Ce sont tous des religieux de Germanie et c'est dans cette langue qu'ils lui transmettent l'ordre du roi. Didier doit la connaître, car il frissonne en l'entendant.

Les tonsurés s'avancent vers le roi déchu. Avec des gestes d'une étonnante vigueur, ils le dépouillent de sa couronne qui, de mains en mains, va jusqu'à Charles, puis de son épée, de son sceptre. Ensuite, sous la pluie incessante, ils lui ôtent sa tunique, et ses chausses. On voit les jambes nues. Didier, de honte, baisse la tête. Un moine lui passe une longue robe de bure, en tous points semblable à celle qu'il porte lui-même. Le sacrifice n'est pas encore consommé. Il reste à tonsurer le Lombard. L'un des moines, sans ménagement et sans colère, lui incline la tête, rassemble les longs cheveux gris, et avec une étonnante dextérité, les coupe. Il pleut de plus en plus fort.

A présent, le roi découronné n'a plus que ses cheveux ras en couronne comme signe de sa royauté défunte. Des larmes coulent de ses yeux. Il serre les dents à les briser.

Un coup de tonnerre terrible et l'eau du ciel tombe comme une cascade. On voit des guerriers francs renverser la tête en arrière, et bouche grande ouverte, boire à plein gosier...

Durant toute l'impudique cérémonie, Charles n'a ni fait un geste, ni prononcé un mot.

***

Les cloches de la cathédrale sonnent pour fêter la victoire du roi des Francs et la fin de l'épidémie. Avec l'eau miraculeuse que le ciel a déversée sur la terre lombarde, tout est noyé, lavé, récuré, comme après une grande lessive.

A Pavie, Charles s'est comporté en roi. A la différence de sa campagne d'Aquitaine, il a mené celle-ci sans idée de vengeance. Il a haussé le ton, il s'élève, échelon après échelon, au plus haut niveau des monarques de son temps. Du jeune guerrier plus hardi que les autres, il a conservé le sens de la surprise et l'imagination. Adelchise, le fils de Didier, n'a rien compris à ce qui lui arrivait. Coincé entre Rome et Pavie, il n'a eu d'autre issue que de se débander et de trouver refuge en Bavière auprès de son beau-frère le duc Tassilon.

« Il suffira de dire, écrit Eginhard, que la guerre contre les Lombards a eu pour résultats la soumission de l'Italie, l'exil perpétuel du roi Didier, l'expulsion hors de la péninsule de son fils Adelchise, et la restitution au chef de l'Eglise romaine Hadrien des biens enlevés par les rois lombards. »

Désormais, Charles est prêt pour le sacre.

Il a revêtu la lourde tunique brodée d'or, les chausses incrustées de pierres précieuses et la cape de soie fixée au cou par un fermoir en or massif.

Le pape, solennellement, s'est déplacé jusqu'à la cité reconquise. C'est lui qui va poser la couronne de fer sur le front du roi.

– Le fer, Nardulus, confie Charles à Eginhard, c'est l'or des Lombards !

Le géant a grande hâte de quitter Pavie, cette église et cette cérémonie dont les préparatifs lui paraissent interminables. L'heure sonne enfin, l'heure de Rome !

– Charles, proclame Hadrien, par la grâce de Dieu, roi des Francs !

Charles tient fortement entre ses mains serrées la couronne d'or franque. Le pape le coiffe de la couronne de fer des Lombards.

Roi des Lombards... et patricien de Rome !

Alors, les guerriers, qui ont avec lui traversé les Alpes enneigées, et ont vu leurs meilleurs compagnons mourir dans les tourments de la peste, lancent jusqu'aux vitraux de la cathédrale leur cri de dévotion par trois fois répété :

– Charles ! Charles ! Charles !

DEUXIÈME PARTIE

LE ROI

Chapitre 1

L'HEURE D'IRÈNE

Il suffit d'un roi franc impétueux, inspiré et vainqueur pour que l'écho de son nom vienne frapper aux portes de Byzance. Durant les premiers siècles chrétiens, et plus encore depuis la naissance de Constantinople dédiée au Christ, la foi oscille entre Rome et sa rivale de l'Est, entre l'Occident et l'Orient.

A Byzance règne un bizarre Léon IV qui se complaît dans les soieries opulentes, les ors fanés et les pierreries. Son palais est une vitrine de joaillier et sa foi le conduit à se prosterner, de façon immodeste et régulière, dans la nef de la cathédrale Sainte-Sophie. Au haut plafond de l'église pend une couronne votive naguère offerte à l'empereur Maurice, prédécesseur de Léon. On la prétend maudite et fatale à qui se risquerait à y porter la main. On a pris soin de la suspendre hors de portée et Léon, fiévreusement, la convoite. Les gemmes le mettent toujours en transe. Il en a dérobé en grand nombre dans le trésor impérial et a même subi l'humiliation d'avoir à les restituer. Celles de la couronne de Maurice l'empêchent de dormir. Un jour, il la fera décrocher, la prendra dans ses paumes, se la mettra sur la tête, et attrapera le charbon qui le fera mourir en d'atroces souffrances. Tel est le personnage présentement assis sur le trône de Constantin : un monarque au malheur programmé.

Le véritable *basileus,* du grec « royal », est son épouse Irène. *Basileus* et « despote », du grec « maître ». Pour Théophane, moine iconophile, elle est, tout simplement, l'*icône.* Elle est tout à l'excès et resplendit. Elle est plus que femme, *odalisque,* c'est-à-dire consacrée à la chambre. On ne l'imagine bien qu'allongée, nue sous des voiles, dans des odeurs musquées et fortes, avec sur elle l'entêtant parfum des roses d'Ispahan. Dans cette Turquie à moustaches, Irène se sent plus homme que le sien et enrage de ne pouvoir être le *basileus* reconnu. Jamais corps féminin n'a abrité caractère plus viril que le sien. Femme au creux de ses jambes, Irène, désirable à n'en plus finir, conjugue interminablement la volupté du pouvoir sans partage.

Il faut pour comprendre se reporter en ces lieux et en ces âges où la primauté impériale accordait des droits infinis, et où, au risque de périr soi-même de mort violente, on disposait de pouvoirs vertigineux. Le caprice avait encore goût de sang.

Irène a un fils qui porte le même nom que celui du premier empereur à la croix, créateur de la ville et symbole toujours vivant de la chrétienté d'Orient. Il s'appelle Constantin, il a dix ans et des yeux de biche. Il vit dans les effluves parfumés de sa mère, attentif comme un faon muet et admiratif. Il a une capacité d'envie et de dissimulation redoutable.

Autour de la mère et du fils, une armée silencieuse et diaphane d'eunuques. Ils servent, disparaissent, reviennent au moindre signe, scarabées aux couleurs bigarrées qui, hors des impériales présences, se montrent bavards, cupides et jaloux. Ils forment le doux cocon dans lequel le poison fermente.

* * *

Irène se plaît à recevoir les ambassadeurs étrangers dans son palais suburbain de Hieria, juché sur un promontoire d'où l'on découvre l'éblouissement du Bosphore et de la mer insolente et bleue. Alanguie sur son sofa, le pied nu, le corps deviné sous les voiles, son enfant roi à portée de la main, elle donne audience à Paschalis, le neveu préféré du pape Hadrien. D'avance, elle sait ce qu'il vient lui dire et elle a résolu de le décontenancer.

Les rapports entre Byzance et Rome sont condamnés, depuis l'origine, à la mauvaise foi réciproque, et celle-ci est d'autant plus féroce, que les deux cités ne peuvent régner, chacune, qu'aux dépens de l'autre et, pourtant, qu'avec la complicité de l'autre. La décision de Constantin de déplacer, de Rome à Constantinople, la capitale de son Empire avait semblé, dans un premier temps, renforcer l'Eglise d'Orient. Mais, tout de suite, les papes de Rome avaient su tirer parti de l'éloignement de la cour et de l'affranchissement qui en résultait. Dans son palais du Latran, le souverain pontife ne risquait plus, livré à lui-même, de devenir un « évêque de cour » comme avait tendance à l'être le patriarche de Constantinople. Encore le pape devait-il se maintenir à Rome et y asseoir sa puissance temporelle. Il lui fallait donc, tout à la fois, obtenir le respect de son voisinage et ne jamais oublier la présence tutélaire de la lointaine Byzance. D'où une perpétuelle équivoque. Entre les deux Eglises, depuis des siècles, on se ment, réciproquement et avec onction. Les prélats romains raffolent de la perfidie sucrée et les potentats orientaux n'imaginent pas qu'on puisse agir d'une autre manière.

Irène et Paschalis se regardent. Pour Irène, l'envoyé est un valet d'église qui, nu, ne serait qu'un homme enfiévré d'elle. Rien et nul ne l'impressionne. Elle est la seule femme à *être* sur cette terre d'Orient. Les mâles la haïssent de se comporter en *basileus* qu'elle ne peut être, mais, malgré eux, et d'avantage encore, ils la convoitent. Tout comme le neveu du pape qui tremble de désir devant elle.

– Que me veux-tu ? Parle, dit-elle. Cesse de m'accabler

de louanges et de me regarder avec ces yeux-là... Tu attends quelque chose de moi... quoi ?

– En vérité, je veux vous aider, je veux préserver les liens qui unissent Rome et Byzance et qui sont, depuis quelques mois, menacés...

Irène se carre à l'aise dans les coussins.

– Parle-moi de lui.

Paschalis hésite à comprendre. Irène s'agace.

– Du roi des Francs. De Charles ! On me dit que c'est un géant et qu'il semble avoir mis Dieu de son côté. La taille ne fait pas le destin et Dieu est imprévisible. Mais, Charles, comment est-il ? On lui accorde un visage agréable et un corps bien fait. Je me trompe ?

– Il est plutôt bien de sa personne. Il est très fort. Il est encore jeune.

– Ses yeux, de quelle couleur sont ses yeux ?... Tu ne sais pas ?... Tu sais au moins si c'est un amant vigoureux ?

Le neveu d'Hadrien est au supplice. L'interrogatoire sur Charles porte très vite sur ses prouesses amoureuses, crûment, sans artifice et la reine ne recule devant aucun détail. Paschalis, pour ne pas répondre, tente de se réfugier derrière son état ecclésiastique, mais Irène ne le laisse pas en paix.

– On dit qu'il est très bien au lit. Ça compte dans une destinée.

Paschalis explose :

– C'est un barbare !

Irène se pâme :

– C'est très excitant !

Constantin, l'enfant, est demeuré jusque-là invisible, à force d'être muet. Il bouge, fait du bruit... Irène se tourne vers son fils.

– Approche, mon amour...

Constantin obéit. L'impératrice lui caresse doucement les cheveux.

– Il a de beaux yeux, n'est-ce pas ? Tu peux tout dire devant lui. Un jour, il sera empereur. En attendant on vient de le proclamer *basileus* et despote.

Elle serre l'héritier contre elle : « mon despote ! » Elle lui désigne l'ambassadeur d'un mouvement du menton.

– Voici Paschalis. Souviens-toi de son nom. A Rome, il est notre ami le plus dévoué et le plus fidèle.

La reine déroule sa phrase exactement comme si l'envoyé ne se tenait pas debout à deux pas devant elle. Il ne compte pas.

– Il est comme tous les Romains. Il a le sens du service... du moment qu'il se sert bien lui-même. Il veut l'alliance avec nous, non point seulement pour la plus grande gloire de Rome, mais aussi pour sa propre fortune. De plus, mon fils, il voudrait bien, tout religieux qu'il est, monter dans mon lit...

Paschalis est sans voix. L'enfant roi le fixe avec mépris. Irène se délecte.

– Parle-moi de Charles, Paschalis, ou bien va-t'en ! Que crains-tu ? Qu'il se sacre lui-même empereur d'Occident ? Il en est bien capable... Il a tranché la tête du duc d'Aquitaine m'a-t-on dit, et rasé celle du roi des Lombards ? Envoie-le moi. Il n'y a qu'une femme qui soit capable de l'arrêter... Il me mangera dans la main en grognant...

Le Romain est au supplice.

– Il faut que ce monstre meure, dit-il, et pas seulement de plaisir.

Les yeux d'Irène ont, aussitôt, étincelé. La cruauté est, pour elle, la forme suprême du désir. Elle éprouve la même volupté à l'un qu'à l'autre, et tressaille d'avance à la perspective de les conjuguer. Déjà, son esprit travaille. Elle a le monde connu dans la tête. Elle en sait les exactes frontières comme une diseuse de bonne aventure sait les lignes d'une main.

– L'Aquitaine contient bien la Navarre ? s'enquiert-elle. Donc, Charles n'aurait qu'une main à étendre pour toucher l'Aragon ?

– L'Aragon ?

– Oui, Saragosse.

C'est un mot magique. Citadelle dans la vallée de l'Ebre, Saragosse a un passé chargé d'Histoire, et c'est là, dit-on, que l'image de la Vierge est apparue sur un pilier à Jacques le Majeur et que la glorieuse cohorte des saints catholiques s'est enrichie de saint Vincent. Jacques, frère de Jean, était l'un des premiers compagnons de Jésus, et, au VIIIe siècle, on le tient pour l'apôtre de l'Espagne, *Al Andalus*. Vincent, diacre de Saragosse, a été torturé par Dioclétien. Ses restes reposent à Paris, dans l'église qui porte son nom et qui deviendra Saint-Germain-des-Près.

La frontière islamo-chrétienne coupe l'Ebre au Nord-Ouest de Saragosse. Entre Pampelune, capitale de la Vasconie, et la ville de Vincent s'étendent les régions de peuplement où cohabitent les deux communautés. Saragosse offre la particularité d'avoir obtenu de l'émir de Cordoue une certaine autonomie. Elle abrite une forte proportion de chrétiens et son *wali*, son gouverneur, pourrait très bien faire appel à Charles pour l'aider à son plus complet affranchissement. C'est le plan qui a germé dans le cerveau d'Irène. Détourner le jeune héros franc de sa conquête vers l'Italie et la Saxe et le piéger, l'ensorceler, le retenir en Espagne. Paschalis regarde l'impératrice avec des yeux où l'admiration et la crainte ont succédé au désir.

*
* *

A Noyon.

Les deux couronnes.

Celle des Francs : un simple cercle d'or.

Celle des Lombards, un instrument rude, de fer.

Charles les regarde. Il y a dans ses yeux plus de malice que de contentement. Qui lui aurait dit, l'automne de l'autre année, celle où mourut Pépin, qu'il pourrait si vite contempler ces ornements, bien à lui dans son château du Nord ? A ses côtés, le comte Roland. La gloire et l'amitié : la félicité absolue.

– Touche-les, dit-il à son compagnon. D'or ou de fer, ça pèse lourd, une couronne, parce que ça oblige.

Il le tente, comme naguère, dans leurs jeux.

– Mets-en une sur ta tête.

– Laquelle ?

– La Lombarde.

Roland tend la main. Il n'a jamais hésité depuis qu'il est au monde. Tout peut lui advenir sans qu'il ait à se forcer. La nature est son amie et lui prodigue ses dons. Le destin le protège. Pour combien de temps ? Roland s'en moque. Roland vit l'instant. Le voici roi. Pour sa part, Charles a ceint la couronne d'or. Ils se considèrent l'un l'autre gaiement. Ce sont encore les deux jeunes gens de l'auberge, sous les arbres, le jour où le glas sonnait pour le roi Pépin.

Charles s'incline.

– Sais-tu ce que nous allons faire, Sire ? demande-t-il à Roland.

– Non, mon roi !

Le visage du géant se plisse de joie. Il repose la couronne. Roland fait de même.

– Nous allons, ensemble, en chercher une troisième.

Intrigué, le paladin interroge.

– Où cela ?

– A Saragosse.

Charles explique. Trois émissaires chrétiens sont venus le voir en grand secret, de la part de Paschalis, le neveu du pape, et avec la bénédiction du Saint-Père. Ils lui ont apporté un nouveau royaume au-delà des Pyrénées, dans le Nord de l'Espagne où se sont installés les Wisigoths. Le *wali* de Saragosse est prêt à ouvrir les portes de sa ville au grand roi d'Occident pour qu'il le délivre de la domination exercée par la minorité musulmane. C'est promenade de santé vers le jardin des Hespérides. Là-bas s'élèvent les plus beaux palais et mûrissent les fruits gorgés de soleil. Les filles sont brunes et lascives.

Ils ont si souventes fois déliré ensemble, le géant Charles et Roland, le noble ! Ils ont conquis, enfants, tant de chimères! L'ami demande à son roi de tout lui dire, de lui donner chaque détail du voyage. Et c'est là que, pour la première fois, le mot de Roncevaux est prononcé. Aux dires de certains historiens l'appellation ne serait intervenue que plus tard, d'aucuns prétendent même que ce fut seulement après la mort de Roland. Mais ce matin-là, entre les deux hommes, le nom de Roncevaux, ou son équivalent, vient dans la conversation. A cause de ce qui s'est passé, précisément dans ce lieu, cinquante-six ans plus tôt. C'est par cette brèche qu'Al-Gafiki, le Maure, a envahi le royaume franc, et a galopé vers le Nord en ravageant les monastères sur son passage. Un Franc s'est dressé devant lui et l'a défait rudement à Poitiers : Charles Martel, le grand-père de Charles. Cette fois, il ne s'agit de rien d'autre que de faire le chemin en sens inverse, confirmer la victoire des Francs, et cueillir, à l'arrivée, Saragosse comme un fruit mûr.

– Et Abd-el-Rahman ? demande Roland. Il sera averti de ta venue. Il ne te laissera pas prendre la ville!

– Il ne bougera pas de Cordoue, répond Charles. Paschalis en a l'assurance d'Haroun al-Rachid à Bagdad.

– Et Byzance ?

– Byzance n'interviendra pas. Irène me l'a fait savoir par Paschalis qui en revient.

Roland, en dépit de la belle confiance de son prince, semble soucieux.

– C'est trop beau, Charles, c'est trop simple!

– Non, Roland. Le monde est simple. Seuls quelques hommes le compliquent. Il suffit de vouloir et de croire. Souviens-toi d'Augustin. Crois d'abord, tu comprendras ensuite...

Depuis qu'ils ont quitté la salle où sont exposées les deux couronnes et qu'ils déambulent dans les grands corridors du château, quelqu'un, caché, les écoute, les suit, d'une arche à l'autre, sans être vu. C'est Pépin. Pépin le Bossu. En les entendant, il a quitté la cuisine immense où, mêlé à la valetaille, il respirait l'odeur forte des viandes, et il les espionne. La voix de son père le meurtrit et l'émeut tout ensemble. Depuis la répudiation de sa mère, il n'a jamais revu Charles, si ce n'est comme un gueux d'office entrevoit un roi. Là, il le contemple et il se nourrit de ses phrases. Elles lui font mal et l'enivrent. Sa force s'en trouve décuplée et il sait à présent de quel sentiment elle s'abreuve. La haine grandit en lui. Il ne la connaissait pas. Il est surpris de la découvrir si douce et si amère. Le regard chassieux, l'épaule difforme, la gibosité offensante, il se plaque contre un pilier et regarde les deux amis sortir dans la cour.

***

Le ciel a une pâleur de pêche – comme à l'aube du monde.

Un faucon y tourne, sombre et menaçant. Dans la campagne vallonnée, une petite troupe de cavaliers a fait halte.

Charles, Roland et Ganelon, suivis de deux hommes d'escorte et d'un fauconnier, observent l'oiseau meurtrier. Avec une brusquerie imprévisible, il fond sur un *perdriau*, jeune perdrix tendre qu'il saisit dans ses griffes recourbées et ne lâche plus. Charles l'a vu. Il l'appelle.

– Hielo ! Hielo !

Du fond du ciel, obéissant, le faucon vient se poser sur le poing ganté de cuir du roi. Charles lui prend sa proie, lui donne sa récompense et rabat sa capuche. Il exulte et, tourné vers ses deux compagnons :

– Regardez, vous autres ! Je suis le poing de Dieu.

Et il s'élance, seul, au galop dans la prairie à perte de vue. Ganelon a touché le bras de Roland, il y a longtemps qu'il guettait le moment de l'interroger hors de la présence de Charles.

– Il t'a parlé de moi ? s'enquiert-il.

– Non. Ce matin, quand il a voulu chasser, c'est moi qui lui ai demandé de te faire appeler.

Ganelon, depuis le retour de Pavie, remâche son inquiétude et sa rancune. Il a failli, là-bas, crever de male peste, a reçu les derniers sacrements, a voulu se confesser à son roi qui lui a ordonné de se taire. Depuis, le plus subtil, le plus politique des lieutenants de Charles n'a cessé de s'interroger et de s'irriter.

– Quand il est revenu de Rome, confie-t-il, j'ai eu l'impression qu'il m'en voulait d'être encore vivant.

Roland, à cheval, est plus qu'un demi-dieu. Il excelle aux phrases directes.

– Charles n'a nulle envie de vivre chaque jour à côté de quelqu'un qui a, peut-être, assassiné son frère.

Ganelon se rembrunit :

– Son frère est mort de mort naturelle. Et ce que je vois c'est qu'aujourd'hui, Charles a deux couronnes sur la tête.

Roland rit. Il a la jeunesse au cœur et au corps. Sa loyauté le dispense du doute et lui rend l'existence limpide.

– Tu veux un conseil, Ganelon ? lance-t-il. Désormais, n'obéis qu'aux ordres de Charles. Pas à ses arrière-pensées...

Il presse sa monture et dévale la pente herbeuse vers la ferme, en contrebas, dans un bouquet d'arbres. Une impression de paix virgilienne. Le cheval de Charles est à l'attache près d'une grande grange. Le roi a disparu.

***

Il marche dans l'herbe jusqu'aux genoux. A sa droite, le fermier, un Franc d'une haute stature qui n'égale toutefois pas la sienne. Charles le connaît de longue date, il l'a baptisé « voisin ». C'est l'exploitant agricole le plus proche du palais. Chaque fois que le roi veut obtenir une contribution en céréales ou en bétail, il lui rend visite. L'homme lui sert d'instrument de mesure pour déterminer ce qu'il est en droit d'attendre de son peuple. La bonne trentaine, de forte carrure, blond solaire, un peu rougeaud de face, le fermier se nomme Geoffroy. Il est conscient d'avoir le franc-parler légitime.

– Alors, demande-t-il à Charles en cheminant à ses côtés, il te faut l'Espagne à présent ? C'est loin ?

– Tout est loin à la guerre, répond Charles.

Geoffroy s'est immobilisé dans la verdure intense. De son bras tendu, il désigne le Nord. Charles hoche négativement la tête. Même geste pour l'Est. C'est la route habituelle des Francs quand ils vont livrer bataille aux Germains. Même mimique du roi. Charles prend alors le bras du paysan et le pointe vers le Sud.

– C'est là-bas, dit-il, par où sont venus les Maures que mon grand-père a repoussé à Poitiers...

Geoffroy a laissé retomber son bras avec lassitude.

– Et c'est pour une autre couronne dans le Sud que tu nous prends tout ce que nous récoltons avec ces mains-là ?

– La guerre, ça coûte, dit Charles.

– La sueur aussi, répond Geoffroy. Et la guerre, elle ne fait rien fleurir. C'est vrai ce qu'on dit ? Que chaque tête que tu coupes en fait repousser davantage ?

La colère commence à monter au visage du roi. Il aime la brutalité de ces rencontres avec de vrais hommes qui ont la franchise et l'audace des humbles. Et leur fierté d'humbles justement. Mais aujourd'hui, Geoffroy l'importune. Charles pose le faucon encapuchonné sur la barrière du champ. De sa grosse main gantée, il empoigne le paysan par l'épaule et le force à ployer le genou.

– Agenouille-toi. Je vais trancher la tienne, de tête. Tu verras si cela en fera pousser d'autres !

***

Dans le champ voisin, les comtes Roland et Ganelon, qui ont ordonné à leur escorte de les attendre au portail de la ferme, sont descendus de cheval. Ils sont tombés en extase devant un étalon élancé, noir comme le jais, aux longues pattes nerveuses, à la musculature fine et racée et à la crinière flottante.

– De ma vie, dit Roland, je n'ai vu bête pareille!

Ganelon possède une grande science des chevaux. Il examine celui-ci en tournant autour de lui, s'en approchant sans en avoir l'air et parlant à lèvres closes :

– C'est le croisement d'un étalon arabe et d'une jument franque. Ne l'approche pas. Il s'enfuirait...

– Laisse-moi faire.

Roland marche vers l'étalon.

Ganelon se garde, alors, d'intervenir.

Roland est un ensorceleur. Plus il avance, plus l'animal s'apaise. Il tremblait de tout son corps. A présent, il frémit sur place et tous ses muscles sont bandés. Quand la main du paladin se pose sur son encolure, le beau démon noir hennit de plaisir. Ganelon, subjugué, regarde. Roland est économe de ses gestes. D'abord il flatte le col de la bête, le caresse, puis il appuie sa joue contre sa tête et là, à voix basse, il lui parle longuement à l'oreille...

C'est vraie magie.

L'étalon ne tremble plus. Il appartient, de fait, au comte Roland.

– Je sais ce que je vais faire, dit Roland.

L'œil de Ganelon s'étonne.

***

Charles est debout, adossé à la barrière du champ. Sa blouse est déchirée et son visage martelé. Une de ses pommettes est éclatée et le sang coule. Il souffle comme un taureau qui vient de charger.

– Alors, Geoffroy? demande-t-il. Tu ne crois pas que nous avons assez joué? La prochaine fois, tiens-toi tranquille quand ton roi te parle!

Le paysan s'est relevé du sol où il était tombé. Il saigne de la bouche et s'essuie d'un revers de coude.

– Ce n'est pas toi qui m'empêchera de dire ce que je

pense ! Combien de fois je t'ai botté le cul quand tu étais enfançon et que tu chapardais mes poires ?

– Maintenant, je suis ton roi.

– Et tu veux me voler mes sous !

– Tu es bête, dit Charles, plus bête que tes vaches !

Rolant rit en les voyant dépenaillés et meurtris comme deux paysans après une rixe de bal champêtre.

– Qui a gagné ? demande-t-il.

– Nous ? répond Charles avec une mauvaise foi superbe. On ne s'est pas battus !

– On parlait du printemps pourri, dit Geoffroy. On n'était pas d'accord.

Tout de go, Roland l'interroge :

– Combien veux-tu de ton cheval ?

– Lequel ?

– Le noir, là-bas, dans le pré.

Geoffroy regarde attentivement Roland. Entre tous les paladins, c'est celui qui a le port le plus noble et l'habillement le plus riche. Sans compter cet olifant, rehaussé d'or, qui pend à son cou.

– Je ne le vends pas.

– Combien ?

– Quarante sols d'or.

Charles regarde l'étalon dans l'herbe haute.

– Il est superbe !

Roland hoche la tête. « Quarante sols d'or, déclare-t-il, ce n'est pas son prix ! » Geoffroy s'en moque. Il ne souhaite pas s'en défaire. Roland lui lance une bourse que, d'instinct, l'homme attrape au vol.

– Tiens, dit le paladin ! Voilà cent sols d'or ! Ton cheval les vaut !

Charles aime Roland aussi pour cela : pour sa façon de dépenser haut, son sang comme sa fortune. C'est un être d'exception dont la présence sur cette terre semble fortuite et éphémère, et dont l'amitié est cadeau royal. Geoffroy est ébloui et presque honteux. Charles félicite son ami.

– J'aimerais être à ta place. Je voudrais monter ce cheval.

– Il est à toi.

Roland a répondu aussitôt, d'une voix simple. « C'est pour toi que je l'ai acheté. Pour ton entrée dans Saragosse ! »

***

C'est alors qu'elle surgit.

Elle est une très jeune fille blonde au teint de la couleur des roses. On ne l'a pas vu ni entendu venir. Elle court jusqu'au cheval noir et, d'un envol de nymphe, saute en croupe, presse la bête entre ses cuisses douces et s'envole au galop. Sous le nez du roi.

Charles, d'abord abasourdi, a tôt fait de s'élancer à sa poursuite sur son propre cheval.

La Franque connaît le terrain. Elle est chez elle. C'est la fille du fermier. Elle ne prend même pas la peine de se retourner. Elle saute les ruisseaux, s'enfonce dans les couverts, elle va comme le vent. Dans sa course folle, bonne paysanne, elle respecte les cultures dans lesquelles, rageur, le roi, sacrilège, coupe court.

Ils sont très vite loin de la ferme, et, au fur et à mesure de leur galopade, le jeu, entre eux, devient plus ambigu. Charles s'y passionne comme un adolescent retrouvé qui chasse la pucelle. Il la convoite. Il la veut. La course lui a chauffé le sang. Il rattrape la fuyarde.

Leurs deux montures se frôlent, leurs corps se touchent et se séparent. La fille rit. Charles aussi. C'est défi et conquête. Elle le brave, sûre de sa jeune beauté, la sueur entre les seins, les joues en feu, l'œil magicien...

Toute course a une fin.

Charles dépasse la jeune fille et lui barre la route de toute sa stature de géant. Elle se rend.

– Qui es-tu ? La ferme est à ton père, c'est ça ? Comment t'appelles-tu ?

– Hildegarde !

Et, effrontément, elle ajoute :

– Et toi ?

Le mensonge fleurit de lui-même aux lèvres de Charles.

– Je m'appelle Roland. Je suis venu avec le roi Charles. J'ai acheté ton cheval à ton père. Je l'ai payé cent sols d'or.

– Il est mien.

C'est joute de prince à présent et Charles y prend plaisir.

– Je peux te l'échanger si tu veux.

– Contre quoi ?

– Un baiser.

Elle rit et elle a encore un rire d'enfant.

– C'est rien, dit-elle, un baiser. On le donne et ça s'envole.

Charles s'approche. Il est plus ému qu'il ne le voudrait. Il éprouve le sentiment imprévisible d'être sans défense. Ses deux couronnes ne peuvent rien pour lui. Il a peur. Du trouble délicieux qui le fait frémir comme l'étalon noir sous la main de Roland. Il se penche, effleure les lèvres de la pucelle. Elles ont fraîcheur de framboise. Le rustre, en lui, n'y résiste pas, il enlace sa proie, appuie son baiser, fouille. Hildegarde se fait liane, traîtresse, ondulante, l'écarte et, plantant ses yeux dans les siens :

– Ferme les yeux. C'est moi qui te dois un baiser contre mon cheval. Ce n'est pas toi qui le prends.

Ils sont au bord d'une rivière chantante. Charles lui tourne le dos.

– Ferme les yeux, répète la fille.

Le roi obéit. A peine a-t-il clos les paupières qu'Hildegarde, vif argent, prend son élan et, de toutes ses forces, de ses deux poings serrés dans la poitrine, pousse le géant en arrière et le fait choir dans l'eau.

Un grand bruit. Des éclaboussements. Et le rire de Charles, qui émerge, les cheveux dans le visage, crachant l'eau avalée, et la gaieté aux yeux :

– Si le roi Charles voyait ça!

Hildegarde finit de l'émerveiller et de le surprendre :

– C'est toi, gros malin, répond-elle, le roi Charles! Je t'avais reconnu tout de suite. Sinon je ne t'aurais jamais laissé m'embrasser!

⁂

Après quoi, le fidèle Eginhard n'a plus qu'à écrire sur ses tablettes :

« Charles se maria avec une Souabe de haute noblesse qui ne voulait pas lui céder son cheval. »

Chapitre 2

L'HEURE DES BASQUES

Eginhard, après avoir parlé de la Souabe, se montre précis au sujet de l'expédition vers Saragosse.

« Tandis que l'on se battait assidûment et presque sans interruption contre les Saxons, écrit-il, Charles, ayant placé aux endroits convenables des garnisons, le long des frontières, attaqua l'Espagne avec toutes les forces dont il disposait. »

C'est donc la grande armée franque qui se met en route vers le Sud en cet été 778. On a battu le ban et l'arrière-ban. Chaque noble a reçu une convocation en règle. « Nous te prions de nous rejoindre, ordonne le roi, avec tout l'effectif de tes hommes bien armés et bien équipés [...] avec armes et outils nécessaires, vivres et habillement. Chaque cavalier devra avoir son bouclier, sa lance, son épée, son coutelas, son arc (avec une corde de rechange), son carquois garni de douze flèches [...] Le ravitaillement sera prévu pour la durée de trois mois à partir de la date du rassemblement, les armes et l'équipement pour un semestre. » Et la missive stipule pour finir : « Aucune prestation ne pourra être exigée, sauf le fourrage, le bois et l'eau. »

Charles, suivant en cela l'exemple de son grand-père et de son père, s'avère méticuleux jusqu'au moindre détail, au moins en ce qui concerne la tenue des chefs de détachement. Ils doivent porter la « broigne », justaucorps de cuir recouvert d'écailles de métal, et être casqués. Le fer est métal difficile à travailler et les Francs y sont passés maîtres. En cas de manquement, les défaillants sont privés de viande et de vin, « pour autant de jours qu'il y aura eu de retard »...

Et, bon gré, mal gré, la grande cohorte, vaillante et rechignante, se met en route.

En tête, le roi Charles sur son nouveau cheval noir, présent du comte Roland. Auprès de lui, ses paladins et son aumônier, l'évêque Turpin. Puis les chariots. Hildegarde occupe le premier qui est au roi. Elle a sur elle toute la lumière du matin. Derrière, suit Eginhard, le biographe.

Sans oublier Berthe la noire, qui est à cheval. Elle se tient entre l'escorte et les chariots, à la place même qu'elle occupait quand Pépin régnait. Enfin, la troupe, nombreuse, de guerriers francs, aux beaux visages de loups : archers, lanciers, fantassins, tailleurs de route... Au-dessus d'eux frissonnent les bannières... Et l'arrière-garde, regroupée autour des chariots de vivres, d'armes, et le trésor, gardé par une douzaine de cavaliers farouches.

Avec l'*ost*, c'est l'*Etat* tout entier qui voyage. Un long serpent fumant de la sueur des bêtes et des hommes et qui soulève en avançant une poussière d'or...

Devant eux, les Pyrénées.

Comme les Alpes avant Pavie, ils sont les farouches sentinelles de Saragosse. Ils semblent fermer l'horizon.

C'est de là que vient le cavalier, au grand galop. Charles fait arrêter la colonne et l'éclaireur s'immobilise devant lui. C'est le comte Ganelon.

– Les Basques ? demande le roi. Tu les as vus ?

– J'ai vu leur chef Orthez.

Que dit-il ?

– Que les montagnes sont à eux sur toute la longueur de leur territoire. Ils savent pourquoi tu viens. Ils t'en interdiraient le passage. De même qu'ils s'opposeraient aux Sarrasins s'ils voulaient les franchir pour venir chez nous.

La face de Charles s'est empourprée.

– Que ne l'ont-ils fait avant Poitiers ?

– Leur chef dit qu'il n'était pas né, mais que, lui vivant, aujourd'hui, s'ils venaient, ils ne passeraient pas.

– Je veux le voir.

***

On n'a pas la moindre description physique d'Orthez. On est tenté de le voir brun, agile, plutôt osseux et de taille moyenne. Charles, on le sait, est un géant. Le Basque est dans son jardin. Il en connaît tous les détours. Il n'a pas peur de l'armée franque parce qu'il sait pouvoir rompre, à tout instant, le combat et disparaître dans ses montagnes. Le Franc est riche de la légendaire bravoure de son peuple et il est précédé de la sonorité fracassante de Poitiers. Il est, toutefois, conscient de la fragilité de sa gloire encore trop neuve. Il ne doit pas reculer. Il négocie donc.

– Nous venons en paix. Ce que j'ai à faire ne te concerne pas et ne concerne pas ton peuple. Laisse-nous poursuivre notre route.

Orthez regarde ce grand garçon blond aux yeux clairs dont les écailles étincellent. Il a un haussement d'épaules.

– As-tu un chat dans tes bagages ? L'as-tu observé, les chats sont plus sages que les hommes. Ils ont une plus juste notion du temps. Un chat s'assied et attend. Tu veux Saragosse ? Assieds-toi et attends.

– J'y vais maintenant.

Orthez hausse les épaules. Il désigne les montagnes dures vers le Sud.

– Si j'étais toi, et même si j'avais dix fois plus d'hommes, et d'arcs, et de lances que tu n'en as, je n'irais pas à Saragosse. De l'autre côté de ces montagnes, tu ne seras plus le chasseur mais le gibier.

Charles s'impatiente. Il a tenu à être seul avec cet homme qui s'adresse à lui sans la moindre crainte.

– On m'attend, dit-il, à Saragosse.

– C'est mensonge, roi Charles. On ne t'attend pas : on te guette. Regarde ces montagnes. Les miens te voient. Tu ne les vois pas. Et, désormais, sous tes pas, ce ne sont que pièges.

– Pourquoi n'as-tu pas peur de moi ?

– Parce que je suis le chat. Un chat peut regarder un roi en face. N'y va pas, roi Charles !

Jamais jusqu'à ce jour, le jeune Franc ne s'est trouvé devant ce type d'obstacle : un homme courageux et solitaire et qui semble n'avoir rien à perdre.

– Je ne suis ni guetté, ni attendu à Saragosse. Je viens y chercher une couronne. Sulayman-al-Arabi, le gouverneur de la ville, me l'a offerte.

– On t'en aura menti par la bouche.

– N'importe, j'y vais. T'opposeras-tu à mon passage ?

– Non. Souviens-toi du chat, roi Charles !

⁂

La nuit est peuplée d'étoiles filantes.

Charles, assis auprès d'Hildegarde devant le feu, a pris les mains de sa reine dans les siennes et interroge ses yeux immenses.

– C'est vrai, demande-t-il, c'est vrai ce que m'a dit ma mère ? Tu vas me donner un fils ? Un bien grand, bien gros ? Je veux qu'il me dépasse d'une tête et qu'il fasse peur à tout le monde.

Soudain, son regard s'épouvante.

– Hier, je t'ai vu chevaucher. Tu ne dois plus. Plus avant sa naissance.

Hildegarde rit :

– Tu ne connais pas les filles souabes ! Elles galopent jusqu'au dernier jour.

Elle se presse contre lui. Au vent léger de la nuit, les tentes claquent autour d'eux.

– Tu verras, Hildegarde, le pays où je te conduis regorge de délices... Tous les peuples se le disputent. Où nous allons ce sont, au Nord, les descendants des rois wisigoths, au Sud, les Arabes.... Eginhard prétend que tous sont comme des galets, usés par la mer. Ils vivent dans des légendes. Il m'en a raconté une. Elle se passe près d'une ville nommée Cavadonga... Il y avait un cavalier superbe, blanc, lumineux... Il a semé la panique parmi les Musulmans...

– Tu veux être ce cavalier blanc?... C'est ça? Sur mon cheval noir?

– Oui. Et tu verras, les Sarrasins savent ce que nous ne savons pas. Ils connaissent l'art des sons, celui de guérir les maladies. Ils prédisent l'avenir. Ils ont donné un nom à chaque étoile....

Une étoile filante traverse le ciel comme une étincelle qui s'éteint. Hildegarde l'a regardée émerveillée. Elle interroge :

– Les étoiles meurent, elles aussi?

Charles, auprès d'elle, oublie les craintes qui l'habitaient depuis sa rencontre avec Orthez. Il est heureux.

– A Saragosse, quand ils viendront se prosterner devant leur reine tu le leur demanderas!

***

Roncevaux.

Plein soleil.

L'*ost* chemine au fond du défilé. On voit l'armée franque avec les yeux d'un aigle. Ce sont ceux d'Orthez qui, du haut des crêtes, surveille l'avancée des guerriers étrangers. Autour de lui, dissimulés derrière les rochers, des milliers de Basques, prestes comme l'isard, couteau à la ceinture, arc au poing, guettent en silence.

La lumière est verticale et dure.

Au fur et à mesure qu'il s'enfonce dans les Pyrénées, Charles éprouve un sentiment d'angoisse qu'il ne connaissait pas. Quand il avait franchi les Alpes crissantes de neige, il s'était senti victorieux. Il forçait une porte. Là, c'est comme si elle se refermait sur lui.

L'*ost*, à présent, chemine en plaine et, sous le soleil déclinant, traîne son ombre démesurée. Une grande armée de fantômes fait escorte au roi des Francs. Superbe sur son cheval noir toujours frémissant, Charles s'immobilise pour être à la hauteur du char de Hildegarde.

– Ce soir, lui dit-il, tu coucheras dans ton royaume. Tu mettras tes habits de fête.

Comme Roland se propose pour aller en éclaireur, il l'en dissuade de crainte d'offenser les Sarrasins en se montrant soupçonneux.

– Je te choisirai la plus belle des Navarraises, lui promet-il avec un sourire.

L'impression funeste s'est évanouie. Charles a grande hâte de voir se dresser devant lui les murailles de Saragosse.

– Les portes seront grandes ouvertes et on me remettra les clefs de la ville. Pressons pour arriver avant la nuit...

Elle est tombée comme ils atteignent le but de leur long voyage. Devant eux, une énorme masse noire, hostile. Charles, intrigué, ordonne à ses paladins de demeurer sur place. Comme il en a coutume, il s'avance seul vers la porte, haute et plantée de clous de fer grands comme des épieux. Les deux torches qui l'éclairent y font trembler des ombres gigantesques. Au-dessus, le ciel frissonne d'étoiles.

Le roi fait faire encore trois pas à son cheval. Alors deux cordes descendent des remparts. Au bout, deux têtes tranchées, pendant à leurs cheveux, yeux ouverts, le cou noirci de sang séché.

Charles n'ose pas y croire. Il se laisse couler au bas de l'étalon noir. Il va vers la porte, regarde de plus près et l'horreur le cloue sur place. Les deux martyrs sont les Sarrasins qui accompagnaient le neveu du pape lorsqu'il était venu offrir au roi des Francs la couronne de Saragosse et qui se portaient garants de la loyauté du gouverneur.

Un trait de feu, tiré de la forteresse, vient en sifflant se planter en terre devant lui. La flèche porte un message. Charles se baisse le ramasse et revient, à pied, vers les siens, tenant son cheval par les rênes.

***

Sous la tente royale, à la lueur d'une torche, les Francs sont assemblés en conseil : Charles, Berthe sa mère, Turpin son évêque, Roland et les preux. Hildegarde se tient debout près de son roi. Le message passe de mains en mains et ceux qui savent lire en prennent connaissance. Eginhard, pour finir, l'énonce à voix haute :

– Roi Charles. Voici les têtes de tes hôtes. Elles t'appartiennent comme leurs âmes qui sont noires. Nous, peuple du Livre véritable, nous ne t'avons pas invité. Nous n'avons que faire d'un roi ou d'un pape d'une religion infidèle. Si toi et les tiens rebroussez chemin cette nuit même, vous vivrez. Si vous attaquez notre cité, vos têtes pendront à nos remparts comme celles des deux renégats.

Eginhard tend le message au roi et ajoute :

– Il n'y a pas de signature. Seulement la mention *Allah hu akbar.* Dieu est grand !

De tous, Berthe est la plus indignée. Elle se sent reine mère des Francs en terre espagnole d'où sont venus ces Sarrasins que l'aïeul a taillés en pièces à Poitiers. L'affront infligé au petit-fils la rend folle de colère. Elle ne se contient plus :

– Tu devrais te rappeler, mon fils, qui t'a envoyé dans ce nid de vipères : le pape de Rome !

Charles hoche la tête et proteste. Il ne doute pas de l'amitié d'Hadrien, qui lui doit sa libération de l'étreinte lombarde et le raffermissement de son trône. Sa mère maintient ses accusations :

– Justement. Quand il t'a eu posé les deux couronnes sur la tête, il a bien vu que tu étais trop grand. C'est l'impression que tu donnes toujours à tout le monde. A moi aussi. A ton père et à ton frère. A ta nourrice qui ne pouvait pas te porter. On te hait parce que tu dépasses les autres.

– Ce ne sont pas tes souvenirs que je veux, ma mère, mais ton conseil.

– Prends la ville et proclame-toi roi.

Charles se tourne vers Roland, et, des yeux, l'interroge.

– Donne-nous en l'ordre, répond l'ami, et Saragosse est à toi.

Ganelon lève la main et prend la parole.

– Ce sont les Basques qui ont raison, dit-il. Depuis Roncevaux nous sommes épiés. C'est un piège. Il faut repartir tout de suite et, à marches forcées, rentrer dans le royaume.

– Fuir ? Charles ? se récrie Roland. Il ne l'a jamais fait.

Haineuse et noire, Berthe se tourne vers le comte Ganelon.

– Ganelon ? Toi ? Serait-ce auprès de mon défunt fils Caroloman que tu as appris la lâcheté ? As-tu oublié que nous sommes les Francs, le peuple le plus courageux de la terre ?

Le roi est pensif. Entouré de ses compagnons, en présence de sa mère et de son épouse souabe, il a une lourde décision à prendre. Le sol brûle sous ses pieds. Son sang l'incline à livrer bataille. Un instinct plus subtil et plus ingrat le retient. C'est l'instant d'être roi. Etre roi c'est être *autre.* C'est ne tomber dans aucun des travers du particulier. On n'a nulle preuve à administrer ni gage à donner. On n'a qu'à prendre la bonne voie et il n'y en a qu'une pour un peuple. Comme c'est étrange ! Charles, dans cette nuit d'Espagne, cruelle comme un fauve, *sait* la réponse.

Il regarde sa jeune épouse à qui, le matin même, il dédiait un royaume et, d'une voix sans réplique, annonce à son entourage :

– Nous lèverons le camp avant l'aube. Nous rentrons!

Et comme Berthe s'est assombrie et que Roland grogne, il ajoute :

– C'est ma volonté royale!

***

Cette nuit-là, le roi ne dort pas. Il se mesure avec un chagrin à sa taille. Il voulait construire la Cité des hommes sur la terre et le pape, qui a en charge la Cité de Dieu, l'a trahi ou, au mieux, l'a laissé trahir. Il a renié le pacte de Quiercy, il l'a abandonné à ses ennemis. Hildegarde le console et le rassure avec des mots familiers.

– Je suis encore toute petite, dit-elle, et je sens l'enfant qui bouge dans mon ventre. Ton pape n'est pas un mauvais homme, Charles. Il a des soucis, comme toi. Il est mal entouré, comme toi. On veut le servir autrement qu'il le faudrait. Regarde Roland, ton ami! Il te conseille mal!

Charles s'anime :

– Tu as vu quel beau sang il a?

Hildegarde hoche la tête.

– C'est fini. Vous ne jouerez plus jamais aux mêmes jeux, lui et toi.

Les yeux de la Souabe brillent dans la nuit. Charles la regarde. Comment fait-elle pour dire si simplement ce qu'il a toujours souhaité entendre. Il lui sourit :

– Je t'avais promis un royaume et il s'est envolé!

Et elle :

– C'est toi mon royaume. Il est là où tu es.

Dehors, tout n'est que ténèbres.

On voit l'éclair de la lance des sentinelles qui veillent sur les guerriers assoupis. Enroulés dans leur cape, les paladins dorment. Au loin, la masse sombre des murs de la forteresse. A la grande porte, les torches se sont éteintes.

Ganelon ne dort pas. Il a l'âme torturée de naissance et,

le sachant bien lui-même, il se méfie de tout et de chacun. C'est un chat sauvage qui voit la nuit. Allongé, à demi soulevé sur le coude, il épie. Il voit Roland venir vers lui, équipé pour le combat. Le fidèle des fidèles le surplombe. Il a la mâchoire et le regard du guerrier :

– Ce sont les Basques qui nous ont trahis, dit-il. Je vais les châtier et leur ôter l'envie de nous dresser une embuscade dans leurs montagnes. Il faut protéger Charles en dépit de lui-même.

Ganelon rappelle à Roland le conseil qu'il lui a donné, le jour où ils ont rencontré l'étalon noir : il faut obéir aux ordres de Charles, pas à ses arrière-pensées.

– Je n'engage que moi, réplique Roland. Si je réussis, je sauve Charles. Si j'échoue, il n'aura qu'à offrir ma tête aux Basques, au bout d'une corde, comme cela semble se faire ici.

D'autres ombres se sont levées. Ce sont les proches du comte Roland, déjà prêts à l'accompagner.

– Que vas-tu faire ? demande Ganelon.

Roland refuse de répondre et, à voix basse, sur le ton des confidences d'autrefois quand l'existence était dorée et gaie, il ajoute :

– A Noyon, il y a une très jeune fille. Elle s'appelle Aude. Ma mère sait où on la trouve. Si je ne reviens pas, va lui dire que je l'aimais de bel amour.

Roland s'empresse de tourner le dos à Ganelon. Avec cinq cavaliers, il s'enfonce dans la nuit, doucement, au pas. Ce n'est que lorsqu'ils se sont suffisamment éloignés du camp qu'ils se mettent à galoper.

***

L'armée fait retraite dans l'aube et en silence.

Berthe s'est claquemurée dans son chariot. Elle ne chevauche plus comme si elle ne s'en estimait plus digne.

Droit, solitaire, Charles est roi d'adversité et chacun, effaré et contrit, respecte son isolement. A un puits où l'on abreuve les chevaux, soudain il s'inquiète.

– Où est le comte Roland?

Ganelon s'approche et dit le départ nocturne du paladin. Les yeux de Charles, d'abord empreints de colère, dérivent vers le désarroi.

– Et tu l'as laissé faire?

– J'ai cru qu'il agissait sur ton ordre.

– Prends deux hommes. Pars en avant. Retrouve-le et ramène-le moi.

– Avec ta permission, j'irai seul.

Ganelon enlève son cheval. Dans le malheur du temps il a recouvré l'amitié de son roi. Il galope à grande allure, dévore le vent, s'arrête parfois sur une éminence pour regarder loin devant lui. Déjà, les Pyrénées se profilent.

Puis vient le temps des pierres. Elles jonchent une gorge encaissée que le soleil ne pénètre pas. Force est d'aller au pas. Ganelon, les sens en éveil, a méfiance de tout. Il sait les dangers qu'il affronte, seul, et dont, si malencontre survient, nul, jamais, n'aura connaissance. Il va, attentif, la main à l'épée, l'œil perçant...

Et, tant elle va vite, il ne voit pas arriver la lance javeline qui vient se planter en sifflant, oblique, juste devant son cheval qui se cabre.

Déjà, ils surgissent de chaque rocher, l'arme au poing, Les Basques. Avec, à leur tête, leur chef, Orthez. Il semble bouillir de haine et de mâle rage. Ses yeux foudroient le comte Ganelon.

– Ton roi est un roi félon, jette-t-il d'une voix rauque. Cette nuit, il a fait brûler les remparts de Pampelune. Vous allez tous mourir.

⁂

Le comte Roland est un cavalier de lumière. Il galope avec ses cinq compagnons sur la plaine navarraise, enivré par la poussière blonde qu'il soulève sous les sabots des chevaux. Roland n'est jamais si heureux de vivre que quand il a bien combattu. C'est même liesse qu'avec les filles. Il faut s'y donner à fond. Les a-t-on bien surpris ces traîtres basques, les a-t-on suffisamment occis, cloués aux palissades de bois de leur ville. Comme oiseaux noirs, après quoi, sentinelles muettes, quel beau feu de joie on a allumé aux remparts de Pampelune !

Cette nuit, la petite troupe a fait ripaille d'héroïsme et de barbarie. Elle en revient avec des faces de charbonniers et des mains d'écorcheurs. En la voyant s'avancer à sa rencontre, Charles exulte :

– Roland est sauf !

Ah ! Leurs beaux regards d'amitié quand ils sont face à face ! Roland est expansif comme un brigand de retour de pillerie.

– Je leur ai fait payer leur traîtrise, mon prince !

– A qui ?

– Aux Basques. J'ai brûlé les remparts de Pampelune !

Les traits de Charles se décomposent. De toutes ses forces, il souhaite avoir mal entendu. La détresse se lit dans ses yeux pâles. Ses guerriers sont là, en face de lui, vaillants et bêtes, fiers de leur folle escapade, et du superbe cadeau qu'ils croient lui avoir fait. Ils ont couru mille dangers pour lui plaire. Ils n'attendent plus, pour récompense, qu'un sourire aux lèvres de leur prince. Et à la place, c'est un cri de rage :

– Tu es un impardonnable fou, Roland, jette le roi. Un fou et un assassin. Tu as enfreint mes ordres ! Tu as massacré des innocents ! A présent, les Basques vont vouloir se venger. Ils nous attendront dans les Pyrénées. Tu as mis toute l'armée en péril !

Roland est sans voix. Le ciel vient de lui choir sur la tête. Charles ne le regarde plus. Il s'est tourné vers le comte Olivier. Il lui ordonne de faire route vers les montagnes, sans plus attendre. On mangera à cheval. Nul ne s'éloignera de la colonne. Tous auront l'arme au poing. On coupera au plus court.

– Que Dieu nous garde ! S'il reste une chance de revoir le royaume !

A Roland, Charles, pour le punir, confie l'arrière-garde, la protection des vivres, des armes et du trésor. C'est, en retraite, le poste le plus exposé de l'armée.

– Tu m'as désobéi en Espagne, tu en sortiras le dernier!

Roland, le charbonnier, ne sait pas baisser les yeux. Il ne l'a jamais fait devant personne.

A cheval, il remonte avec ses incendiaires la longue file de l'*ost*. Quand il passe devant le char royal, Hildegarde, émue par son désarroi, lui fait un timide sourire. Un peu plus loin, Berthe, dure comme le granit, salue le paladin à voix forte.

– Merci, Roland, tu as rendu son honneur à mon fils!

Devant, Charles a donné l'ordre d'avancer. Tout en chevauchant, il remâche dans sa tête la colère terrible qui l'agite, et le chagrin immense, et puis, cette interrogation qui le taraude : Ganelon! Ganelon tout seul! Ganelon qui marche dans le territoire des Basques et qui ne sait rien... Ganelon le sage qu'il a envoyé à la mort.

Chapitre 3

RONCEVAUX

Le roi Charles à sa tête, l'*ost* entre dans le défilé de Roncevaux. C'est comme s'il chevauchait dans *La Chanson de Roland.* Elle ne sera écrite que près de trois siècles plus tard et connaîtra de nombreuses versions : la première, française, en l'an mil, l'italo-normande en 1085, la saga germanique de Charlemagne en 1240, sans compter les diverses variantes anglo-angevines, geste francor ou le manuscrit d'Oxford. C'est par cette célèbre chanson que s'ouvre la poésie française.

L'armée avance en silence comme si une fatalité funeste pesait sur elle. Très haut, dans le ciel limpide, un rapace noir dessine des cercles au-dessus des Francs.

Charles est au comble de l'inquiétude.

Il est soucieux de Ganelon et souffre d'avoir éloigné le comte Roland. A trente-six ans, il ne s'est encore pas départi des rituels de l'amitié. C'est la première fois que son compagnon le plus fidèle a outrepassé ses ordres. C'est une entaille profonde dans le code informulé qui règle, depuis vingt ans, les relations de Charles avec ses paladins. Le roi chrétien, l'âme brûlée, fait appel à cet « orgueil inique et aveugle » qui, selon Sartre, caractérise les grands hommes. Il s'est un peu épaissi sur son cheval et, à son front, les couronnes pèsent lourd – surtout l'absente, celle qui lui a échappé à Saragosse. Jamais il n'a éprouvé une telle rancœur.

L'entourage royal est sombre et muet. Olivier monte la garde près de la jeune reine. L'évêque regarde ballotter sur sa poitrine la croix du Christ. Berthe la noire est enfermée dans son chariot, rideaux tirés.

Roland ferme la marche. Il veille avec un visage de marbre sur les viandes, les pains, les armes et les trésors.

⁂

Les Basques, aux crêtes des montagnes, les attendent. Deux d'entre eux ont poussé le comte Ganelon au bord du précipice, les mains liées dans le dos. Orthez se tient debout à ses côtés.

– Regarde, dit-il. Tu vas assister au massacre de tes compagnons !

Ganelon voit étinceler les écailles de la broigne de Charles. Son cœur est transpercé.

– Epargne mon roi ! Je jure devant Dieu qu'il n'a pas ordonné de brûler Pampelune. On lui a désobéi.

– On ne désobéit pas aux rois, répond Orthez, farouche.

Et, à ses hommes, il lance :

– Préparez-vous, vous autres ! Je ne vous pardonnerai aucun survivant !

Ganelon cherche au fond de sa cervelle fertile quel stratagème il pourrait inventer pour sauver Charles. Il lui appartient, corps et âme. Il ne l'a encore jamais ressenti aussi fortement que dans cet instant. Il se tourne vers le chef des Basques. Nulle peur de la mort ne le retient. S'il perd son roi, il n'a plus de raison de vivre.

– Venge-toi de Pampelune si ton honneur le commande, mais sur le coupable et non sur l'innocent. L'innocent, c'est Charles qui a respecté votre pacte. Le coupable c'est le comte Roland.

Ganelon, d'un mouvement de tête, désigne l'arrière-garde de l'armée.

– Charles l'a puni. C'est le chevalier qui ferme la marche. Il a mission de veiller sur ce qui est le plus précieux : l'or, les armes et les nourritures. Tue-le et tu seras vengé et remboursé sans avoir sur les mains le sang du plus haut souverain de la chrétienté.

Orthez, pour la première fois, hésite :

– Et si tu me mentais ?

– Je suis ton prisonnier : tu me ferais couper la langue.

Le Basque est aussi agile à se décider qu'à sauter de rocher en rocher. Il ordonne à ses hommes de mettre un chiffon dans la bouche du Franc et de lui bander les yeux, et il recommande :

– Vous n'attaquerez que sur mon ordre !

***

Miraculeusement, l'*ost* est sorti du défilé.

Charles a immobilisé son étalon noir. Il a mille yeux. Il est dans son royaume.

Hildegarde est descendue de son cheval. Elle est encore légère en dépit de l'enfant qui grandit en elle. Elle s'avance jusqu'à son roi. Elle a belle faveur à lui demander. Laquelle ?

– Sois de nouveau ami avec Roland, mon prince !

L'a-t-elle fait exprès ? Elle n'a pas dit « mon roi », mais « mon prince ». Comme Roland le fait. Charles rechigne.

– Roland a commis faute de soldat. Il est puni en soldat.

– Roland est ton ami, Charles. Il a acheté mon cheval pour toi. S'il ne l'avait pas fait, je serais encore à rentrer les foins à la ferme. Rappelle-le, mon prince !

Elle s'agenouille, ce qui fait fondre le roi et l'apeure. « L'enfant ! » Elle se redresse. Déjà, Charles a appelé Olivier et l'a chargé d'aller quérir Roland.

– Dis-lui que je lui pardonne !

Le géant se sent délivré. Hildegarde a chassé l'angoisse et le remords. Les yeux de la jeune reine brillent de reconnaissance avec cette pointe de désir qui fait chavirer le roi.

***

Turpin, le pieux, accompagne Olivier. Ils remontent, à l'envers, le défilé.

L'ombre commence à tomber des falaises abruptes. La vallée est criblée de gros rochers.

Dès qu'ils voient les premiers chariots, les deux paladins pressent leur monture. Très vite, ils sont à la hauteur de leur pair. Joyeux et volubiles.

– Roland, Charles te pardonne. Reviens avec nous...

Le preux est toujours maculé de noir de fumée sur le visage et les mains. Le cor brille à son cou.

– Non, répond-il. Le roi a dit : tu sortiras le dernier d'Espagne. Je sortirai le dernier.

Turpin lui sourit.

– C'est un ordre du roi justement. Tu ne vas pas lui désobéir deux fois le même jour!

C'est alors que sifflent les premières flèches. Elles font un bruit d'ailes. Quand elles se plantent dans un homme, il pousse un cri terrible qui résonne dans toute la vallée.

Les trois paladins ont levé les yeux : c'est un vol serré de palombes mortelles. Et, des flancs des Pyrénées, surgissent les Basques, poignards levés. Les archers, immobiles, continuent à tirer leurs flèches. Les tueurs, couteau en main, se sont jetés sur les Francs, qu'harcèlent les dards.

Roland, Olivier et Turpin ont glissé au bas de leur cheval et tiré l'épée.

– C'est donc ici, dit l'évêque.

– Ici, quoi ? demande Roland qui se bat déjà avec deux adversaires.

– Que nous avons rendez-vous avec Dieu!

L'évêque a répondu en même temps que de sa main, roide et preste, il a cloué un assaillant contre la montagne.

Partout, c'est l'épouvante et la mort, dans un essaim de flèches. Des blessés courent ensanglantés, les mains désespérément crochées au trait qui les tue. Les esclaves et les bouviers du convoi se battent à coups de pierres ou de fouet. Un solide charretier a empoigné deux Basques et leur martèle la face contre un rocher. Il est poignardé par un troisième. Un bœuf s'est délivré de ses entraves et il charge, droit devant lui, renversant indifféremment les hommes des deux camps.

Turpin, Olivier et Roland sont superbes comme des dieux. Dès qu'ils ont occis un adversaire, on les voit courir au secours des malheureux qui perdent leur sang et appellent. D'en haut, les Basques basculent des pierres énormes qui écrasent les combattants.

Et la chanson de Roland commence :

– Dieu, dit le comte, je ne sais plus que faire !

Et, à Olivier :

– Jamais il ne sera un homme qui te vaille !

Olivier est blessé à mort. Un long javelot traverse son épaule. Il n'y voit plus. Il en arrive, par maladresse d'aveugle, à frapper le heaume aux gemmes serties d'or du comte Roland. Et ce dernier de s'écrier :

– C'est Roland ! Roland qui t'aime tant !

Olivier laisse retomber son bras et s'agenouille.

Une plainte presque douce sort de ses lèvres :

– Nous ne reverrons plus ni nos pères ni nos épouses !

Turpin, blessé de toutes parts, se penche et lui donne l'absolution dans un grand signe de croix.

– *Ego te absolvo...*

Olivier est mort.

Alentour, les cris, les hurlements et les fracas d'épée se multiplient. On dirait que la montagne tout entière vomit des hommes noirs.

– Sonne pour prévenir Charles ! lance l'évêque au paladin.

Roland est aux prises avec trois ennemis. Durendal, son épée lumineuse, fait merveille.

– Tu ne comprends donc pas! Nous sommes l'appât. C'est Charles qu'ils veulent. Si je sonne, il viendra. Il ne faut pas. Je veux que le roi vive!

Roland a prononcé la dernière phrase avec une rage de loup. Il a, déjà, dépêché deux de ses agresseurs et jette insolemment à Turpin :

– Toi, l'évêque, tâche de mourir le dernier pour me donner l'absolution!

Il tue le troisième et, avant un nouvel assaut, se tourne vers le cadavre d'Olivier :

– Ensemble nous fûmes et des ans et des jours. Et tu ne me fis mal et je ne te fis tort. Quand tu es mort, ce m'est douleur de vivre!

Et Roland repart au combat. Noirci de fumée, il les épouvante. Sa célèbre épée taille dans leurs rangs et flamboie. Ici et là, les Basques achèvent les blessés et dépouillent les morts. D'autres ont entrepris de piller les chariots. Les coffres, éventrés, ruissellent d'or.

Dans le ciel éblouissant qui se teinte de pourpre, l'oiseau vorace criaille et se rapproche.

Une pierre frappe avec violence le cou de Roland et lui arrache un long cri d'animal. Le paladin s'adosse à un rocher et clame :

– Durendal! Durendal!

La « geste francor » force le ton :

« Dans la mêlée, il porte plus d'un millier de coups
Charles le dit : il n'épargna personne
Quatre cents morts on trouva près de lui
Les uns blessés, d'autres coupés en deux
Certains d'entre eux avaient perdu leur tête... »

Le cor sautant sur sa poitrine, noyé de sang, Roland reçoit encore une longue estafilade au bras qui manie l'épée. Il crie à nouveau :

– Durendal!

Et frappe, comme un démon!

***

Turpin a une hache de bûcheron plantée dans le dos. Ses yeux se brouillent. Percé de part en part, Roland est allongé près de lui. Il se soulève sur un coude, fait un effort surhumain pour lever le bras et brandir l'épée.

– Ils n'auront pas Durendal !

De tout ce qui lui reste de force, Roland le fidèle abat la lame sur le rocher. Un éclair blanc. La pierre se fend et Durendal y reste plantée à jamais.

D'en haut, un long sifflement aigu éveille les échos de la vallée. C'est le signal de la retraite pour les massacreurs qui viennent de faire ripaille de vies humaines. Croulant sous leur butin, les Basques remontent dans leurs Pyrénées.

L'heure des charognards du ciel est venue.

***

– Otez-lui son bandeau et son bâillon, ordonne Orthez. Qu'il voit ce qu'il est advenu de ses compagnons !

Le comte Ganelon, chancelant, étourdi, penché sur le gouffre a grand mal à recouvrer sa vue normale. Lorsqu'il y parvient, l'horreur absolue lui mord le cœur. Par centaines, les oiseaux de proie battent des ailes sur les cadavres. On dirait qu'ils applaudissent avec leurs ailes sombres.

– Coupez-lui ses liens, ordonne encore Orthez qui voit ses guerriers ployant sous leur prise. Qu'il s'en aille... et après ce qu'il a fait et ce qu'il a vu, qu'il essaie encore de vivre !

Ganelon est supplicié de douleur. L'envie le prend de se jeter dans le vide.

C'est alors qu'il l'entend ! L'olifant ! Le cor de Roland ! Alors, de bel orgueil et de fierté, aussitôt il crie :

– Roland !

⁂

Turpin finit de tracer le signe de la croix sur Roland qui se meurt, l'olifant aux lèvres, puis, frappé du coup dernier d'un archer, il s'écroule, mort, serrant sa croix pectorale dans son poing.

Exsangue, les yeux chavirés, les veines du cou saillantes, Roland souffle son âme par l'olifant...

Il sonne, sonne, sonne...

Et, là-bas, devant, en terre franque, quelqu'un l'entend.

Le roi Charles.

Aussitôt, il a tressailli – et compris :

– Roland!

Sans plus attendre, il tourne bride et, remontant son armée sur toute sa longueur, au grand galop, le roi fonce vers Roncevaux. C'est seulement au détour d'un immense rocher qu'il découvre l'Apocalypse. Le défilé est jonché de cadavres dans les postures les plus cruelles, criblés de flèches, lapidés et nus, dans des flaques de sang. Et, sur eux, les oiseaux immenses.

L'arrivée du cavalier dérange leur festin. Ils s'envolent avec des criailleries pleines de colère. Charles est descendu de cheval. Il marche au milieu des chars dévastés et des caisses béantes. Deux bœufs encore attelés broutent paisiblement près des morts.

Charles voit d'abord Olivier qui n'est plus qu'un buisson de dards et, de mâle rage, il ferme les yeux, puis Turpin, l'évêque, avec la hache dans son dos. Enfin, le dernier rayon du soleil glorieux fait étinceler le rocher devant le roi : c'est Durendal qui y est plantée.

– Roland! crie encore le roi Charles.

Le compagnon des jours anciens, yeux ouverts dans l'au-delà, est allongé sur la terre. D'une main, il tient encore le cor avec lequel il a sonné lorsque les Basques sont partis. Sa gorge n'est plus qu'un trou sanglant. Il a sa moue de jeunesse, moqueuse et ardente, aux lèvres.

Charles s'agenouille.

Les autres paladins, Gilbert en tête, l'ont rejoint. Charles s'est saisi de Roland et il se redresse de toute sa taille immense. Le sang du preux inonde la broigne royale. Charles est très pâle. Des larmes coulent de ses yeux. Il a, en face de lui, deux des plus fiers complices de ses jeux et chasses d'autrefois et, dans ses bras, l'ami entre tous.

– Ami Roland, s'écrie-t-il. Comte capitaine... tu es mort en Espagne et je ne régnerai plus que dans la douleur !

L'olifant poissé de rouge repose sur la poitrine du héros. Charles marche parmi les cadavres.

– Et Ganelon ? demande le comte Roger.

– Ils ont dû le tuer, répond le comte Gilbert. Sinon, il aurait donné l'alarme !

Charles n'est plus qu'avec Roland. Il le serre contre lui. Il lui parle, comme à un vivant, avec des mots qu'on n'entend pas et il affronte, de vive force, un regard d'amitié que le trépas n'a pas encore terni.

« Son corps est beau, dit encore la chanson, mais sa couleur perdue... »

Et Charles de lui dire :

– Jamais je n'aurai jour sans la douleur de toi.

Il l'emporte. Il ordonne que tous les siens soient emportés avec lui, puis ensevelis en terre franque. Force est de disputer leur charogne aux vautours et aux aigles qui sont, alentour, revenus.

En Aquitaine, dans la douceur du soir.

Le ciel est mauve. Les chariots qui restent sont rangés en cercle dans la clairière. Celui du roi campe au beau milieu, portière béante. La nature est insolente de sérénité et de beauté. Les années qui précèdent l'an mil consacrent les épousailles de l'homme avec la forêt, la plaine et les rivières. Le péril est encore partout, mais la partie qui se joue entre les deux adversaires est grandiose. Nul n'a gagné vraiment, ni souhaité, dirait-on, domestiquer l'autre. Il y a querelle et respect à la fois. La race humaine, semblable en tout cela à toutes les autres, vit et meurt au plein air et goûte le prix de chaque arbre, de chaque fleuve ou de chaque bête sauvage. Les rapports avec la terre sont frustres et nobles. Les Francs y enfouissent les morts et plantent sur eux une très longue perche pour éloigner les animaux nécrophages. Autour du camp c'est forêt de pieux farouches.

Charles a tenu à ensevelir son ami lui-même – comme s'il voulait absolument dormir à ses côtés durant cette première nuit au royaume des ombres. En ces temps-là, l'au-delà des Carolingiens est peuplé de représentations tragiques. Des bêtes étranges y viennent dévorer les trépassés, des dragons les tourmentent là par où ils ont péché. Mille douleurs leur sont ainsi infligées. Du soufre, de la poix ardente, du plomb fondu et de la cire vierge leur causent d'atroces souffrances. Charles veut se tenir à proximité de Roland durant ce cruel passage et l'aider à ne point défaillir. Il a éloigné tous ses paladins pour rendre les honneurs funèbres à son ami.

De la tente royale, Hildegarde l'a regardé agir. Quand la perche est plantée profondément et assurée, le roi, d'un bond, saute sur l'étalon noir, le presse entre ses jambes puissantes et l'enlève... La reine le voit piquer droit sur la forêt profonde et s'y enfoncer au grand galop...

***

Devant le roi Charles, les fûts des arbres, hauts comme des piliers de cathédrale et serrés, drus, l'un contre l'autre, forment un monde de nuit que le soleil ne parvient pas à pénétrer.

Le galop! Depuis son enfance dorée au palais de son père, le prince y a toujours cherché refuge. Boire le vent, ne faire qu'un avec son cheval, aller plus vite que les autres cavaliers, c'est mordre l'espoir à belles dents, refuser que la mort dans l'âme ne l'emporte.

Devant Charles, soudain, s'élève une croix immense. Elle est dressée dans une petite clairière, devant le porche d'une chapelle. Est-ce Dieu qui a conduit Charles jusque-là ?

Il se laisse couler au bas de son cheval. En trois enjambées, il est à la porte de la chapelle. Il la pousse et entre dans le silence.

L'intérieur est d'une simplicité violente. Les murs sont nus, la voûte est très basse et il fait très sombre. Le géant, d'instinct, tombe à genoux.

– Pourquoi, mon Dieu, pourquoi ?

La voix frémit à crever le cœur.

– Qu'ai-je fait de mal ? Ai-je péché par orgueil ? Me suis-je cru le maître du monde ? S'il en était ainsi, il fallait me morfondre moi, pas le comte Roland ! Roland n'a jamais voulu faire injustice à personne !

Le roi des Francs apostrophe son Dieu :

– Réponds-moi, Dieu de Clovis ! Dieu de Charles, mon aïeul, Dieu de Pépin, mon père. Réponds-moi ! Réponds !

La chapelle est silencieuse. Et après le troisième cri – qui est presque un blasphème –, une voix répond. C'est celle d'un moine, enfoui dans sa bure, pieds nus dans ses sandales, au visage buriné et aux yeux de lacs, qui s'est avancé sans bruit jusqu'au fils de Pépin.

– Dieu ne répond pas aux rois, seigneur Charles. Ce serait simple. Il se doit tout entier aux déshérités.

Saisi, Charles se retourne.

Il y a du surnaturel dans l'homme qu'il voit à deux pas de lui, et dont le visage sévère semble tout éclairé de l'intérieur comme si son âme irradiait.

– Qui es-tu ?

– Un moine. Un moine qui vient de loin. De la grande île au nord de la Northumbrie. Du pays des Angles.

Le roi s'est levé.

– Que fais-tu ici ?

– Dieu m'avait appelé. Je suis venu. Je ne savais pas que c'était pour rencontrer le plus puissant roi de la terre.

– Le roi le plus malheureux de la terre.

Le moine a un hochement de tête. Un sourire sans espérance s'inscrit sur ses lèvres.

– Le bonheur n'est pas affaire de roi, roi Charles. Ce serait trop simple.

Charles lui demande son nom. Le moine répond : Alcuin d'York. Le roi, pour sa part, s'étonne d'avoir été si vite reconnu.

– Même si tu n'avais pas décliné ton arbre généalogique, roi Charles, j'aurais su qui tu étais : un chrétien qui avait mal à son Dieu.

Alcuin entraîne le roi hors de la chapelle.

Dehors, c'est merveille du soir sur la forêt.

***

Nul ne saura jamais ce que le grand roi et le moine d'York se sont dit lors de cette première rencontre. Eginhard se borne à écrire : « Son maître fut Alcuin, dit Albinus, un diacre saxon originaire de Bretagne (ainsi désignait-on alors l'Angleterre). » On peut tenter de reconstituer la conversation des deux géants – celui de la puissance, celui de la connaissance – durant leur longue déambulation crépusculaire parmi les arbres. Charles n'acceptait pas l'injustice de Dieu envers Roland, mais il concevait clairement qu'elle s'inscrivait dans l'ensemble des malencontres nées de l'expédition espagnole. Tout venait de là. Quelqu'un – Paschalis, le neveu du pape Hadrien, sans doute sous l'emprise de l'impératrice de Byzance – avait, délibérément, trompé le roi des Francs, et, du même coup, trahi le pacte de Quiercy. Charles voulait aller à Rome en demander raison au pape.

– La réponse n'est pas à Rome, seigneur Charles. Elle est en toi.

Le Franc s'entêtait. Il voulait obstinément comprendre. C'était, pour lui, le fondement même de l'action des rois. Alcuin le détrompait avec une grande patience.

– Saint Augustin a dit : « Crois et tu comprendras ! » La foi précède, l'intelligence suit.

– Je suis coupable.

– De quoi ?

– D'avoir laissé périr les meilleurs d'entre les miens ! Tantôt je m'accuse de trop d'orgueil, tantôt d'en avoir manqué.

– Prends la foi pour miroir, roi Charles. Tu es fort, tu es beau, tu es encore jeune. Ce n'est ni parce que tu es lâche ni parce que tu es maladroit que tu as été battu, c'est parce que tu es ignorant des choses essentielles.

– Quelles sont-elles ?

– Apprends et tu le sauras !

Comme c'est difficile d'expliquer le monde visible et invisible à un géant-roi qui a reçu trop de coups après trop de triomphes ! Alcuin est, certes, un puits de savoir et il est épris des âmes fortes. Il répond au roi qu'il lui faut d'abord apprendre chaque chose, toutes choses, et non seulement apprendre, lui, le roi, mais, avec lui, son peuple entier. Si les Francs doivent bâtir l'empire d'Occident il leur faut d'abord la connaissance. Or la connaissance n'est rien sans la foi comme la foi est stérile sans la connaissance. Pour bien défendre l'Eglise de Dieu, chacun doit savoir lire et écrire, édicter les lois et les suivre, être en curiosité et en éveil tous les jours de la vie.

– Et puis, ajoute le moine, ce n'est pas tout d'acquérir et de répandre le savoir. Quand on est roi, il faut aussi se dépouiller, perdre, l'un après l'autre, les êtres et les liens auxquels ont croit tenir plus que tout. On ne règne qu'à force d'être démuni, roi Charles ! Il n'est pas temps de retourner à Rome. Tu as encore un chemin difficile à parcourir.

– Ce sera long ?

– Très long. Si ce n'était pas long, tu ne serais pas roi une fois arrivé au bout.

– Une question encore : pourquoi le Dieu des chrétiens, entre tous les autres, est-il le seul à s'être fait homme ?

– Ecoute ce que dit saint Augustin : « Dieu s'est fait homme pour que l'homme se fasse Dieu ! »

Charles est affamé d'en savoir davantage. Ainsi la réponse de Dieu, au soir d'une si cruelle journée, ce serait ce moine venu du Nord et qui détient tant de secrets comme autant de cierges allumés ? Le roi ne veut pas le laisser repartir.

– Reste avec moi !

Alcuin refuse. Charles en crève de dépit mais, déférent, l'homme de Dieu le calme et le console.

– Dans ton palais, je ne te serais d'aucun secours. Ce que tu as à faire, tu dois le faire seul, sans l'appui de personne et tu dois surtout le taire à tous. C'est le prix à payer.

Charles tente encore de le retenir et, comme Alcuin ne cède pas, il s'enquiert, avidement.

– Je te reverrai ?

Un sourire de douce amitié fleurit aux lèvres du moine.

– Dieu a voulu que nos routes se croisent, seigneur Charles. C'est sans doute que nous avons beaucoup à apprendre l'un de l'autre.

Les deux hommes sont revenus dans la clairière à la croix. Gilbert et Roger sont là. Ils ont retrouvé leur prince. Ils sont silencieux. Charles monte sur l'étalon noir. Comme il va l'enserrer entre ses jambes, il ne résiste pas à la soif de poser une nouvelle question à l'Anglais.

– Qu'est-ce que la foi ?

Le religieux répond d'une voix paisible :

– La certitude des choses ignorées et merveilleuses !

Charles tourne bride.

Avec une brusquerie infinie, la nuit tombe sur la forêt profonde. Au même instant la lumière de Dieu s'allume dans l'âme du roi Charles !

Chapitre 4

ALCUIN

Le deuil des géants est froid comme un glacier. A son retour d'Espagne, Charles s'enferme dans son palais, s'instruit, travaille, surveille l'éducation des enfants qu'Hildegarde lui donne comme des fruits, convoque et ordonne. Il échange de longues et fructueuses correspondances avec Alcuin d'York, « l'homme le plus savant qui fût alors » selon Eginhard. Le roi l'a surnommé, familièrement, Albinus.

On dirait que, depuis les meurtrissures cruelles de Roncevaux et la perte de l'ami entre tous les autres, Charles a eu, enfin, raison de la hâte qui le portait dangereusement à l'action et au combat. Il prend le temps de *se faire roi.* A ses côtés, Nardilus rédige les grandes heures du règne pour transmettre aux Francs de l'avenir la fabuleuse histoire de Charles. L'inspiration lui en est fournie par les *Vies des douze Césars* de Suétone parmi lesquels il a choisi Auguste pour modèle. Les hommes d'exception ne doivent pas connaître de déboires, et, si le sort leur en réserve à leur taille, ils doivent les surmonter. Roncevaux a retenti dans l'Occident chrétien moins fort que dans le cœur de Charles. Le pape, à Rome, en a été informé et sans doute affligé. Un revers du roi qu'il a doublement couronné lui déplaît beaucoup mais le rassure un peu.

Deux ans plus tôt, Hadrien avait pris soin d'écrire à Charles :

« Hâte-toi de nous donner satisfaction et de nous fournir la confirmation de la constance de ton cœur, en ordonnant l'exécution de tout ce que tu nous a promis. Nous avons en toi la plus grande confiance, et nous sommes convaincus que l'amitié qui a été liée entre nous deux dans le palais apostolique conservera toute sa plénitude ! »

Quel a été le rôle exact du pape dans la terrible équipée espagnole ? Son neveu, Paschalis, messager et intermédiaire du malheur, a-t-il agi de sa propre initiative, avec les encouragements d'Irène et l'absolution du Saint-Père, ou bien à l'insu de celui-ci ? Le trépas de Roland, le massacre des meilleurs compagnons, la honte de la première défaite du roi sont-ils dus à la félonie, au calcul ou à l'ignorance ?

Eginhard a-t-il lu à Charles le passage n° 9 où il rapporte ainsi, sans mention du nom de Roncevaux, l'embuscade des Basques :

« Ils avaient pour eux la légèreté de leur armement et la configuration du terrain, tandis que les Francs étaient desservis par leurs armes et leur position en contrebas. Dans ce combat, furent tués le sénéchal, le comte du Palais et Roland, duc de la marche de Bretagne, ainsi que plusieurs autres. Et ce revers ne put être vengé sur-le-champ parce que les ennemis, le coup fait, se dispersèrent si bien que nul ne put savoir en quel coin au monde il eut fallu les chercher. »

On le voit : nulle trace du comte Ganelon qui n'apparaîtra que deux siècles plus tard dans *La Chanson de Roland,* pas un mot sur la coupable agression contre Pampelune. Roncevaux n'a encore ni nom, ni explication dans l'Histoire. Mais, pour Charles, le souvenir est imprimé dans sa chair, comme le pieu planté en terre franque dans laquelle repose Roland.

⁂

Dans les courts répits que lui laissent les Saxons, voisins barbares et tumultueux, anges de pureté devant les sources et les grands arbres, et pour le reste meurtriers comme des loups-cerviers, sans cesse en révolte et en crimes, Charles ne cesse de s'interroger.

Depuis Roncevaux, le malheur l'a adoubé d'un coup, et un voile, devant lui, s'est déchiré. Il n'a plus aucune illusion sur la sincérité des hommes de pouvoir : il en est devenu un. Il sait maintenant que toute ascension se paie d'une plaie ou d'un mensonge et qu'aucun sentiment ne peut être totalement vrai. Il est profondément chrétien, en dépit ou grâce à ses paillardises. Jamais il n'avait pensé que l'ingratitude faisait partie de son apanage. Désormais, il sait qu'il devra vivre avec elle. Il ne voit plus l'humaine condition avec les mêmes yeux. Il a grand mal à la reconnaître telle qu'elle est, dure et immonde parfois, à l'altitude où il s'est hissé. Il cherche le réconfort dans la foi.

« Il ne manquait pas, écrit Eginhard, quand il était bien portant, de se rendre à l'église matin et soir, il y retournait pour l'office de nuit et pour la messe. » Force, pourtant, lui est de constater qu'Alcuin avait bon jugement : le Dieu d'enfance n'est plus là. Depuis que Charles s'est fait roi, Jésus est muet et sourd. C'est le prix à payer.

Fils de Pépin et de Berthe, petit-fils de Charles Martel, le grand Franc allie, naturellement, la foi mystique et le gros et solide bon sens de ses ancêtres. Il n'admet pas l'absence de Dieu dans la partie. C'était si simple avant de tout engager en son nom ! A présent, il faut jouer seul et Charles n'a pas d'adversaire à sa taille, ni d'ami à sa hauteur depuis la mort de Roland.

⁂

Mais il lui est venu un maître du pays des Angles : Alcuin. De son île, le moine multiplie les messages, provoque les interrogations royales et y répond, de façon ingénieuse, par un questionnaire sans égal dans son époque. Un jeu de curiosité intensive et qui s'applique à tout.

– Qu'est-ce que l'écriture ?

– La gardienne de l'Histoire.

Ou encore :

– Qu'est-ce que l'herbe ?

– Le vêtement de la terre.

Une permanente leçon de choses s'établit ainsi par-dessus la Manche.

– Qu'est-ce que la vie ?

– Une jouissance pour les heureux, une douleur pour les misérables.

Avec Albinus tout est aisé, direct et dru, comme le lait bleu du matin. Charles, hors le bain où il passe de longues heures avec ses compagnons, néglige désormais les exercices de plein air pour l'étude. Eginhard observe, avec dévotion, la lente transformation de son maître. « Il apprit le calcul, note-t-il, et s'appliqua, avec attention et sagacité, à étudier le cours des astres. Il s'essaya aussi à écrire et il avait l'habitude de placer, sous les coussins de son lit, des tablettes et des feuillets de parchemin afin de profiter de ses instants de loisir pour s'exercer à tracer des lettres. »

Charles ne devait guère y exceller car Nardulus se montre moins élogieux qu'à l'accoutumée et n'hésite pas à écrire : « Mais il s'y prit trop tard et le résultat fut médiocre. »

***

Parfois, lorsqu'il est endormi auprès d'Hildegarde, le roi s'éveille en sursaut en entendant sonner le cor et, trempé de sueur, se soulève et court à son épée. Sa reine le rassure.

– Ce n'est rien, c'est ton fils, Charles!

Les enfants princiers sont au nombre de cinq. Charles,

l'aîné, suivi de Pépin, de Rotrude, de Louis et de Berthe. Ils jouent dans la cour du château et il arrive à Charles le jeune de s'emparer de l'olifant du paladin pour rassembler ses frères et sœurs à la parade. Il les présente à Roger et à Gilbert qui ont, lorsqu'ils ne sont pas aux frontières, mission de veiller sur leur éducation.

– Je suis le prince Charles. Voici le comte Pépin, la comtesse Rotrude, le comte Louis, et Berthe qui n'est pas encore titrée parce qu'elle n'a que trois ans.

L'aîné se sait promis au trône des Francs, Pépin aura la Lombardie et Louis l'Aquitaine. Ils ont des royaumes comme on a des jouets, mais c'est avec une infinie gravité.

Parfois, quelqu'un les regarde avec une attention presque inconvenante. C'est un jeune homme à présent. C'est Pépin, l'autre, *le vrai*, celui qu'Himiltrude la réprouvée a donné naguère au roi Charles. Pépin grandit dans la chaleur des cuisines avec sa bosse dans le dos et au milieu des volailles.

***

Dans la grande salle du château, le parchemin du partage entre Charles et son frère Caroloman n'a jamais quitté le mur. Il exerce sur le roi une fascination étrange. Le roi ne cesse, lorsqu'il passe devant, de le regarder. Outre les terres d'héritage, il montre le reste de l'Occident connu. Charles a décidé que son destin ne serait pas accompli tant qu'il n'aurait pas rassemblé tous les peuples qui y figurent, soumis à la même loi et adorant le même Dieu. Ce vaste continent l'obsède. Il lui arrive d'interroger Nardulus à son propos :

– Cette terre à l'Orient de la nôtre et la nôtre ensemble, comment as-tu dit que les Anciens les appelaient ?

– *Europa*, mon prince.

– Elle est immense. Elle n'a pas de fin. Il faut que tous les hommes qui y vivent soient unis dans le Christ. Que ce ne soient plus des gentils, ni des Juifs, ni des barbares, ni des Scythes, ni des Aquitains ou des Lombards, ni des Burgondes ou des Alamans. Un seul peuple chrétien dans lequel toutes les races et toutes les nations doivent fusionner. Des hommes, unis sous l'autorité d'un roi sage!

Eginhard écoute et s'étonne. Son roi lui montre la nouvelle version de la Bible qu'Alcuin vient de lui faire parvenir après l'avoir, de sa main, rédigée en langue vernaculaire afin qu'elle puisse être en usage en différentes langues dans les couvents d'Europe.

– J'ai demandé, commente Charles, qu'on invente une écriture minuscule pour répandre le Livre. Note, lorsque nous l'aurons, d'en envoyer à Magnus, archevêque de Sens, Magenard, archevêque de Rouen, Arnon, archevêque de Salzbourg, Théodulfe, évêque d'Orléans, Fulbert, abbé de Saint-Denis, Etienne, comte de Paris. Et à tous mes *missi dominici* rappelle qu'ils ont droit, chaque fois qu'ils prennent les grands chemins...

La mémoire du roi est prodigieuse. On dirait que les mots et les chiffres y sont rangés sur des étagères et qu'il n'a qu'à tendre la main pour les saisir. Chaque disposition qu'il prend est d'une précision absolue. A ceux qu'il mande à son service il ordonne :

– Vous devrez emporter quarante pains, trois agneaux, trois mesures de cervoise, un cochon de lait, trois poulets, quinze œufs et quatre boisseaux d'avoine pour les chevaux...

Parfois, quand il apprend le malheur des plus humbles de ses sujets, il entre dans de brèves et violentes colères :

– Je veux que personne dans mon royaume ne refuse l'hospitalité, ni aux riches, ni aux pauvres, ni aux étrangers. On doit à celui qui frappe à la porte le toit, le feu et l'eau.

***

L'école! Tous les livres scolaires des jeunes Français s'enorgueillissent de la visite de Charles aux écoliers francs. L'école du palais se tient dans la bibliothèque, tapissée de livres, qu'on a partagée en deux. D'un côté, une chapelle avec le prie-Dieu du roi, de l'autre une salle dans laquelle des enfants travaillent sous la surveillance d'un maître. Les fils des nobles occupent les travées de senestre, les fils de paysans sont à dextre. Le questionnaire d'Alcuin fait partie de l'enseignement qui est prodigué.

– Qu'est-ce que la parole ?

– L'interprète de l'âme.

– Qu'est-ce que la mort ?

– Un événement inévitable, un voyage incertain, un sujet de pleurs pour les vivants.

– Qu'est-ce que l'homme ?

– L'esclave de la mort, un voyageur passager, un hôte dans sa demeure.

La légende veut que, lorsque Charles, certain jour, entra, sans crier gare, dans la salle de classe, le maître demandait :

– Qu'est-ce que l'amitié ?

Comme l'écolier, sans doute, impressionné par la vue du géant couronné demeurait muet, Charles avait répondu à sa place :

– La similitude des âmes.

Et ajouté, à la surprise de tous ceux qui étaient là :

– Chez nous, les Francs, l'amitié se dit aussi Roland, le comte Roland, qui est mort à Roncevaux.

Les chroniques, en tout cas, rapportent que le roi s'est mis fort en colère et a tonné contre les enfants de ses feudataires et contre sa propre marmaille qu'il a accusée de donner l'exemple de l'inconduite et de l'ignorance, alors qu'ils sont tous les fils des « principaux de la nation » :

– Corrigez-vous tout de suite, sinon sachez que je ne ferai plus cas de votre naissance et de votre beauté ! Je vous le dis aujourd'hui : vous n'obtiendrez jamais plus rien de Charles !

Après quoi, il a complimenté les fils de ses paysans :

– De vous, je suis satisfait. Vous avez peu de temps et peu de ressources et vous le compensez par votre ardeur à l'étude. Sachez que je vous tiens pour *gens considérables.*

⁂

Enfin, quand il estime que le temps a pansé les blessures entre le royaume franc et l'évêque de Rome, Charles décide de remettre en vigueur le pacte de Quiercy et il envoie Eginhard auprès d'Hadrien. L'ambassadeur devra se présenter au nom de son maître, « votre fils Charles et votre fille, notre maîtresse Hildegarde, les fils et les filles de notre maître et, en même temps, toute sa maison ». Suit une longue énumération de prêtres, évêques et abbés qui s'achève par « tout le peuple des Francs dans son universalité ».

Le long hiver du géant prend fin. Il est grand temps, après tant d'années et tant d'efforts, de reprendre en mains, avec plus de connaissance et de sûreté, le destin de la Cité des hommes.

– Dieu m'est témoin, dit-il, que j'attache autant d'importance et mets autant d'acharnement à l'entretien de mes royaumes qu'à mes fermes et à mes enfants et accorde autant de temps aux enfants des autres qu'à mes chevaux. Que faut-il de plus, Nardulus ?

– La patience, mon prince.

– Voici dix ans que j'en mange de la patience ! C'est une farine beaucoup plus indigeste que celle du blé ! Sais-tu ce que je vais faire pour les Francs ? A travers mes deux fils aînés ? Je vais obtenir pour eux ce que mon père, Pépin, n'a pu faire pour mon frère et pour moi : les faire sacrer rois par le pontife de Rome. Au nom de la chrétienté tout entière ! Et tu sais pourquoi ?

Eginhard, tant l'esprit du roi fonctionne avec vélocité, a grande peine à le suivre. Charles lui explique alors ce qu'il a appris et ce qu'il pressent. Il est certes l'homme le mieux informé de son époque. Il sait presque tout sur tout. Didier, l'ancien roi des Lombards qu'il a fait enfermer dans un couvent d'Italie, intrigue de sa cellule de moine, afin de faire couronner rois des Francs les deux fils de sa fille Gerberge, veuve de Caroloman. On laisse entendre qu'Hadrien n'y serait pas hostile. Au fond Charles s'est peut-être trop fait oublier dans sa prière et ses studieuses journées. Il décide de réagir.

« Votre fils, précise encore l'instruction royale destinée à être développée devant le pontife, c'est-à-dire notre maître, nous a envoyé à vous parce que, grâce à Dieu, vos saintes prières ont apporté à lui, à votre fille, son épouse, à la progéniture donnée par Dieu à notre maître... »

– Eh bien! conclut le roi. A cette progéniture donnée par Dieu, il faut offrir sans plus tarder deux couronnes. Une pour chacun de mes fils. Il y va de la sécurité et de la grandeur des Francs!

***

« Quand on touche à Constantinople, le monde frémit de la tête aux pieds » écrivait Léon Bloy qui voyait, dans la ville du premier empereur chrétien de l'Est, « une magnifique prostituée de l'Orient et de l'Occident » et parlait de la honte indicible de l'Europe à l'idée que « la vermine de Mahomet soit toujours sur les parties sexuelles du monde civilisé ».

Dans cette seconde partie du VIIIe siècle la ville reine est encore dévastée par des séismes fréquents et vit dans le souvenir de la terrible peste de 747. Elle est enclose dans un rempart et on y pénètre par dix portes dont la plus majestueuse est la porte dorée, ornée de scènes mythologiques.

Lorsque Paschalis la franchit, il éprouve le même sentiment de terreur émerveillée que lors de ses précédentes visites. Irène l'ensorcelle et l'épouvante tout à la fois. Il sait désormais que le roi Charles sera toujours son ennemi et l'annonce par Eginhard de sa prochaine venue à Rome a jeté le neveu du pape sur les chemins d'Orient.

L'impératrice est allongée dans son sofa. Elle paraît toujours à demi-nue sans qu'on puisse savoir si le trouble des yeux est dû à la façon savante qu'a Irène de révéler ou dissimuler trop tard des courbes exaltantes et des coins d'ombre, ou à la soif d'elle qui prend le visiteur lorsqu'il franchit le seuil de sa chambre. D'entrée de jeu, elle désarçonne le Romain.

– Charles s'est réveillé, c'est ça ?

– Il a annoncé son arrivée à Rome.

– Tu aurais dû l'attendre, lui couper la tête et me la ramener piquée d'aromates : je t'aurais ouvert mon lit.

Comme Paschalis frissonne, elle ajoute, avec son sourire d'odalisque :

– Après, je t'aurais fait trancher la tête pour avoir manqué de respect à l'impératrice effondrée de douleur après la mort du *basileus*. Cela aura été si rapide, si affreux ! Cette couronne votive qui pendait dans la nef de Sainte-Sophie, il n'y tenait plus. Il a fallu qu'il la touche, qu'il la pose sur sa tête, et, aussitôt, le mal l'a pris. Le charbon. Il a rendu l'âme dans des souffrances atroces. Je suis régente.

Déjà, elle a oublié le trépas. Sa narine frémit. C'est le présent et l'avenir qui allument la fièvre dans ses yeux. Elle veut tout savoir de l'Occident. Et Paschalis raconte la lente maturation de Charles, sans rien dire, dans la prière et dans l'étude.

– Le guerrier s'est fait légiste. Il a publié un capitulaire à Herstal qu'il proclame l'acte le plus important de son règne. L'ogre s'est mis en tête de commander aux princes comme aux monnaies. Il a fait des fils à la Souabe et il conduit deux d'entre eux au Saint-Père pour qu'il les sacre rois de Lombardie et d'Aquitaine.

– Jamais Hadrien ne consentira, réplique Irène. Il ne tolérera pas que la chrétienté devienne un jardin d'enfants ! Que Rome se méfie ! Il y a cinq siècles, la ville comptait à peine trente mille chrétiens et son évêque n'occupait que le cinquième rang dans la hiérarchie catholique. Rome ne subsiste que grâce au sépulcre de l'apôtre Pierre. Hadrien continue de faire son devoir de pape qui consiste à opposer toujours les Francs à Byzance pour la plus grande gloire de Rome!

– La Cité de Dieu doit primer sur la Cité des hommes, répond le Romain.

Irène s'irrite d'avantage :

– Saint Augustin est mort depuis longtemps, Paschalis. Charles, lui, est bien vivant. Depuis l'Espagne, il a grandi dans l'ombre et vous ne vous en êtes pas inquiété parce que vous ne l'entendiez pas respirer. Il est aujourd'hui beaucoup plus dangereux que jamais et ce n'est pas Hadrien, qui lui doit son trône, qui l'arrêtera.

L'impératrice a bougé, imperceptiblement, mais avec tant d'art et de volupté que Paschalis a senti ses sens dans son corps.

– Ici, poursuit-elle, mon fils Constantin et moi devons déjouer sans cesse les intrigues des eunuques et les manœuvres, de plus en plus féroces, des iconoclastes. Je ne peux avoir confiance en personne. Et Rome est impuissante à me venir en aide. Retourne voir le pape, dis-lui que je m'apprête à réunir un concile à Nicée, que j'ai besoin de paix sur mes territoires, en Sicile et en Italie du Sud autant qu'à Constantinople. Je crois que vous vous trompez tous sur Charles. Il aura raison de chacun de vous. Il finira par vaincre les Saxons et imposer sa loi à la Bavière. Je ne vois qu'un moyen d'avoir barre sur lui.

– Lequel ?

La chambre semble plus intime soudain et l'odeur des brûle-parfum plus entêtante :

– Je suis jeune encore, dit Irène. Et je suis libre. Je peux contracter mariage. Que Charles répudie sa Souabe. Il n'en est plus à une reine près. Mon peuple se défie de moi parce que je suis une femme. Il me réclame un empereur homme qui soit aussi un général. Il est tout trouvé : c'est Charles.

Paschalis a changé de visage. Le dépit et une sourde jalousie l'ont défait.

– Et l'avenir de la chrétienté?

– Il se fera dans mon lit et l'enfant que nous aurons ensemble régnera sur tous les hommes de Dieu!

– Et le vôtre de fils?

Les yeux d'Irène se font noirs et sa voix cruelle.

– Je lui ferai crever les yeux s'il le faut. Ainsi, il ne pourra pas régner!

***

Au temps de Charles, le jeu de la chrétienté se joue sur trois amphithéâtres distincts, reliés par des liens ténus et violents, souvent secrets et qui sont, géographiquement, très éloignés les uns des autres : Saint-Denis, Byzance et Rome. Ce qui bouge ici a sa réplique immédiate là-bas.

La basilique du Latran, paroisse du pape, est livrée, dans sa partie basse, aux artistes. Ils travaillent, avec une célérité visible, à la finition de la mosaïque, superbement colorée, où l'on voit le premier pontife, Pierre, flanqué d'un côté de son successeur Sylvestre, de l'autre du premier empereur chrétien Constantin. C'est la représentation directe de la fondation, sur terre, de la Cité de Dieu et de la Cité des hommes.

Hadrien, accompagné de Campulus et du cardinal Vitale, est venu contempler le chef-d'œuvre. L'annonce de l'arrivée du double roi l'agace et le satisfait à la fois. Il en va toujours ainsi avec les Francs, fidèles en amitié et détestables voisins.

– Si Charles vient, je le recevrai devant cette mosaïque, annonce-t-il. Elle sera ma réponse.

Le vieux cardinal hoche sa tête vénérable.

– Hélas, il ne s'en contentera pas!

Pour le coup, le pape explose :

– Eh! Qu'a-t-il fait depuis dix ans? Rien! Sinon des enfants comme un paysan souabe. On me dit aussi qu'il pleure son paladin mort en Espagne. Comment se nommait-il déjà?

– Roland. Le comte Roland.

L'œil aigu d'Hadrien s'est arrêté sur un détail de l'œuvre qui s'achève devant lui.

– Je veux que Pierre soit plus grand que les deux autres. Veillez-y... Je veux aussi que Sylvestre dépasse Constantin. C'est important... Et ne me dites pas qu'il en était autrement dans leurs corps... L'Eglise se nourrit de symboles ! Elle laisse le concret aux païens ! Suivez-moi !

D'un pas étonnamment alerte, Hadrien regagne ses appartements. Au fond de lui, sa décision est prise. Il ne croit pas nécessaire de la faire connaître à ses familiers : il accédera à la demande de Charles. Pourquoi se défierait-il de lui ? Charles ne lui masque rien. Il n'en est pas de même des siens. Que fait, au juste, Paschalis à Byzance ? Dit-il la messe de Rome ou la sienne ? Et à Rome même, sur qui s'appuyer avec la certitude de n'être pas dupe et trahi ? Personne. Le vicaire de Dieu sur la terre, comme Irène dans son palais d'odeurs, comme Charles en route pour rejoindre le pontife, éprouve soudain la solitude sans pardon des grands de l'univers.

***

L'or et le cristal de l'autel brillent à la lueur vacillante des cierges et se reflètent dans la prunelle des deux jeunes princes, vêtus de tuniques brodées d'or et agenouillés sur leurs coussins de satin rose. Le double sacre commence. Pépin et Louis frissonnent de bonheur.

C'est le moine, Léon, apparemment hissé dans la hiérarchie romaine, qui tend les saintes huiles au cardinal Vitale lequel, avec onction, les remet à Hadrien. Celui-ci avance vers les deux enfants. Louis, des deux, est le plus ému.

– Pépin, par la grâce de Dieu, je te sacre roi des Lombards. Louis, par la grâce de Dieu, je te sacre roi d'Aquitaine.

Pour Charles c'est comme si les années enfuies revenaient au grand galop. Il se revoit, pareillement à genoux, devant le vieux pape Etienne, près de Caroloman, se faisant oindre sous le regard de Pépin et de Berthe. La vie s'écoulait alors, tranquille, à l'abri du pacte de Quiercy.

Seule survivante, avec lui, de cette scène édifiante, la reine Berthe, toujours statue de deuil, se tient à sa gauche avec le jeune Charles dont le regard brille de fierté. Il sait, lui, qu'il sera roi des Francs.

Hildegarde est rose d'amour maternel. Elle dit, bas, à l'oreille de Charles :

– Le roi d'Aquitaine pleure !

***

La cérémonie faite, restent les affaires. Paschalis est rentré de Constantinople, et il a, depuis, longuement conféré avec son oncle. Il lui a rendu compte de son ambassade mais il a réservé au cardinal Vitale la nouvelle de l'incroyable proposition de l'impératrice. Vitale a mission de la transmettre à Charles, Paschalis, depuis la mésaventure espagnole, ayant perdu tout crédit auprès du roi.

Charles suit le pape. Hadrien n'a pas voulu engager de dialogue sur le fond avant d'avoir conduit son hôte devant la mosaïque.

– Quel deuil pour la chrétienté, observe-t-il, que Constantin ne soit pas mort juste l'instant d'après celui où il s'est converti à notre sainte religion ! Il aurait été un empereur au règne bref, mais parfait. Après, il a multiplié les erreurs. Dont celle de donner son nom à une ville cosmopolite et d'en faire la Rome de l'Orient.

Charles est satisfait du couronnement de ses fils. Il a pris de l'âge et discipline mieux ses mouvements intérieurs. Il rit :

– C'est ainsi que tu apprécies les rois ? Quand ils sont morts ?

Hadrien ressasse son mécontentement. Il accuse

Constantin, né dans l'Est lointain, d'avoir voulu privilégier son pays de naissance et d'être ainsi le responsable de la division et du partage de la Cité de Dieu. D'un côté, les Grecs, de l'autre, les Latins.

– Tu le vois, là, Constantin ? demande Hadrien. Regarde l'homme, regarde-le bien. Dans nos archives, nous avons découvert un document précieux, signé de lui, par lequel il donne à la papauté toute l'Italie et l'Occident entier. C'est irrévocable.

L'œil de Charles étincelle.

– Tout l'Occident ?

– Tout l'Occident.

Le Franc aimerait beaucoup lire ce texte, qui livre l'avenir de la chrétienté de l'Ouest aux seules mains du pape qui lui fait face.

– Le document est en sûreté, mon fils, dit Hadrien. Il se trouve dans le tombeau de l'apôtre Pierre, exactement sous ses pieds. J'y ai fait mettre, aussi, le pacte de Quiercy et la donation concédée, à cette occasion, par ton père Pépin, des provinces romaines à Etienne II. Pierre mort répond des serments de tous.

Charles écoute, subjugué. Jamais encore il n'avait de si près approché les grands de ce monde et frôlé, à s'y brûler, leurs manigances et leurs sortilèges. Hadrien est, de naissance, habile à deviner les sentiments des hommes sincères. Il lit en Charles comme en un livre ouvert. Un sourire, vite évaporé, passe sur ses lèvres.

– Charles, demande le pape, pourquoi, depuis ce matin, ne m'as-tu pas demandé pourquoi j'ai si facilement accepté de couronner tes deux fils presque à la mamelle ?

Charles n'ose pas lui répondre : « J'ai pensé au remords. » D'ailleurs, le pape le précède :

– Ne me dis tout de même pas que tu m'as cru capable de remords ?... Pour Roncevaux.

Le fils de Berthe aux Grands Pieds n'en croit pas ses oreilles. Le palais du Latran résonne de paroles comme il n'en a jamais entendues, et il n'est pas encore au bout de ses surprises.

Hadrien durcit soudain sa voix :

– Ne cherche pas, roi Charles. J'ai donné l'onction et la couronne à tes deux marmots parce que j'ai besoin de ton épée.

Charles le regarde. Sans nulle colère, sans le moindre reproche.

– Mon épée est à toi, dit-il, puisqu'elle est à Dieu. A qui me demandes-tu de faire la guerre ?

La réponse claque comme un coup de fouet.

– A Widukind, roi des Saxons.

Chapitre 5

WIDUKIND

Caroloman, le frère de Pépin le Bref, s'était, un long temps, retiré à Rome. « Il y avait pris l'habit religieux et avait construit au mont Soracte, près de l'église Saint-Sylvestre, un monastère, dominant la vallée du Tibre, où, en compagnie des frères venus à sa suite, il avait joui durant quelques années de la vie contemplative et du repos souhaité. » C'est ce que disaient, du moins, les Annales royales où la noirceur des âmes ne s'étalait jamais, sauf lorsqu'il s'agissait des ennemis des Francs.

En quittant la Ville éternelle, Eginhard n'avait pas manqué de le rappeler à son roi qui se montrait pensif et visiblement tourmenté.

***

Ce n'était pas seulement à cause de l'expédition qu'il avait juré d'entreprendre contre les Saxons. Il l'appréhendait, certes, mais elle le préoccupait moins que l'entrevue de dernière heure qu'il avait eue avec le cardinal Vitale. Celui-ci semblait avoir rassemblé sur sa précieuse et opulente personne toutes les intentions de Rome. La tromperie sortait de lui comme une mauvaise sueur. C'est avec onction et force sourires qu'il avait transmis à Charles la proposition saugrenue de l'impératrice de Byzance.

Comme beaucoup de menteurs, il avait commencé sa phrase par :

– Pour vous parler franchement, Son Eminence le cardinal Paschalis m'a assuré que l'impératrice tenait beaucoup à vous rencontrer. Elle a une grande admiration pour votre personne. Et elle souhaite s'assurer qu'il en est de même de votre côté.

Charles s'était montré abrupt.

– Le mariage, c'est ça ? Comment est-elle physiquement ?

Le prélat avait sorti une petite mosaïque savamment impudique et qu'on ne se serait pas attendu à trouver dans sa main grasse. Les sens du roi s'étaient aussitôt embrasés, mais il les avait vite maîtrisés.

– C'est non, avait-il répondu. J'aime ma reine et je me défie de votre cardinal.

***

Chevauchant parmi ses paladins et entouré de ses fils rois ou destinés à l'être, Charles *sait* comme une bête des grandes forêts impénétrables que les nuées noires s'amoncellent dans le ciel invisible. Il aurait préféré ne pas avoir à redouter la perfidie byzantine au moment où il lui fallait, à nouveau, affronter les redoutables Saxons. Les empoignades avec eux avaient été nombreuses et atroces. Eginhard l'avait noté sur ses tablettes. « Il est difficile de dire combien de fois, vaincus et suppliants, ils se rendirent au roi, combien de fois ils promirent de faire ce qu'on exigeait d'eux, combien de fois ils livrèrent sans délai les otages qu'on leur réclamait, combien d'ambassades ils reçurent, domptés à de certains moments et assez affaiblis pour se déclarer prêts à abandonner le culte des démons et à se soumettre à la religion chrétienne. »

Charles éprouve à l'égard des Saxons une fascination qu'il ne parvient pas à dominer. Chacune de leurs malfaisances le touche au cœur, et lorsqu'il donne ordre à ses troupes de se livrer chez eux à des représailles, il doit se faire forte violence. De retour dans son palais, il interroge Gilbert et Roger, ses deux paladins qui en reviennent. Les réponses sont désolantes. Dix villages ont été saccagés par les païens, des habitants torturés et tués. On semble mettre un zèle particulier à tourmenter les moines, surtout ceux qui enseignent aux enfants. Widukind, le chef, dit qu'il « arrache les orties » sur la prairie des dieux que sont les sources et les arbres.

Widukind! La phrase prononcée à Rome par Hadrien résonne dans la tête de Charles :

– Trouve-le. Fais-lui accepter le baptême. Pour lui et pour son peuple. N'oublie pas saint Augustin : « Où Dieu n'est pas, le monde n'est pas! » Un roi chrétien ne peut régner sur des païens!

Dans la sûreté de son palais, les pieds plantés dans le sol franc, entouré des siens, Charles retrouve, d'instinct, ses certitudes. Et ses doutes. La croisade contre les Saxons, ordonnée par le pape au nom du pacte de Quiercy, est peut-être la preuve de la confiance de Rome. Elle peut aussi, comme pour l'Espagne, cacher un piège. Cette fois, le roi veut se donner les moyens de vaincre et il rassemble toute son armée. Il fait, aussi, appel à ses alliés.

– Va à Ratisbonne, ordonne-t-il à Roger. Dis à mon ex-beau-frère, le duc Tassilon, prince chrétien de Bavière, de me rejoindre à Erisburg d'où nous marcherons ensemble sur Widukind.

***

Comme à Saint-Denis lors de la mort de Pépin, Tassilon n'est pas venu. Charles, furieux, sent de nouveau se lever le destin contraire.

Il chevauche seul, cliquetant des écailles de fer de sa broigne, le cor de Roland à son cou. Derrière lui, à distance respectueuse, mais déjà prête à intervenir, sa garde royale avec ses étendards. Devant, la longue plaine grise sous un ciel sans lumière, une nature sauvage et hostile. Et le hurlement de loup du mauvais vent du nord.

Nul, pas même Eginhard qui trotte auprès d'Hildebald, l'évêque remplaçant de Turpin occis à Roncevaux, ne sait quelles pensées tourbillonnent dans le crâne du grand roi. Charles est mutisme et ténèbres. Combien de fois, dans ces moments de détresse errante, alors qu'il avance dans l'inconnu, le petit-fils de Charles Martel, le fils de Berthe et de Pépin, l'enfant devenu patrice de Rome, a-t-il guetté, espéré, et réclamé un geste ou un mot de Dieu! Le cul sur le cheval, avec aux mains tous les instruments de la mort, Charles, lancé dans la chasse au gibier humain, n'est plus qu'interrogation cruxifiante.

– Pourquoi, mon Dieu? Pourquoi? Qu'ai-je fait pour que tu m'imposes l'épreuve du sang? Je suis ton fils obéissant. Je vais où tu m'ordonnes d'aller. J'y exécute ta volonté. Pourquoi t'obstines-tu à ne jamais me répondre? Parce que je suis roi? Roi de qui? Roi de quoi? Il n'y a d'autre roi que Toi!

C'est le vent qui couvre la voix de Jésus. Jésus est muet.

A une halte, devant une maison brûlée, un vieux soldat franc surgit d'entre les arbres. Déjà, Charles a tiré son épée et sa garde s'est avancée. L'homme s'est jeté à genoux et a prononcé le mot: « sire ».

– Sois le bienvenu, Charles, en Germanie! J'ai servi sous ton grand-père, j'ai survécu sous ton père: je suis prêt à mourir pour toi.

Le roi interroge, le vétéran répond. Non, il n'a pas rencontré de Saxons. Dans son langage robuste et imagé, il raconte et s'étonne:

– A croire qu'ils sont invisibles! Au grand jour, tu te crois roi. La Germanie t'appartient. La nuit tombe et te voilà captif. Les ténèbres deviennent une cage. Les Saxons sont là, c'est sûr. Ils te regardent dormir et, si le caprice les prend, ils te tranchent la gorge. Tu vois cette fumée là-bas? C'est Fulda.

L'homme s'est repris, puriste soudain:

– *C'était* Fulda ! Widukind l'a fait brûler cette nuit, avec tous les moines qui étaient dedans !...

Un cri, un sanglot mordu de douleur. C'est Eginhard qui a reçu la nouvelle comme un coup de poignard. Il se souvient. C'est de là, avec la bénédiction de Baugolf, le père abbé, qu'il est mis en route pour Saint-Denis et la cour du roi Pépin.

– Baugolf ? Widukind l'a tué le dernier, de ses mains, après qu'il eut assisté au supplice de tous les autres !

Les yeux de Charles étincellent. Il s'est redressé. Il est, d'un coup, redevenu sa propre statue de fer. Il se tourne vers Hildebald.

– Tu vois, évêque, qu'il faut apprendre à lire aux enfants et couper la tête de leurs pères !

Il lance son cheval en avant.

Vers la fumée.

Les autres le suivent.

***

Des palissades noircies et des maisons de bois brûlées. Au centre, une église de rondins qui finit de se consumer. L'odeur est atroce : du suif humain. De ci, de là, des corps mutilés, éventrés, dépecés jusqu'à l'os.

Droit sur sa monture, Charles ne dit rien. Il attend le retour de Roger et, dès qu'il le voit, l'interroge :

– L'abbé ?

– Ils l'ont cloué sur la croix à l'intérieur de la nef.

Une douleur inexprimable passe dans les yeux pâles de Charles. Il descend de sa monture. Il a grossi. Ses mouvements sont moins prestes mais toujours d'une extrême souplesse. Il entre dans l'église. On aperçoit le ciel à travers les poutres carbonisées. Il voit le supplicié, nu comme un Christ. Jamais il n'aurait pensé que le corps pouvait autant tirer sur les clous des mains et tendre les bras à les arracher. Le roi ordonne à l'évêque de revêtir ses habits de cérémonie et de dire la messe de consécration de la nef à ciel ouvert. Hildegarde se tient droite auprès de lui. Son mérite est grand car elle est en attente d'enfant et son gros ventre la travaille.

Le saint sacrifice une fois consommé, Hildebald s'incline devant le roi :

– La Saxe est redevenue chrétienne, Sire.

– Non, répond Charles. Elle ne le sera que lorsque Widukind lui-même sera devenu chrétien.

Et il ordonne, ce qui met l'épouvante dans le cœur de l'évêque :

– Tu restes ici. Tu es la présence de Dieu. Chaque matin, tu célébreras une messe à la gloire de Jésus. Ne crains rien : je te laisserai une garnison. Je pars. Je ramènerai Widukind ici. Il se repentira de ses crimes. Et tu lui donneras la communion. C'est ma volonté royale.

⁂

Et la poursuite reprend.

Qu'elle est belle, la Saxe sous le soleil!

Tout est verdure et calme. On ne voit âme qui vive. Ce n'est qu'une immense prairie verte, coupée de forêts profondes. Charles chevauche en tête. Roger est à ses côtés, ainsi que ses fils, bons cavaliers déjà, petits rois guerriers, l'épée au flanc. Les filles vont derrière, escortées de gardes du corps, armés de pied en cap. Dans le char royal : Hildegarde. Et, dans un autre char, le visage en deuil définitif, Berthe aux Grands Pieds.

Eginhard, silencieux, la mine défaite, est à la hauteur de son roi. Sans le regarder, Charles lui dit, en confidence :

– Je vengerai ton curé et ses moines, Nardulus. Même si pour ça je dois aller jusqu'au bout du monde habité. Jusqu'à ce que je rencontre Widukind.

Une fois encore, il lui faut tout entreprendre seul. Tassilon n'est pas venu au rendez-vous. On le dit soucieux de ne point déplaire à sa femme auprès de qui a trouvé refuge la veuve de Caroloman. La duchesse hait Charles et sa vindicte conforte la rouerie du duc, bien décidé à ne rien faire, jamais, qui puisse servir les intérêts du roi des Francs. Il aime trop la Bavière pour pouvoir supporter le triomphe de son puissant et belliqueux voisin.

***

Rien ne ressemble plus à une exploitation agricole franque qu'une exploitation agricole germaine, et rien ne ressemble plus à un paysan du Soissonnais qu'un paysan de Saxe. Les pieds dans la terre, l'outil en main, les hommes sont les mêmes.

Assis sous les pommiers, n'en croyant pas ses yeux, Charles goûte à la douceur du soir. C'est la première fois, depuis que l'*ost* s'est mis en marche, qu'on a humé une fumée qui ne soit pas celle d'un incendie. La ferme est intacte, cachée au fond d'un vallon, loin des grands chemins, et le hasard seul y a guidé les guerriers francs. On y a dressé le camp pour la nuit.

Le propriétaire saxon, un homme encore jeune mais que l'excès de labeur a racorni avant l'âge, est familier du malheur. Sans doute, averti comme les autres de l'arrivée des étrangers maudits, a-t-il éloigné et caché sa famille et a-t-il résolu de rester, seul, sur son domaine. Le voilà envahi d'ennemis, bruissants comme des milliers de guêpes hérissées de dards. Qu'importe! Saxon, il croit aux dieux des arbres et des sources et la mort ne semble pas lui faire peur.

– Regarde-le, dit Charles à Eginhard. Il a la plus grande armée d'Occident dans son verger et il continue de soigner ses pommiers.

Nardulus ne cache pas son inquiétude. Pour lui tout Saxon est un fourbe.

– Si celui-là l'était, rétorque le roi, il n'aurait pas si grand soin de ses arbres.

Il se lève et va rejoindre cet homme humble et tranquille, le premier qu'il ait rencontré et épargné. Il le prend par le coude. Les paladins ont voulu s'approcher, il les a écartés. Il entraîne le Saxon au milieu des pommiers et les voici qui déambulent côte à côte. On les suit des yeux. On voit Charles qui, de temps à autre, se penche, gratte la terre de la pointe de son pied ou en prend une motte dans la main.

– Tu devrais planter quelques sorbiers, suggère-t-il à l'homme, et veiller à plus de diversité dans tes pommiers. Je l'ai ordonné à mes intendants... Tu as une bonne terre... Elle serait proprice aux gozmaringa ou au crènedella. Moi j'essaierais deux ou trois cognassiers... Et là-bas, à l'abri de ton étable, un avelinier. C'est bon, les avelines! Est-ce que tu as pensé à échelonner les variétés de pommes ?

Les guerriers francs n'en croient pas leurs yeux. Ils ne peuvent pas entendre ce que dit Charles. Ils ont peur de voir le paysan sortir un couteau de sa chemise et poignarder le roi. Charles, passionné, continue sa leçon de choses :

– Mets des hâtives, tu les mangeras à la belle saison. Elles sont un peu aigres, tu verras. Des tardives, aussi. Elles sont plus douces et de garde. J'ai des boutures dans mes chariots. Demain matin, avant de repartir, je ferai une greffe avec toi : le premier arbre à la fois franc et saxon!

La nuit se prépare. Charles quitte le paysan et va rejoindre Hildegarde dans sa tente royale. Il a de la fierté et comme du bonheur dans les yeux.

– Tu vois, dit-il à sa reine, les hommes sont pareils, d'un bout de la terre à l'autre : il suffit de leur parler de fruits!

***

La nuit, ses longs cheveux blonds dénoués et nue, Hildegarde est plus jeune et plus sauvage que le jour. Elle rit.

Comme Charles, elle semble n'avoir peur de rien ni de personne. Ils sont allongés, côte à côte, dans la moiteur d'après l'amour, et ils écoutent le silence. Un sourire moqueur flotte sur les lèvres d'Hildegarde.

– Je sais que je suis folle, dit-elle. Je te fais de beaux petits d'homme et tu les emmènes avec toi à la guerre où on meurt.

Charles ronchonne :

– C'est la faute des Saxonnes. Ce sont de rudes femelles! En ce moment, dans la nuit noire, que crois-tu qu'elles font? Cachées, au fond de grottes, elles sont des milliers à se faire chevaucher par leur païen de mari! Dans neuf mois, elles donneront naissance à des petits barbares qui tueront mes prêtres, et il faudra bien que je monte à cheval pour aller les punir!

Le grand roi soupire. Il sent son corps d'homme à sa plénitude et pose sa large main sur le ventre gonflé de sa compagne.

– Jésus, dit-il, ne devrait pas permettre qu'il y ait sur la terre tant de païens et qu'ils soient aussi cruels!

Hildegarde, comblée, s'amuse de voir son géant redevenu enfant.

– Et si cela était, réplique-t-elle, où serait ta besogne, grand roi?

Plus tard, la reine croit entendre une succession de bruits dans la nuit tranquille. Elle se rendort. La paume de son compagnon est toujours posée sur son ventre.

***

Au matin, c'est la désolation.

Tous les arbres du verger ont été sciés au ras du sol. Le puits a été rempli de pierres. La maison de bois a été brûlée, sans flammes, comme si elle se consumait d'elle-même. Les Saxons sont les maîtres du feu et des ténèbres. Ils y vont et viennent en toute impunité. Charles, qu'on a éveillé, marche dans les branches coupées et les fruits piétinés. Il ne parvient pas à y croire. Son fils aîné ainsi que les petits rois d'Italie et d'Aquitaine sont avec lui.

– Ce n'est pas possible, répète le roi. Ils ne peuvent pas être venus cette nuit, se livrer à toute cette dévastation sans que nous les ayons entendus. Ils auraient pu nous égorger tous. Et les sentinelles ?

– Elles n'ont rien vu, rien ouï non plus.

Eginhard est en proie à une angoisse qu'on ne lui a jamais connue.

– S'ils nous ont laissé en vie, c'est qu'ils en ont reçu l'ordre, dit-il. Widukind a voulu châtier le Saxon où nous avons dormi mais il a son plan. Et son plan, c'est de nous entraîner chaque jour, de plus en plus loin, au cœur de son territoire. Quand il le voudra, à son heure, il nous attaquera de tous les côtés.

– Et le paysan ? demande Charles.

Roger conduit l'escorte royale jusqu'à une grande toile ensanglantée qui recouvre une forme allongée, sur le côté du sentier. Il ôte le linceul. L'homme est coupé en deux. Les deux enfants frémissent. Louis prend la main de Berthe qui les a rejoints.

– Qui a fait ça, grand-mère ?

– Les loups.

Le petit roi se tourne vers son père, l'œil allumé.

– On en verra, des loups ?

Charles a son regard dur et sa mâchoire tremble de colère.

– On verra des hommes sur deux pattes qui sont plus féroces que les loups. Je te les montrerai. Tes frères et toi vous allez apprendre votre métier de roi !

L'étrange scène de famille ! Hildegarde s'est avancée. On ne l'a pas entendue. Elle voit les deux tronçons d'homme. Elle commence à se déplacer avec difficulté. Charles la regarde avec une infinie tendresse. Il a la faculté, fort rare, de passer d'un sentiment à son contraire, avec une prestesse sans pareille.

– Tu vas rentrer chez nous, Hildegarde, dit-il. J'ai ma

besogne à faire et elle ne sera pas belle à regarder. Je te confie à ma mère et au comte Roger. Prends bien soin de notre enfant que tu portes et donne-lui le jour en terre franque – comme tous les autres. Moi, j'ignore le temps que ça va me prendre, mais je ferai ce que j'ai juré au pape !

Ils sont comme deux statues de sel. Berthe a éloigné les fils, les guerriers sont partis. Hildegarde ne bouge pas. Charles la prend dans ses bras.

– Mon roi, dit-elle, je ne sais plus vivre sans toi.

Elle est tiède, douce et triste dans ce matin sans joie.

– Promets-moi de ne pas te venger de ce qu'ils ont fait à cet homme, Charles. Si tu les punis tous, cette guerre sera sans fin et les morts par milliers. Jure-le-moi, Charles !

Charles est de marbre, et ses yeux sans pitié.

– Je ne peux faire de promesse qu'à Dieu et il ne m'a point demandé d'épargner les Saxons. Va en paix. Moi, je vais en guerre. Chacun de nous fait ce qu'il doit.

Chapitre 6

LA BOUCHERIE DE DIEU

En quittant sa femme Hildegarde, Charles entre dans le grand froid. Il marche avec ses guerriers au cœur d'un univers sidéral et muet. Il avance, obstinément, vers le néant.

Jusqu'à ce qu'il se heurte à une barrière d'eau. Le fleuve est vert et pris de glaces, encapuchonné de brume tenace. Les pluies de l'année 782 l'ont alourdi et il mange ses rives. Il occupe tout l'horizon. Eginhard est perplexe. De tous les compagnons du roi, il est le seul savant. Quand Charles l'interroge, il hésite et, comme son maître le presse, il dit « croire » voir la mer Baltique. Le géant se trouve enfin confronté à l'énorme. Il en est ragaillardi.

– C'est le bout de la terre des hommes! Nous l'avons touché. Ah! Si Alcuin était là!

Nardulus s'est repris :

– C'est l'Elbe, mon prince.

– Ça? Un fleuve? C'est la mer!

– C'est l'Elbe. Nulle part sa largeur n'excède mille pas. Là, elle est grosse de l'eau du ciel.

Au fond, Charles s'ennuie et il enrage. L'absence de sa reine, la crainte qu'elle ne tombe entre les mains des païens invisibles, l'immensité de cette terre d'Europe, le taraudent sans répit. Au terme de cette quête vaine le rempart liquide le fascine. Une barque basse sort un instant de la brume. Des hommes – ou des bêtes – sont à bord. Le roi ordonne qu'on mette un bateau à la mer. Et il y monte, accompagné de son conseiller, de son paladin Roger et de deux hommes d'armes. De la main, il désigne la barque inconnue. Les rameurs vont à sa rencontre. On navigue dans des écharpes grises sur une onde épaisse, entre des glaces flottantes. Les deux embarcations finissent par se retrouver flanc contre flanc. Et les passagers se regardent, méfiants, hostiles et dévorés de curiosité. Les Francs voient des fourrures vivantes, surmontées de mufles, avec des yeux d'animal et des grosses pattes rougeaudes. Charles, bouleversé comme un enfant, crie à Eginhard.

– Comment les appelle-t-on ?

– Wilzes. Eux disent Wélatables!

Charles, dans le bref moment de cette navigation parallèle, s'excite, tend la main, crie très fort :

– Wélatable! Wélatable!

Et désignant ses compagnons et lui-même :

– Nous, Francs! Moi, roi des Francs!

Les autres ne répondent rien, ne font aucun geste. Le roi se penche, s'accroche au rebord de la barque, quête un mouvement d'amitié, même furtif. Il vient alors qu'un remous va les séparer. L'un des Wélatables ôte sa fourrure et la donne à Charles. Dessous, il est nu, velu, et oint d'une graisse sombre. Ebloui, le Franc se débarrasse de son manteau royal et le lui tend. Maladroits, vacillants, ils s'étreignent, se frottent l'un à l'autre comme des bêtes d'étable, puis l'eau contraire les emporte, la brume les dévore. Ils ne se voient plus. Sans ce pelage rèche dans les bras, Charles pourrait croire qu'il a rêvé. Il se tourne vers Eginhard :

– Nardulus, dit-il, émerveillé, tu écriras cette rencontre au pape! Nul, jamais, n'est allé aussi loin que nous jusqu'à la limite de la Cité de Dieu!

***

Au bivouac, quand le soir tombe, un cavalier semble venir du fond de l'Occident. C'est le comte Gilbert. Il arrive devant son roi et délivre le cri qu'il porte en lui depuis trois longues journées :

– Sire, les Saxons !

Charles est aussitôt debout. La chasse reprend. Comme si l'enfance, entre son compagnon et lui, revenait battre dans leurs veines.

– Où sont-ils ?

– On a trouvé leur sanctuaire, l'Irmensul. Ils sont des milliers. Widukind est parmi eux !

Le géant, sans plus attendre, fait réveiller ses guerriers. Ils ont froid, ils ont faim mais sans un grognement, ils se lèvent, attrapent leur courte lance ou leur arc.

– On va marcher jour et nuit, dit Charles. Ils ne nous échapperont plus.

Et la longue caravane se met en marche sous la lune. Charles frissonne dans son gilet de loutre. La proximité de la rencontre avec les Saxons fait renaître toutes ses hantises. Il s'en ouvre à Eginhard.

– Tu dis qu'ils adorent les forêts, les sources, la foudre et le soleil, mais moi aussi, toi aussi. Alors pourquoi faisons-nous la guerre ?

– Nous adorons le Dieu qui a fait les forêts, les sources, la foudre et le soleil, répond Eginhard. C'est là toute la querelle, mon prince.

Charles hoche la tête. Décidément, il est sur la terre des choses essentielles et simples, qui, pour naturelles qu'elles sont, le déconcertent.

– En somme, dit-il, tant de braves vont mourir parce que nous n'avons pas la même façon d'adorer les mêmes choses ? Dieu ne peut pas avoir fait l'homme aussi fou puisqu'il l'a fait à son image.

– Dieu a fait, nous défaisons.

Jamais Alcuin n'aurait été aussi nécessaire. Il est très

loin, au Nord, dans les pays des Angles, au milieu de ses livres et de ses prières. Et Hildegarde avec son fruit dans son ventre ? Où est-elle ? Elle trouverait des mots ordinaires pour réponses.

– Raconte-moi l'Irmensul. Je veux tout savoir avant de les avoir devant moi.

Ils chevauchent dans les ténèbres coupantes où, parfois, hurlent les loups.

– C'est leur Dieu. Il paraît qu'il est grand comme un pilier qui soutiendrait le ciel. S'ils sont des milliers devant lui, c'est qu'une grande chose se prépare.

– Ils font des sacrifices humains, c'est vrai ?

– C'est un missionnaire anglais qui l'a écrit. Il s'appelait Leafwine. Il dit y avoir assisté.

– Qui te l'a appris, à toi ?

Le visage de Nardulus se crispe douloureusement.

– Baugolf, répond-il dans un souffle. Avant que Widukind ne le fasse mettre en croix.

– Je le vengerai, promet le roi d'une voix sourde.

⁂

C'est au matin du deuxième jour que le deuil frappe Charles de plein fouet avec le retour inattendu de l'escorte et des chariots de sa mère, et en voyant le visage désemparé du comte Gilbert. Décidément, les compagnons d'enfance, depuis le désastre de Roncevaux, sont devenus oiseaux de malheur. Charles devine tout de suite :

– Hildegarde !

Berthe lève les yeux vers son fils.

– Elle est morte en couches, Charles. Je l'ai enterrée à la franque.

Le roi pousse un cri atroce de bête torturée. Là, devant ses hommes, il n'a pas honte de la douleur d'âme qui le foudroie. On hurle librement de souffrance comme de frénésie. C'est l'expression naturelle des créatures vivantes. Berthe veut consoler son aîné. Elle lui annonce qu'en passant de l'autre côté du monde, la reine lui a donné une fille qu'on a baptisée Hildegarde.

– Où est-elle ?

Du bras, Berthe désigne l'un des chariots. En deux enjambées, Charles s'y rend, il soulève la bâche, découvre l'enfançon dans ses fourrures. Il le prend, le lève dans la lumière, le redescend pour le serrer dans ses bras. Des larmes ruissellent de ses yeux clairs :

– Hildegarde !

Et le comte Gilbert, à voix basse, à Eginhard :

– Si j'étais Widukind, je tremblerais !

***

De très loin, au-delà des forêts vertes et moutonnantes, on le voit. Son extrémité défie le ciel : l'Irmensul ! L'armée franque et son roi sont saisis de stupeur. Charles montre le dieu-arbre à ses trois fils et, impatient, il donne l'ordre d'avancer.

Des forêts sombres entourent l'Irmensul. Les Francs se déploient sans bruit. Ils encerclent la cuvette au centre de laquelle, sur un tertre, s'élance le vieil arbre géant, jusqu'à une hauteur de près de soixante-dix mètres. Les dieux saxons sont gravés sur son tronc. Il est entouré de longues huttes de bois d'où monte de la fumée. Impression de paix végétale. Des enfants jouent, des animaux paissent. L'endroit ne semble pas protégé. Nul combattant saxon ne monte la garde. Du moins, en apparence.

Charles a immobilisé son armée sous les grands arbres et il est descendu de son cheval noir. A Gilbert qui veut l'accompagner, à ses petits rois qui enragent de ne pas le suivre, il oppose un geste, très rude, de refus.

– J'irai seul, dit-il, et, montrant le cor de Roland sur sa poitrine, je sonnerai quand j'aurai besoin de vous. Une seule fois, et vous vous montrerez, et vous frapperez de vos épées sur vos boucliers. Rien à craindre. Les Saxons doivent savoir que vous êtes là, autour d'eux, et que vous pouvez à tout instant donner l'assaut.

L'instinct de la chasse lui fait retrouver spontanément les gestes de l'adolescence. Ployé en deux, l'épée au poing, il progresse jusqu'au précipice et, là, se penche pour regarder au-dessous de lui, passionnément.

La stupeur le fait se rejeter en arrière : le village patriarcal est devenu nation. Par milliers, les Saxons foisonnent autour de l'arbre-dieu. Ils ont coupé des branches vertes qu'ils tiennent, droites, devant eux et qui en font des hommes, des femmes et des enfants-arbres. Ils semblent tous habités d'une jubilation intense. Charles, allongé sur le rocher qui les surplombe, regarde ces fantômes pourtant bien vivants qu'il a pourchassés sans succès jusqu'à l'Elbe.

Et, soudain, il *le* voit.

Widukind!

Un colosse sortit tout armé de la préhistoire. Un homme-statue d'où émane une force inouïe. On dirait qu'il porte sur ses épaules toutes les divinités de la nature. Habillé de fourrure, hérissé de fer, il domine les Saxons, comme Charles supplante ses Francs. Il se tient, au-dessus d'eux, debout sur une grande pierre blanche, devant l'Irmensul. Charles obéit à une impulsion soudaine. Il se lève, conscient d'être visible de tous, et, d'une voix terrible, il crie :

– Widukind!

En bas, les Saxons se sont retournés et le regardent.

– Widukind! Je suis Charles, le roi des Francs!

Le soleil fait étinceler les écailles de sa broigne. Le roi descend vers le rebelle, sans protection, l'épée remisée au fourreau.

– Je viens vers toi. Mon armée tout entière t'entoure. Je viens en chrétien, la main tendue.

Il fait ce qu'il dit. Il présente sa paume ouverte. Eux sont des milliers. Lui est seul. Volontairement sans défense. Son armée est proche et il vient au nom du Christ.

La configuration du terrain fait qu'à mesure que Charles s'enfonce dans la vallée, les Saxons, pour un moment, échappent à sa vue. Il n'y a plus, pour lui, que le sommet de l'Irmensul qui lui paraît immense.

Il avance.

Il ne voit pas, davantage, au-dessus de lui, ses guerriers s'avancer, le fer au poing, le bouclier dans la main gauche, prêts à intervenir au moindre geste hostile, et suivant des yeux sa plongée dans le gouffre.

Quand Charles arrive dans la clairière de l'arbre-Dieu, il est saisi d'étonnement. C'est comme s'il entrait dans un fouillis végétal, dru et vigoureux. Chaque Saxon disparaît derrière sa branche feuillue. La verdure devient bouclier. Et cette poussée de plantes voraces l'absorbe. Le géant ne voit plus rien que Widukind, à l'extrémité du tunnel, superbe sur sa pierre blanche. Du regard les deux rois se défient. Le Saxon a un masque de fauve, un sourire d'âpre ironie aux lèvres et des yeux ardents.

Et, soudain, comme pour scander l'approche de Charles que chaque pas rend davantage prisonnier de la forêt humaine qui l'entoure, les Saxons répètent inlassablement son nom :

– Widukind ! Widukind !

Charles s'engloutit dans la végétation ennemie. Pas une seule fois il ne lève les yeux pour s'assurer de la présence de son armée. Il frissonne d'aise : sa bonne foi sans limite le protège.

Il ne lui reste que quelques pas à faire pour être face à face avec le rebelle qu'il a inlassablement recherché. On dirait qu'imperceptiblement, les branches se referment comme pour lui barrer la route. Il ne voit plus Widukind. Deux enjambées encore. Toutes les branches s'abaissent et tous les cris s'arrêtent.

Charles se trouve, d'un coup, captif d'un océan de Saxons et, devant lui, la pierre blanche est vide : Widukind a disparu. Le roi des Francs, instinctivement, ferme les yeux, pour les rouvrir aussitôt. Il ne voit que le rocher plat où le Saxon se tenait et, alentour, une meute innombrable d'ennemis; au-dessus, la vertigineuse divinité païenne qui semble monter jusqu'aux nuages.

– Dieu du ciel!

Le roi n'éprouve aucune terreur. Il est dans la forêt de tous les sortilèges et c'est une épreuve que lui envoie Jésus. Il en ressent une immense fierté. Il porte le cor de Roland à sa bouche.

Aussitôt, les tambours des Francs retentissent. Epée contre bouclier, les guerriers du roi, surgis de partout, répètent son nom par trois fois, et à plusieurs reprises :

– Charles! Charles! Charles!

Ils sont si nombreux soudain et leurs voix sont si puissantes qu'on n'entend plus rien d'autre que leur chœur immense. Les Saxons restent immobiles, comme pétrifiés, et l'armée du petit-fils de Charles Martel envahit la clairière comme la mer...

***

L'*ost* est rassemblé devant l'Irmensul. Charles, entouré de sa mère et de ses enfants éblouis, a fait dresser sa tente royale. Avec Eginhard et Gilbert à ses côtés, il reçoit, l'un après l'autre, ses capitaines qui ont parqué les Saxons par centaines. A chacun d'entre eux a été posée la même question :

– Où est Widukind?

Ils ne savent pas. Certains affirment qu'ils ne l'ont jamais vu, d'autres que c'est une créature non réelle, tous s'accordent sur le fait qu'il n'était pas parmi eux et que le grand roi des Francs a été la victime d'une hallucination. Quand on interroge les vieux et les femmes, il s'en trouve pour dire que Widukind n'existe pas, mais que tout le peuple saxon obéit à ses ordres venus de nulle part et transmis par la ramure des arbres. Pour d'autres, Widukind serait le fils d'un grand chef mort depuis longtemps et il aurait épousé la sœur du prince du Danemark –

laquelle, en gage de fidélité, lui aurait donné ce pouvoir de paraître et de disparaître à volonté.

Charles sent grandir son impatience.

– Et Fulda ? Et l'église d'Erisburg ? Et le paysan qu'ils ont coupé en deux ?

Les Saxons prétendent tous n'avoir jamais bougé de cette clairière depuis que les Francs sont entrés en Germanie. Ils avaient pour consigne de quitter leurs maisons et de venir se placer sous la protection de l'Irmensul. On ne peut rien en tirer de plus.

Berthe, muette, regarde son fils. Elle le jauge. Elle le juge. Elle a toujours cru en son étoile. Pour les combats, elle n'a jamais douté. C'est aujourd'hui, face au silence obtus du destin, qu'elle l'attend. Charles Martel ne se serait jamais mis dans pareille posture. Il aurait chargé avec ses guerriers, sans autre préoccupation. Pépin, sans doute, aurait rusé et demandé à ses fidèles de lui apporter la tête du païen au fond d'un sac. Quelle étrange attirance conduit Charles à vouloir à toutes forces *parler* à Widukind ? Croit-il sincèrement à une conversion pourtant inconcevable ? La mère observe son géant. Lui ordonne à Gilbert :

– Il n'y a rien d'autre à faire qu'à les baptiser.

– Et s'ils refusent ?

Comme toutes les questions pèsent à Charles ! Il est au bout du chemin et n'a plus que le vide immense de l'absence de Widukind devant lui.

– Et ceux qui refuseraient ?

– Qu'on les marque au fer rouge et qu'on leur laisse la vie. Ainsi, s'ils cherchent à nouveau à se rebeller, on les tuera sans pitié. Les autres, faites-en des chrétiens !

Gilbert ne sait comment s'y prendre pour détromper son roi. A voix basse, il s'en ouvre à Eginhard :

– Nous n'avons pas d'évêque.

Le roi a entendu.

– Prends une patrouille, commande-t-il à son paladin, va à Fulda et ramène Hildebald.

Et, à Roger :

– Toi, abats cet arbre ! Je veux que notre Dieu chasse le leur. Ils croient que leur Irmensul soutient le ciel. Ils verront que ce n'est pas vrai !

Comme on exécute ses ordres, Charles se lève et va droit vers sa mère.

– Ils sont plus de quatre mille, dit-il, mais le nombre n'est rien. C'est Widukind qu'il me faut, c'est lui l'Irmensul.

Un chantier de cordes et de palans.

Devant les Saxons muets, serrés les uns contre les autres et tremblants d'épouvante, les Francs se sont attaqués à l'arbre-Dieu.

Martelé par les cognées, ligoté par des cordages féroces, comme un géant entravé, l'arbre plusieurs fois centenaire, gravé de symboles, finit par s'effondrer dans un nuage de poussière. Il pousse une plainte lugubre de bois assassiné.

La terre tremble. Les Saxons se sont jetés face contre le sol. Ils cherchent à y enfouir la tête pour ne pas voir le sacrilège. Ils grognent comme des bêtes. Privés de leurs certitudes, ils *sont* devenus des bêtes.

– Maintenant, proclame Charles avec hargne, rien ne les empêche plus d'adorer le Dieu du ciel !

***

Matin tranquille.

La rivière coule dans la vallée que ne domine plus l'Irmensul. Selon les textes et les auteurs, ce peut être la Lippe ou la Weser, si ce qui va suivre s'est déroulé sur le lieu même de l'abattage de l'arbre-Dieu, ou à Verden où l'on situe historiquement le massacre des quatre mille cinq cents (d'autres, plus timorés, disent quatre cent cinquante) Saxons prisonniers. Mais c'est ce jour-là, en Saxe, et quel que soit le nombre réel des victimes, qu'on s'est livré à la grande boucherie de la chrétienté !

*
* *

C'est le retour du comte Roger, porteur de l'épouvantable nouvelle, qui va tout déclencher. Visage noirci de fumée, les yeux hagards, le paladin saute de cheval devant son roi.

– C'était un piège, crie-t-il. Widukind nous a attirés ici pour avoir les mains libres! Ils ont attaqué à nouveau le monastère d'Erfurt! Celui de Lippenham! Le connétable Geilon et le comte Théodore sont morts!

– Et Fulda? demande Charles, effondré.

– Ils ont massacré tout le monde.

La voix de Charles tremble d'horreur.

– Et Hildebald?

– Crucifié comme Baugolf.

Géant foudroyé, le roi est méconnaissable.

– Tuez-les tous! lance-t-il. Tous sans en épargner un seul! Et sur-le-champ!

Eginhard tente bien de calmer la rage de son prince et de lui faire valoir que la tribu saxonne prisonnière est innocente de tous les crimes qui viennent d'être perpétrés, Charles n'en a cure.

– Ils ont naguère sûrement brûlé nos églises et assassiné nos prêtres. Tuez-les tous!

Le roi n'écoute plus rien. Il saute sur son cheval et s'éloigne au grand galop.

*
* *

Charles presse son étalon noir. Il longe la rivière limpide, roi sans ami, chrétien aux abois, il a les yeux pleins d'étoiles qui sont des larmes. Tout le poids de ce qu'il croit être le monde existant à l'occident des hommes pèse sur ses épaules. Pour la première fois de son existence, il se sent vieux. Vieux et coupable. Tout est de sa faute, depuis le début lorsqu'il menait grande et folle aventure avec ses compagnons de jeunesse. Il ne savait pas que la besogne de roi était si dure, parfois si ignoble et qu'il fallait pourtant la faire, coûte que coûte. Personne, jamais, ne vous vient en aide. Quand le malheur frappe, que l'adversité se lève, c'est vers vous seul que les autres se tournent et, le moment venu, c'est à vous seul d'ordonner – même et surtout le pire.

Charles coule le long de son cheval. Il s'agenouille au bord de la rivière et ne peut résister à son besoin d'interroger encore, même s'il sait qu'il n'y aura pas de réponse.

– Pourquoi m'avoir imposé cette épreuve, mon Dieu ? Je suis devant un gouffre. Si nous continuons, bientôt les plus odieux crimes des hommes seront accomplis pour ta plus grande gloire. Est-ce bien cela que tu veux ? Réponds ! Réponds !

De rage, le roi plonge la tête dans l'eau. Il boit à s'étouffer. Bientôt, le souffle lui manque. Il en ressort, ruisselant, la vue brouillée...

Et ce qu'il voit, là, sur la rive d'en face, le frappe de stupéfaction...

Debout, sans escorte, seul comme lui. Fier et sombre, Widukind. Ils sont face à face, seulement séparés par l'eau vive qu'on entend couler. Charles se redresse. Le Saxon le dévisage. Et, pour la première fois, on entend sa voix de métal.

– Sais-tu ce que tes guerriers sont en train de faire, roi Charles ? Ils tranchent le cou des miens. A chaque tête qui tombe, ils jettent dans la rivière la branche de l'Irmensul que l'homme tenait en main. Du labeur de boucher.

Charles, d'abord interdit, est subjugué par la voix du rebelle. Il s'étonne :

– Tu es venu seul ?

– Je ne suis jamais seul. Tous nos dieux sont avec moi. Regarde : ils sont des milliers. Ce sont les arbres, les sources, les rayons du soleil. Et le tien de Dieu, montre-le-moi. Où est-il ? Celui au nom de qui tu tues des êtres sans défense. Je veux le voir, savoir comment il est fait.

Le Franc hoche la tête. Des gouttes perlent sur son visage.

– Non, dit-il, nous sommes définitivement seuls, toi comme moi. Nous devons bâtir un monde à l'image de Dieu. Et sans son aide.

– Je ne te comprends pas. C'est pour obéir à ce dieu invisible et muet que tu tranches toutes ces vies humaines ? Pourquoi ? Es-tu sûr seulement qu'il existe ?

Charles se laisse tomber à genoux et unit les mains.

– Il existe puisque je le prie.

Widukind, pour la première fois décontenancé, interroge :

– C'est quoi, *prier* ?

– C'est redevenir un enfant.

Portée par le courant, une première branche verte passe entre les deux ennemis. C'est signe d'un Saxon décapité. Widukind est incrédule.

– A genoux, on redevient un enfant ?

– Oui. Parce qu'on est sans défense.

Une autre branche, puis une troisième... Leur nombre ne cesse de croître.

– Tu as cherché à me prendre dix-sept fois et je t'ai échappé dix-sept fois, constate Widukind. Et sais-tu pourquoi ? Ce sont toujours les princes chrétiens qui m'ont prévenus que tes soldats se mettaient en marche.

– Qui ?

– Tous, mais le plus empressé d'entre eux est le duc de Bavière. Il verrait volontiers mourir tous les Saxons et tous les Francs pour te tenir loin de son territoire. Nous sommes de part et d'autre de l'eau et nous nous parlons pour la première et peut-être la dernière fois. Je m'appelle Widukind et, pour toi, je suis le diable en personne. Pourquoi me poursuis-tu sans relâche ? Pour me couper la tête ?

La rivière, entre eux, est devenue entièrement végétale.

– Non, répond Charles. Je te cherche pour te faire chrétien.

Les yeux du grand rebelle se sont portés sur la rivière et la tristesse les a brusquement envahis.

– Regarde, dit-il. C'est mon peuple entier qui se noie. Tu as d'abord abattu mon Dieu. Il était bien réel, lui. Je pouvais le voir, le toucher, lui parler, l'entendre quand le vent se levait. Il m'est même arrivé de dormir au creux de ses branches. Pourquoi as-tu fait tout cela toi qu'on dit être un grand roi ?

– Tu as massacré mes prêtres. Ils étaient innocents de tout crime.

Widukind a un mouvement de désespérance.

– Tu le sais. Ils venaient chez nous pour assassiner nos dieux! Quel mal y a-t-il à adorer les arbres ?

Charles ne peut détacher son regard de la marée verte qui a transformé la rivière en tapis d'herbe. Il se sent terriblement las, soudain, hors d'état d'expliquer et de convaincre.

– Parce que ce sont de faux dieux, affirme-t-il. Ce qui se voit n'est pas Dieu. Dieu a fait le monde visible et tu ne le rencontreras jamais, si ce n'est après ta mort et si ta vie a été juste. C'est lui le vrai Dieu.

– Ce qui nous sépare, roi franc, ce sont les morts que nous nous sommes faits l'un à l'autre, les feuilles sur l'eau et non l'eau de la rivière dont tu as fait le fleuve des morts.

Charles est toujours agenouillé. Il lève la tête vers le rebelle. A cette hauteur du sol, plus rien ne sépare les hommes.

– Agenouille-toi, Widukind. Tout sera simple. Par un signe de croix laisse-moi te faire chrétien. Jamais plus ton peuple et le mien ne se feront du mal. Ils pourront vivre en paix sans avoir à se renier.

Widukind regarde Charles avec une intensité insoutenable. Tous les deux ont du fer sur eux, de la vaillance certaine au cœur et un commun goût du combat. Une coulée de verdure les départage, preuve de cous tranchés. L'incrédulité passe dans les yeux du barbare.

– Ça serait aussi simple ?

– Tout ce qui est vraiment important est simple.

– Et tu es sûr que ce soit ton Dieu qui a fait mes arbres ?

– C'est lui qui a fait toute chose au monde. Il t'a fait toi, il m'a fait moi. Ce n'est pas *mon* Dieu ! Il n'appartient à personne.

– Tu me le jures, roi Charles ?

– Sur nos morts, c'est vérité.

Il se passe alors une scène inouïe.

Le rebelle se plie et tombe à genoux sur la rive d'en face. Le reflet des deux géants s'inscrit sur l'eau entre les branchages qui passent.

La forêt, le fleuve, le ciel.

– Fais-moi chrétien, roi Charles !

De la main, avec une émotion immense, Charles trace le signe de la croix sur Widukind agenouillé.

TROISIÈME PARTIE

L'EMPEREUR

Chapitre 1

L'HEURE DE LA BAVIÈRE

Le baptême de Widukind est, depuis celui de Clovis, l'acte le plus important de toute la chrétienté d'Occident. Le massacre de Verden, une horreur qui glace d'effroi les ennemis et les partisans de Charles, fait de lui l'homme le plus célèbre de son temps. A l'altitude qu'il a atteinte, il n'est comparable à personne. Et il souffre, abominablement, de la mort de Hildegarde. Il ne savait pas jusque-là qu'on pouvait dépendre à en crier de l'absence d'un être humain. La créature, qu'elle soit mâle, en amitié, comme le comte Roland, ou femelle, en amour, comme ses femmes légitimes, étant d'essence passagère, ne pouvait causer pareil tourment, une fois trépassée. Pour Hildegarde, c'est un sentiment tout neuf, incessant, et, aux yeux du roi, incongru et presque indécent. Il ne s'en ouvre à personne. Ni à sa mère, ni à Alcuin dans sa correspondance, ni même à Eginhard, son confident. Désormais, il a une plaie profonde qu'il cache comme une lèpre.

Entouré de sa marmaille royale, les garçons couronnés et les filles qu'il s'obstine à conserver près de lui, il échafaude des plans. Sa tête est habitée de Dieu, de palais et de rigueur. De plus en plus adonné à la prière, il n'en néglige pas pour autant la chasse, l'exercice et le bain. A ses nombreuses princesses, il autorise volontiers toutes les débauches de la chair, du moment qu'elles ne contractent pas mariage. A ses aînées qui lui énumèrent les partis qui se présentent à elles, il répond roidement :

– Il n'en est pas question. Moi seul ai le droit et le devoir de prendre femme. Dans une famille comme la nôtre, le mariage ne sert qu'à conclure des alliances, payer des dettes, où assurer un héritier au trône. Les trois sont pourvus. A quoi vous servirait de prendre époux? Vivez comme vous l'entendez! Egayez-vous avec qui bon vous semble! Mais n'allez pas encombrer ma cour de damoiseaux vaniteux qui vous feront des enfants pour compliquer mon héritage! J'appartiens aux Francs. J'ai disposé pour eux de ce qui reviendra à mes trois fils. Ne les obligez pas, à force de marmots légitimes, à en occire quelques-uns lorsque je ne serai plus là et que le royaume sera devenu objet de convoitise.

Comme pour détourner les princesses du mariage et bien montrer qu'il dispose seul de ce sacrement, il épouse la fille du duc de Francovie, nommée Fastrade, qui lui donne très vite deux filles de plus. Silencieusement, il vit dans le souvenir d'Hildegarde.

Mais aux grands de ce monde, le repos est interdit. Charles en est conscient. Il lui reste à régler la rébellion larvée et insidieuse de la Bavière. Le duc s'est excusé auprès du roi des Francs de sa défection lors de la dernière expédition contre les Saxons, mais, de tous côtés, les *missi dominici* de Charles lui rapportent des rumeurs concordantes : Tassilon complote. Tout ce qui, en Occident, s'irrite de la toute-puissance du Franc s'indigne de la férocité dont il a fait étalage en Saxe, de la rude façon qu'il a de conduire ses affaires et de la distance qu'il a prise envers l'univers tout entier, se retrouve, comme par fatalité, à Ratisbonne. La haine en droite ligne du défunt roi des Lombards, Didier, a fini par s'éteindre dans le monastère où Charles l'a enfermé, mais le désir de revanche est toujours aussi vivace chez son fils Adelchise et ses filles. De tous, Liutpergue, femme de Tassilon, est la plus acharnée. Les renégats, les vaincus des innombrables batailles que le roi des Francs a dû livrer, les illuminés, tiennent Ratisbonne pour lieu d'asile. C'est devenu un nid de serpents.

En cette année 786, débarrassé enfin du souci saxon, Charles décide d'entreprendre un voyage en Bavière. Il a vieilli. La sagesse que lui distille Alcuin dans ses passages fréquents, la tristesse due à son deuil lancinant et la volonté d'épargner le sang des rebelles commandent à ses préparatifs. Il n'y a plus en lui de mâle violence.

⁂

Et, dans le même temps, à Byzance, Irène, elle aussi, met ses fers au feu. Avec son fils, désormais *basileus*, elle réunit un concile à Nicée, l'antique métropole de Bithynie. C'est le septième depuis celui de mai 325 qui y avait rassemblé ses évêques et archevêques pour en finir avec l'arianisme. L'impératrice veut faire de même pour les iconoclastes.

Le 1er août 786, l'*augusta* et le jeune empereur, la mère et le fils, apparaissent sur un char d'or tiré par des chevaux blancs. Le temps est à l'orage. La veille, l'armée a semé le désordre à l'intérieur du synode. On craint de nouveaux incidents. Les souverains sont impassibles, vêtus de pourpre, couronnés, portant la croix dans une main, le globe dans l'autre. Ils pénètrent, côte à côte, dans le sanctuaire des Saints-Apôtres, étincelant de lumières et de bannières, et montent à la tribune d'où ils surplombent les pères de l'Eglise. C'est au moment où le patriarche, vieil homme blanc de barbe et de cheveux, prend la parole que le scandale éclate. Il est en train de vanter la foi orthodoxe, « la foi qui a rendu ferme tout l'univers », lorsque les portes s'ouvrent en grand pour laisser entrer les soldats.

La scène est rapportée par le diacre Ignace.

« Alors que les évêques siégeaient aux places prévues

pour eux, un essaim de guêpes, disons des hommes féroces comme des lions, venus de l'armée et des groupes de Constantin, qui, jadis, avaient gouverné son empire sans grande piété, arrivent au temple sacré, à l'abri de leurs armes de guerre. »

On dirait que le *basileus* mort du charbon et en qui les iconoclastes voyaient un soutien est sorti de l'au-delà pour tonner sa colère. Ses guerriers parlent pour lui. Ils menacent, si on ne respecte pas les volontés de leur empereur défunt, de « rougir la terre du sang des prêtres ». Confortés par leur présence, les prélats inconoclastes se dressent : « Nous avons vaincu! Nous avons vaincu! »

Que fait le jeune *basileus*? Rien. C'est Irène qui reprend la situation en main. Elle ordonne à son grand chambellan d'annoncer la dissolution du concile et, son fils à ses côtés, désertant le tumulte, elle retourne, impassible, au palais impérial.

Au plus profond d'elle-même, la régente de Byzance sait qu'il lui faut, si elle veut mener comme elle l'entend les affaires de la chrétienté d'Orient, être impératrice à part entière. Dès lors, le destin de Constantin, son fils, est scellé.

⁂

Seule, l'Histoire sait l'avenir. Celui de Charles est relié à Constantinople par un réseau de fils invisibles mais puissants. Tandis qu'Irène remâche sa vengeance et grince de l'impatience de régner, le roi des Francs chevauche vers la Bavière. Il a laissé la garde de son palais à la reine Fastrade et à sa mère. Berthe est vieille à présent, mais toujours droite et rude. Elle porte sur elle la broigne morale de son époux rappelé à Dieu. Elle assiste à la gloire de son aîné. Tant qu'elle aura un souffle de vie, elle se tiendra pour garante du royaume. Elle est franque pardessus tout.

En épousant Fastrade, Charles choisit l'Etat. « Une

Germaine de la race des Francs orientaux » précise Eginhard. Après le vide immense causé par la mort d'Hildegarde, le roi amène dans sa couche la descendante d'une des plus anciennes lignées de son peuple. Il est conscient de mettre ainsi fin à une trop longue séparation entre le roi et la noblesse. Il donne le trône à une altesse. Pour les cérémonies du mariage, il a veillé à rassembler sa famille si ordinairement semée aux quatre vents : des frères grandis loin de leurs sœurs, des enfants éloignés de leur mère, des parents sacrifiés à la raison d'Etat, les membres d'un grand corps royal dépiécé, tous sont là – au soleil éclatant des monarques. Tous, sauf Pépin le Bossu, devenu adulte, et qui croupit toujours dans le fond des cuisines.

⁂

En Bavière, le duc Tassilon tient cour sous les arbres centenaires. Il y a rassemblé ses dignitaires et ses soldats. C'est privilège de sa race que de régner dans la forêt. Nulle basilique n'est plus solide ni plus haute qu'elle. Tassilon parle de « ces églises éternelles que Dieu a plantées lui-même ». Le duc est beau, vaillant et rancunier. Avec l'âge, son visage de rapace aristocratique a gagné de la fermeté et de la gravité. Est-il bête ? Eginhard l'affirme, mais pour lui, quiconque ne sert pas la gloire de son maître est dépourvu d'intelligence. Il parle de « la superbe et de la *sottise* du duc Tassilon », il s'étend sur la mauvaise influence de son épouse Liutpergue toujours impatiente de venger son père et il accuse le Bavarois d'avoir fait, contre Charles, « alliance avec les Huns, ses voisins du côté de l'Orient ». Il ajoute : « Non content de refuser l'obéissance, le duc avait adopté une attitude de provocation et son arrogance était trop grande pour pouvoir être tolérée. »

Sous les fûts majestueux des grands arbres, on a dressé les tentes. On entend hennir les chevaux, les étendards claquent au vent. Les hommes se sentent forts, entourés, parés des ornements de guerre, légitimés par leurs titres, et réunis dans leur forêt.

Tassilon a auprès de lui Liutpergue, sa femme, et Adelchise le fils de Didier, plus une nuée de conseillers, de capitaines, et de prêtres, dont Arno, evêque de Salzbourg. Le duc est tenu au courant des faits et gestes de Charles.

– Il marche sur Ratisbonne, dit-il. Il a une forte armée et il traîne avec lui Widukind dont il a fait un duc de Saxe. Un païen!

L'évêque a froncé les sourcils.

– Mon fils, dit-il, nous sommes tous païens avant le baptême.

De partout, les conseils fusent. L'un des capitaines prétend que la noblesse saxonne gronde contre Widukind, le renégat, qui a survécu au massacre de son peuple et qui parade à présent auprès de son bourreau. Un autre avance qu'un seul geste du pape suffirait à renvoyer le barbare franc à sa niche. Tassilon est plus perplexe. Il a naguère trop noué d'intrigues avec Widukind contre Charles, pour ne pas craindre que celui-ci, désormais, en ait été informé.

– Il doit tout savoir, conclut-il, et imaginer ce qu'il ignore plus horrible encore que ça n'a été.

– C'est qu'il fallait être plus horrible, dit sombrement Adelchise. Ce n'est pas un homme, c'est un animal malfaisant. Organise des battues, rien d'autre! Tu as toujours trop hésité.

– Charles est un danger, pas un ennemi. Contre toute raison, je sais qu'il me ressemble.

La phrase de Tassilon a provoqué l'indignation du frère et de la sœur. Le duc n'en a cure.

– Je continue à croire que la légende dit vrai et que contrairement à ce qu'il doit faire écrire par son Eginhard, Charles est né près de Münich, à Ganting, dans un moulin. Le même sang coule dans nos veines. Ne vient-il pas de prendre pour nouvelle épouse une Franque germaine?

Luitpergue est froide comme un reptile.

– Finissons-en, dit-elle. Si tu veux savoir s'il a même sang que le tien, répand-le.

Tassilon défend son ex-beau-frère. Au fond il le comprend. Il mesure ce qu'il doit en coûter de porter la chrétienté sur ses épaules.

– C'est un géant, dit-il. C'est pour sa taille qu'on le hait.

Selon Adelchise, Charles est un félon qui a traité le roi Didier avec vilenie, et répudié sa douce épouse Hermengarde. A ce souvenir, le Lombard s'emporte encore.

– Quand Berthe la noire est venue la demander à Pavie, j'aurais dû empêcher mon père de la lui donner. Il a cru apaiser la faim de l'ogre, il a accru sa férocité.

C'est alors qu'Arno, évêque de Salzbourg, fait un signe de la main pour demander la parole. C'est un vieillard aux cheveux blancs qui porte un collier d'or avec des médailles autour du cou. Il inspire le respect.

– Ton conseil, demande Tassilon. Tu es le plus ancien d'entre nous.

L'évêque fait un pas et, d'une voix grave, répond au duc :

– Il n'y a point ici à prendre en compte d'autre intérêt que celui de la Bavière et en tout cas, pas celui d'une famille lombarde, de si haute naissance soit-elle, et même si elle t'est proche par le lit et par le sentiment. J'ai vu gouverner ceux qui t'ont précédé dans ton duché. Notre indépendance est un miracle de Dieu. La nature nous a assigné un territoire pris en tenaille entre les Romains et les païens de Saxe. Là est la réalité. Tu ne dois jamais la perdre de vue. Tes ancêtres le savaient. L'ombre du roi Charles est insupportable parce que c'est un géant. Es-tu bien sûr que ce soit ton ennemi ? Certains disent qu'il s'est mis en route pour combattre les Avars en Corinthie.

– Non, il y a envoyé un de ses fils.

Arno hoche longuement la tête.

– Alors, si c'est ici qu'il vient, il faut bien l'accueillir.

N'oublie pas qu'en 757 – je t'y accompagnais – tu t'es rendu à Compiègne pour faire allégeance au roi Pépin et à ses deux fils, Caroloman et Charles. Un prince de Bavière ne trahit pas son serment.

L'âge n'a pas assagi Adelchise ni calmé sa haine. Il explose :

– On ne fait pas de serment à un loup-cervier. Nous sommes nombreux ici à t'offrir notre épée pour trancher la vie de Charles.

Du rang des capitaines qui portent les bannières du duché, le plus jeune d'entre eux s'est avancé et il interpelle son duc :

– Que les Lombards parlent pour la Lombardie ! Le roi Charles en porte la couronne ou l'a déjà donnée à un de ses fils. Ici, nous sommes en Bavière. Mon père était parmi les nobles qui ont accompagné les Francs à Saragosse au nom de ton serment et il est mort, dans les Pyrénées, auprès du comte Roland. Nous sommes, nous aussi, nombreux qui avons décidé de recevoir Charles comme notre suzerain. Un suzerain auquel toi, notre duc, as manqué de fidélité.

L'évêque regarde Tassilon dont la mâchoire tremble et dont les yeux se sont durcis.

– Nous ne te ferons pas grief d'avoir parfois obéi à des prières qui s'adressaient à l'homme et non au duc et que le duc n'aurait pas dû entendre, dit-il. Je t'ai regardé régner. Tu t'es voulu monarque chrétien. Tu as fondé vingt-neuf monastères. On t'a nommé *Princeps serenissimus*. L'Eglise de Bavière sera à tes côtés pour recevoir Charles. Pour le recevoir et l'*honorer*.

– Pour vous agenouiller, une fois encore !

C'est Adelchise qui a jeté ce cri avec rage. Il ne se contient plus. Un autre capitaine, aux cheveux gris, est sorti du groupe et, bras tendu, a désigné le Lombard.

– Autre peuple, autres mœurs, dit-il. Il me plaît davantage de mettre un genou en terre devant Charles, mon roi, que de le faire devant femelle comme je te l'ai vu ployer, toi, devant Hermengarde. C'est l'honneur de ton père ou le cul de ta sœur bien-aimée qui te dicte tes paroles?

On doit ceinturer Adelchise et l'entraîner. Il écume de fureur et Liutpergue, indignée, part avec lui. L'évêque lève la main.

– Duc, au nom de la Bavière, envoie une ambassade auprès du roi Charles et fais-lui savoir que tu t'avances à sa rencontre...

Un galop! C'est un cavalier bavarois sur une monture fumante. Il saute à terre et s'incline devant Tassilon.

– Le roi Charles...

– Eh bien?

– Il est là.

Du fond de la forêt, déjà, les épées frappent les boucliers et s'élève le cri trois fois répété : « Charles! Charles! Charles! » Le temps de se retourner, le roi est là.

– Oh! Que de fer! hélas, que de fer! disait Notker le Bègue quand il rapportait la reddition de Pavie.

Charles est armé de pied en cap et la double couronne scintille à son front. Il descend de cheval. Les Bavarois se sont écartés pour mettre en pleine lumière le trône dressé à son intention. Charles s'y dirige sous la voûte des arbres. Tassilon, lèvres serrées, ne dit pas un mot.

C'est seulement lorsque Charles a pris place sur le trône que le duc va vers lui, s'agenouille et lui tend le baton d'allégeance qui symbolise la primauté du Franc sur le Bavarois.

– Moi, Tassilon, duc de Bavière, je promets, à compter de ce jour, d'être fidèle au seigneur Charles, fils du roi Pépin et de la reine Berthe.

Un homme, de noir vêtu et hérissé de pointes, est venu à la droite du roi et, debout, semble y monter la garde : Widukind. Charles lève la main, paume ouverte.

– Qui prête serment doit avoir l'âme aussi claire que la parole, dit-il. Réponds. Lorsque, à la mort de mon père, j'ai été proclamé roi, tu as refusé de renouveler l'allégeance que tu avais jurée à Compiègne. Pourquoi?

– Je ne devais l'allégeance qu'au roi des Francs. Il y en avait deux, ton frère Caroloman et toi.

– Lorsque j'ai réuni l'*ost* contre Hunold, duc d'Aquitaine, qui se rebellait contre moi, je t'ai appelé : tu n'es point venu.

– T'obéir, c'était désobéir à ton frère.

Les yeux de Charles étincellent.

– Tu ne lui avais pas plus prêté serment qu'à moi, tu ne lui devais donc pas obéissance.

– Son royaume était entre mon duché et ton royaume.

Widukind écoute avec, aux lèvres, un pli de dédain.

– Quand j'ai rameuté pour l'Espagne...

– Mes chevaliers étaient là.

– Quelques-uns. Contre ton gré.

Le visage de Tassilon, de question en question, ne cesse de se décomposer. Charles se tourne vers Widukind.

– Et quand j'ai mené ma dernière expédition contre les Saxons, pourquoi n'es-tu pas venu ? Réponds !

Tassilon regarde Widukind qui ne baisse pas les yeux. Charles les observe. Il laisse un long instant de silence, puis il répète, sauvagement :

– Réponds !

– Je ne pouvais pas, balbutie le duc.

– Tu ne pouvais pas parce que, comme toutes les autres fois, c'est toi qui le renseignais sur ce que je préparais ! Et c'était un païen, souviens-toi ! Tu as trahi, tu as toujours trahi ! Tout le monde !

– Pas la chrétienté !

C'est alors que Charles a ce mot sublime, peut-être le plus fort qu'il ait jamais prononcé. Il a jailli de lui comme une eau souterraine sous le doigt du sourcier :

– *Je suis la chrétienté.*

***

Comme la vie des grands de ce monde serait simplifiée si les traîtres l'étaient de façon absolue ! Depuis les Evangélistes on n'en finit pas de s'interroger sur Judas. C'était encore vrai du temps de Charles. Dans ses correspondances avec Alcuin les problèmes de la foi tenaient une grande place. Ce qui embarrassait le roi sur l'Iscariote se résumait à deux ou trois points essentiels. Judas avait touché trente deniers, mais des deniers qu'on ne pouvait utiliser que dans l'enceinte du Temple pour sacrifier des agneaux ou des colombes. Il ne comprenait pas non plus la nécessité du baiser de Judas pour dénoncer son maître. Celui-ci n'était-il pas connu de Jérusalem tout entière pour y avoir fait son entrée, sur un âne, parmi les palmes et acclamé comme un roi ? Enfin, Judas s'était suicidé *avant* la crucifixion de Jésus, avant même sa condamnation. S'était-il donné la mort pour ne pas témoigner de ce qu'il avait vu : le Galiléen ressuscitant Lazare ? Faute d'accusateur, le Sanhédrin avait eu recours à la pitoyable farce du roi des Juifs, de la couronne d'épines, du torchon de pourpre et de l'écriteau INRI cloué au-dessus du supplicié.

Charles n'est pas plus convaincu de la trahison de Tassilon que de celle de Judas. A peine a-t-il prononcé la phrase : « Je suis la chrétienté » que les Bavarois se déchaînent contre leur duc.

Tour à tour, chacun s'avance et lance son accusation. Widukind reconnaît avoir été soutenu, militairement et financièrement, par le duc Bavière dans toutes ses guerres contre les Francs.

L'évêque de Salzbourg jette l'anathème sur Tassilon pour l'avoir vu pécher contre la Sainte Eglise en prononçant un faux serment.

– La fidélité n'est pas dans son cœur, mais seulement sur sa langue. Dieu le sait!

Les nobles Bavarois qui avaient combattu dans l'*ost* des Francs déclarent qu'ils ont été, à leur retour, éloignés de la cour et assignés dans leurs châteaux, comme des sujets désobéissants. Charles n'a plus qu'à interroger à voix haute l'assemblée sous les arbres :

– Votre duc a passé sa vie entière à essayer de m'empêcher de bâtir le royaume uni d'Occident. Je parle au nom des Francs, mais le duc est bavarois. Il doit être jugé selon vos propres lois et son châtiment décidé par son peuple. Le tenez-vous pour coupable ou non-coupable ?

Tous, d'une même voix, de répondre :

– Coupable !

– Quelle est la peine encourue en Bavière pour le crime de trahison ?

– La mort !

Nul n'a laissé la moindre chance au duc déchu. Ils s'accordent tous à le déclarer traître au roi Charles, sans s'interroger aux fins de savoir s'il ne l'a pas été pour rester fidèle à la Bavière.

Les corps constitués sont lâches et, à toutes les époques, rien n'est plus aisé que de leur faire décider la mort d'un homme. Charles, à l'énoncé de la sentence, a un goût de cendres aux lèvres. Il voulait punir un félon. Le fruit lui est tombé tout seul dans la bouche. Le soir venu, il décide de se faire conduire dans l'abbaye où Tassilon attend son châtiment. En y pénétrant, le roi des Francs frissonne. Il se souvient des femmes qu'il a tenues dans ses bras et qu'il a enterrées vivantes dans des couvents, ainsi que des puissants qu'il a rayés du monde et enfermés entre quatre murs – prétendûment livrés à la miséricorde de Dieu. Et il éprouve une impression toute neuve : celle de s'être sans doute mal conduit.

Dieu sait s'il lui en a fallu commettre des actes terribles que rien ne le destinait à accomplir, dans son adolescence dorée où il jouait la vie à qui perd gagne avec Roland et les autres ! Soudain, la présence de Widukind le gêne. Le voile rouge de Verden passe devant ses yeux, mais là-bas, du moins, avait-on au préalable crucifié son évêque, et Hildegarde était morte d'avoir trop couru la Saxe rebelle. A Ratisbonne, en franchissant la porte du monastère, sans avoir eu à combattre, Charles connaît un sentiment jusqu'alors ignoré : la honte.

Seul avec Tassilon dans la cellule, il s'assied sur le banc de pierre, face au duc. Tassilon le regarde comme on dévisage son bourreau. D'entrée, Charles le déconcerte :

– Comment va mon épouse Hermengarde ? demande-t-il.

Tassilon a un haussement d'épaules.

– Elle a toujours eu du sentiment pour toi. Je la soupçonne, chaque jour, de prier Dieu de te conserver en vie.

La lumière oblique tombe de la petite ouverture dans le mur, comme dans un cachot.

– C'est une rude entreprise, constate Charles, que le gouvernement des hommes!

Tassilon, depuis qu'il a été banni par son peuple rassemblé, semble revêtu d'une majesté d'automne.

– Les hommes sont-ils faits pour autre chose que pour mourir ? demande-t-il.

Un sourire éclaire le visage de Charles.

– Je suis venu te dire que tu ne mourras pas.

La stupeur passe dans les yeux du duc.

– Oui, explique le Franc. Je crois que, pour le temps qui me reste à vivre, je vais m'appliquer à régner sans tuer.

– C'est infiniment dangereux, rétorque Tassilon. Ça raccourcit les règnes. Qui t'a enseigné cela ?

– Un moine. Il s'appelle Alcuin. Il vient du pays des Angles.

– Prends garde. Ton pouvoir va être fragile si tu te souviens que tu as un cœur.

Charles sourit à nouveau.

– C'est simplement un peu plus difficile. Il faut être toujours le plus fort si on ne veut pas avoir besoin de tuer.

Ils sont là, assis face à face, comme deux grands garçons qu'on aurait mis au piquet. Tassilon ne peut détacher ses yeux de Charles, puis, comme sans trop y croire, il s'enquiert :

– Que va devenir la Bavière ?

– Elle fera partie du royaume oriental avec l'Allemagne, l'Austrasie et la Saxe, répond Charles. Je la nommerai Germanie.

– Et mon peuple ?

– Il continuera à vivre chrétiennement comme il l'a toujours fait. Les ducs passent avec les saisons. Pas les duchés.

– Et ma famille ?

– Ta famille ! Sans elle, tu aurais fait un duc superbe ! Oublie-la.

– Liutpergue, ma femme ? Et mon fils Théodore ?

– Ils ont la vie sauve. Toi, j'ai choisi de te rapprocher de Dieu, pour la paix de ton âme. Je te condamne à finir tes jours dans un monastère.

***

Le soir finit d'éteindre les feux du jour lorsque, au sortir de l'abbaye, Charles voit venir vers lui Widukind, le barbare.

– C'est vrai ? Tu lui laisses la vie ? lui demande-t-il.

– Oui.

La réponse du roi est presque gaie.

– C'est comme si tu lui donnais une deuxième chance de te trahir, dit le Saxon.

– Non, répond Charles. C'est peut-être la dernière chance que Dieu me donne de me sauver !

C'est ce que Eginhard, dans sa *Vie de Charlemagne,* traduit, au chapitre onze, par ces deux lignes :

« Plus tard, Tassilon, ayant été mandé en présence du roi, se vit refuser l'autorisation de rentrer dans sa province dont le gouvernement fut désormais confié, non plus à un duc, mais à des comtes. »

Chapitre 2

EUROPA

Après la soumission de la Bavière, c'est l'apogée : Charles peut s'enorgueillir des conquêtes de ses fils. Ils ont le sang brave comme lui et, à tour de rôle, ils rentrent au château à la manière des aiglons qui rapportent des proies pantelantes dans l'aire. La reine Fastrade à ses côtés, entouré de ses filles, couvertes de bijoux, et de Berthe au deuil définitif, le roi les accueille. Derrière, avec sa tête de neige, le sage Alcuin.

Annoncés par des sonneries de trompettes, les trois jeunes guerriers se présentent l'un après l'autre. C'est d'abord Charles le jeune. Il est superbe et il met un genou en terre devant son père. Le paladin Roger l'accompagne. Ils viennent de Saxe où les derniers irréductibles ont accepté le baptême. Pour preuve de leur foi toute neuve, ils ont coupé des milliers de branches vertes dont chacune incarne un païen rallié. C'est par brassées qu'elles s'amoncellent aux pieds du roi.

Puis Louis, roi d'Aquitaine, le plus fragile de corps et l'âme tout entière à Jésus, remplace Charles le jeune. Il paraît accablé par sa lourde broigne aux écailles de fer. Il s'incline et, du même coup, ploie l'étendard qu'il arbore à sa dextre.

– Sire, voici le drapeau de la forteresse de Huesca. Je lui ai donné l'assaut et l'ai enlevé de vive force aux

Maures qui le tenaient. Désormais, de Barcelone à l'Océan, l'Espagne est franque.

Alcuin se penche à l'oreille d'Eginhard toujours assis, ses tablettes à la main, et, désignant Charles du regard :

– Heureux le peuple exalté par un tel chef! Sa main droite brandit le glaive des triomphes et sa bouche fait retentir la trompette de la vérité catholique.

Un grand piétinement précède l'entrée de Pépin, celui que Charles a fait couronner roi des Lombards. L'assistance frémit. Pépin n'est pas seul. Une cohorte l'accompagne : les prisonniers avars. Des combattants magnifiques, qui sont venus de la lointaine Corée pour envahir l'Europe, des protomongols qui, depuis le ve siècle, ravagent la Hongrie, l'Autriche, tout le territoire de la Pannonie. Ils semblent innombrables et insaisissables. On les traite, avec mépris, d'« insectes fourmillants ». Entravés, blessés, ils sont des dieux en marche. Leur chef est fendu, comme un arbre, par une longue balafre ensanglantée.

Un genou en terre, Pépin s'adresse fièrement à son roi :

– Sire, mon père, avec l'aide d'Eric, mon lieutenant, je me suis emparé du Ring, dont j'ai forcé les neuf enceintes. J'ai débusqué leur chef. Reçois sa soumission.

La voix du captif a la violence du vent asiate.

– Roi Charles, dit-il, je t'abandonne mon royaume tout entier, avec ses herbes, ses forêts, ses montagnes, ses collines... avec tout ce qui en sort... Je le fais parce que tu es le plus grand roi de la terre!

C'est alors que roulent devant la foule stupéfaite quinze attelages de chars, traînés chacun par deux paires de bœufs et tout débordants de trésors.

« Pas une guerre, note Eginhard, ne rapporta aux Francs un pareil butin et un pareil accroissement de richesses. Eux qui jusque-là pouvaient presque passer pour pauvres, ils trouvèrent dans le palais du *khagan* tant d'or et tant d'argent, tant de dépouilles précieuses conquises par la force des armes, qu'on ne se tromperait guère en disant que ce fut une juste reprise de ce que les

Huns – le terme semble emprunté aux Annales royales – avaient injustement enlevé aux autres peuples.

Lorsqu'il s'agit des campagnes de Charles ou de ses fils, Eginhard se montre toujours soucieux de leur conférer une finalité conforme à la morale chrétienne. Pépin le jeune se flatte d'avoir mis hors d'état de nuire la nation belliqueuse qui terrorisait l'Asie et l'Europe centrales.

– J'ai pris le trésor légendaire, fruit de rapines sans nombre, qui était caché dans le Han et sévèrement gardé. C'est mon cadeau filial, Sire, mon père!

Par trois fois, l'assistance scande le nom de Charles, les épées frappent les lourds boucliers. Le roi lève le bras pour obtenir le silence.

– Que mes trois fils soient bénis! J'ordonne à tous ceux qui sont présents dans cette cour, du plus humble au plus puissant, d'aller, pieds nus, jusqu'à la chapelle pour une action de grâces. A tous ceux qui le peuvent je demande de s'abstenir de vin et de viande pendant trois jours... Quant à ceux qui ne le peuvent pas, qu'ils s'en rachètent en faisant force aumône proportionnelle à leurs moyens! Louanges à Dieu!

Jamais encore la monarchie carolingienne n'a brillé de tant de feux, aussi éblouissante que l'amas de joaillerie et de gemmes rapporté de Germanie. Charles peut tout. Les serments d'allégeance montent de toutes les parties du royaume, ramenés par les *missi dominici* : « Je promets d'être fidèle à monseigneur le roi Charles et à ses fils, et de leur rester loyalement dévoué pendant tous les jours de ma vie. »

« A Charles et à ses fils. » Sauf un, celui qui, l'aîné, le premier, ce mal venu, est devenu un homme contrefait et qui a assisté au triomphe de la place où il a été confiné : Pépin le Bossu, le souffre-douleur des cuisines royales.

***

A une telle opulente et glorieuse nation, il ne manque plus qu'une ville capitale comme Constantin en a édifié une à Byzance. Charles choisit *Aquæ Grani*, Aix-la-Chapelle. Il la connaît de longue date. Il y est venu, naguère, avec Hermengarde, il s'y est baigné – on sait sa dilection pour l'eau – et il y a connu des moments d'insouciance. Il rêve d'en faire la capitale de l'Occident chrétien.

« C'est, écrit Eginhard, sa propension à l'équitation et à la chasse et son goût pour les eaux thermales qui l'a amené à y bâtir un palais et à y résider constamment. »

Le *palatium* désigne non seulement l'édifice mais le roi, ses ministres, ses conseillers, l'ensemble du personnel politique et administratif du royaume, ainsi que la chapelle et les hauts dignitaires religieux. Les descriptions qui en sont faites ne donnent qu'une faible idée des édifices, en colombages ou en bois, qui se répandent sur un territoire d'une vingtaine d'hectares. On a vanté l'immense hall du premier étage réservé aux assemblées et à la réception des visiteurs de marque, la longue galerie conduisant à la chapelle et l'édifice religieux lui-même – sans nul doute de tous le plus prestigieux. Sa décoration intérieure, harmonieuse juxtaposition de colonnes, de chapiteaux et de mosaïques, est surmontée d'une coupole ornée du Christ dans sa gloire céleste et le concert de ses anges. Aux dires de certains de ses contemporains, le roi franc avait voulu s'offrir une « nouvelle Rome ».

***

Charles voit beaucoup plus loin et sa pensée l'entraîne au-delà de sa passion de bâtir qu'il fait partager aux meilleurs architectes de son temps ainsi qu'à Alcuin d'York, son inséparable ami, et à Nardulus, son biographe.

Charles bâtit l'empire d'Occident à venir. A coups de *missi dominici*, essaimés dans tout le royaume, de réceptions d'ambassadeurs étrangers et de directives précisant la façon de conduire chacune des missions importantes. Il s'attelle à définir et unifier cette Europe à présent entièrement chrétienne et qu'il a forgée, roidement, de ses mains, en marchant sur ses chagrins privés. Il veut, selon sa déclaration à Alcuin, « marquer la primauté franque dans la Cité de Dieu! », et il va jusqu'à ordonner, dans son souci d'unité, que « ceux qui sont nés dans la même foi ne diffèrent pas non plus dans la manière de chanter les psaumes ». Rien n'échappe à sa vigilance. Selon sa volonté formelle, l'écriture romaine est remise en usage et il s'ensuit la claire et très lisible « caroline » qui remplace la minuscule mérovingienne.

En tout, Charles privilégie *le réel* contre toute construction souvent illusoire et immodeste de l'esprit. Il prescrit aux *villici*, aux maires, de ne pas compter dans leurs districts plus de terres « qu'ils ne peuvent parcourir et administrer en un jour ». Il se méfie des charges que l'on délègue. La responsabilité est le fondement de son règne. A ceux qui partent en voyage, il rappelle, quels que soient leurs itinéraires, « de ne toucher à rien en dehors de l'herbe, du bois et de l'eau ». Aux cavaliers il recommande de ne jamais quitter les fantassins « afin qu'en l'absence du maître » les hommes ne soient pas tentés de mal faire.

Les journées studieuses se succèdent dans la vaste bibliothèque du château. Charles, note Eginhard, est volontiers prolixe, la fécondité de sa conversation était telle qu'il paraissait aimer trop causer. Le roi a largement passé la quarantaine, il a chevauché et guerroyé plus que quiconque, s'est livré avec passion aux bains, au commerce des femmes et aux autres exercices du corps, et sa vie de roi lui a valu des douleurs de personne à la hauteur de sa condition. Ses cheveux commencent doucement à blanchir et l'éclair de ses yeux, loin de se ternir, reflète une profondeur qui saisit chaque nouvel interlocuteur. Il a tout juste pris un peu d'embonpoint (« Son ventre est trop saillant et son cou est gras et trop court » observe Nardulus). Tel qu'il est, droit dans sa majesté naturelle, il en impose aux hommes et il n'est point de femme pour résister à la tendre malice de ses yeux.

Charles travaille avec méthode. Tantôt, il régente la justice et s'emporte contre les lenteurs de son cours. « Prenez soin de faire porter toutes les causes devant vous... Sinon sachez que nous rendrons contre vous un compte terrible. » Tantôt, il fixe la parité des monnaies : « Les deniers doivent avoir en tout lieu, en toute cité et sur tout marché, même cours et être acceptés par tous pourvu qu'ils portent la marque de notre nom et qu'ils soient d'argent pur et de plein poids. » La vastitude de son royaume le conduit à édicter des règles dont la précision paraît aujourd'hui stupéfiante. Il prend en compte la diversité de ses peuples et fixe le prix du bétail dans chaque région.

« Un bœuf d'un an, de l'une ou l'autre Saxe, vers l'automne vaudra un sou. Au printemps, au sortir de l'étable, son prix croîtra au fur et à mesure qu'il croîtra en âge. » Il décide que les femmes vivant sur ses territoires auront la libre disponibilité de leurs biens dans le royaume d'où elles sont sorties, « même si elles résident dans un autre, à cause de la société de leurs époux... » Et sur toute l'étendue de son pouvoir, il établit le devoir sacré de l'hospitalité : « Nous ordonnons que personne dans notre royaume n'ose refuser l'accueil ni aux riches, ni aux pauvres, ni aux étrangers, c'est-à-dire que personne ne refuse le toit, le feu ni l'eau, soit aux étrangers parcourant la terre au nom de Dieu, soit à celui qui voyage par amour de Dieu et pour le salut de son âme. » De même, il baptise chacun des mois de l'année et interpelle les vents du monde avec des vocables nouveaux.

Tout vient de Charles. Tout va à Charles. Mais lui, inspiré, meurtri de Dieu, conserve l'humilité des grands caractères. A Alcuin d'York, qui vient lui annoncer son proche départ pour Tours où il entend se retirer, il demande comme on supplie :

– Ne pars pas. Tu es l'homme le plus savant qui soit sur terre. Tu ne peux pas t'en aller avant d'avoir fini les livres carolins que tu écris pour moi.

Et le vieil Anglais de répondre :

– Tu n'as plus besoin de moi, roi David. Un roi plus puissant que toi m'appelle.

– Son nom ? s'écrie Charles, impatiemment.

– Le Dieu du ciel. Je vais mourir à Saint-Martin-de-Tours. C'est là qu'il m'a donné rendez-vous.

Dans sa retraite religieuse, Alcuin crée un atelier de scribes qui, travaillant sous sa direction, composent sur des parchemins, pourpres ou or, en lettres d'argent, les célèbres « évangéliaires » qui constitueront le haut fleuron de ce que certains ont appelé la « renaissance carolingienne ».

***

Rien n'est compréhensible dans l'aventure de Charles si l'on n'y inscrit pas, en travers, comme s'il contenait tout le reste, le mot : *foi*. Sans elle rien, dans l'existence du roi franc, n'aurait été possible. Il était d'une stature peu commune et possédait la vertu la plus précieuse, du courage rudimentaire. De naissance, il savait que le fardeau majeur lui incomberait. Durant sa jeunesse de loup, il avait décidé de l'ignorer. Il avait dévoré l'adolescence comme on mord dans un fruit. Son père Pépin avait déserté le trône trop tôt à ses yeux. Dès lors, il n'avait plus eu que le pacte de Quiercy dans la cervelle et lui avait tout sacrifié. Il avait une charge immense sur les épaules : la garde de la Cité des hommes et sa soumission à la Cité de Dieu. Pari de géant, et perdu d'avance sans l'illumination de la foi.

Aussi, avant de laisser partir Alcuin, à regret, lui avait-il posé une dernière question qui ne cessait de le hanter depuis la boucherie en plein vent de Verden :

– Pourquoi y a-t-il encore des païens, des hommes comme l'était hier Widukind, qui sont plus vaillants et plus riches de pensées que quiconque et qui ne croient pas ?

Le moine avait eu ce sourire venu d'ailleurs qui rendait son visage translucide et il avait répondu :

– Quand on lui posait la question « Pourquoi crois-tu ? », saint Augustin répondait : « Je crois parce que c'est absurde ! » Il n'y aura jamais meilleure réponse.

Le grand roi raccompagne Alcuin d'York dans le crépuscule allemand. Il s'entend conseiller par le moine d'écrire au pape de Rome – et de garder, même dans son sommeil, un œil ouvert sur Byzance.

– *Le Cantique des cantiques* dit que quand on touche à Constantinople, le ventre du monde se met à trembler.

Rome et Constantinople, tels sont les deux messages ultimes du vieil homme qui converse déjà avec la mort.

– Quand tu iras voir le pape, dit-il encore, emporte le *Sacramentarium*, le livre des sacrements de Grégoire le Grand.

– Pourquoi ? demande Charles.

– Tu le sauras quand tu seras dans le palais du Latran. Va en paix, roi David !

Charles a encore des paroles d'assoiffé. Il voudrait à toute force empêcher la séparation ou en reculer l'heure. Il lance ses questions comme des appels au secours :

– Pourquoi Dieu a-t-il rappelé Roland si vite alors qu'il était le meilleur d'entre nous ?

– Parce que son temps sur la terre était fini.

– Que puis-je faire de bien pour mon peuple ?

– Donne la connaissance aux pauvres ! Ils n'ont rien d'autre.

– Albinus ! Albinus ! Quelle dernière pensée t'habitera lorsque tu quitteras la terre des hommes ?

Le vieillard a un haussement d'épaules de prince errant.

– Les hommes ? J'espère seulement que Dieu les a faits le moins possible !

Et sur ces paroles, il s'en va.

Charles croit qu'il ne le reverra plus.

*
* *

Avant de se rendre à Rome pour voir Hadrien, il reste à Charles une rude besogne à mettre en chantier : le canal. Celui qui germait déjà en son esprit en Bavière, quand Tassilon y régnait et qui, sous la férule du roi des Francs, pourrait bien prendre une signification immense. Il s'agit de relier par une voie d'eau creusée à mains d'hommes un affluent du Danube, l'Altmühl, et la Regnitz, affluent du Marvi qui se déverse dans le Rhin. Ainsi, tels deux anguilles accouplées par la queue, les deux fleuves-rois donneraient naissance à un boulevard aquatique qui conduirait de la mer du Nord à la mer Noire. *Europa* grâce à cette voie navigable imprévisible se trouverait béante au voyage. Charles y travaille d'arrache-pied, comme tout ce qu'il entreprend, il s'y éreinte jour et nuit et ceux qui l'accompagnent, ébahis, chancelants, s'effondrent, le soir venu, sous les tentes trempées. Il pleut comme il n'a jamais plu de mémoire d'homme. Le gigantesque chantier croûle sous une boue gluante et sale. Chaque mètre gagné en profondeur à midi est comblé à six heures par une coulée de vase qui emporte les hommes, les étais, les pelles et pioches. Sous les lances de la pluie sempiternelle, des mottes de terre géantes semblent bouger. On s'en approche. On s'aperçoit que ce sont des hommes. Tout un troupeau de glaise, armé d'outils rudimentaires et de sacs trempés, maltraite un bourbier limoneux et glissant. C'est travail de Titans, chantier d'Apocalypse. La mort mange les ouvriers du canal. Charles court d'un éboulis à l'autre, tend la main à celui qui s'enlise, dégage l'infortuné dont un madrier a fait éclater la jambe, saisit les cordes de soutènement, hurle, se bat et donne l'exemple de l'obstination surhumaine. Il a emmené ses fils qui veulent, sinon l'égaler, du moins se montrer dignes de lui. Ils sont devenus eux aussi des statues de boue.

Un après l'autre, les compagnons du roi viennent l'adjurer de renoncer. Ils se heurtent à un mur.

– Le ciel ne veut pas! lui dit-on. Sire, de grâce! abandonnez!

– On fera le canal. Avec le ciel ou sans lui! On ira jusqu'au bout du monde habité!

Et, inlassablement, on refait ce que l'orage a détruit durant la nuit.

***

A Aix-la-Chapelle, une nouvelle reine occupe le trône que Charles a déserté. Fastrade est morte. « Il épousa alors l'Alamane Liutgarde, écrit Eginhard, après un intermède avec une concubine dont le nom m'échappe. » Le Franc n'a pas plus renoncé à sa passion des femmes qu'à celle des chevaux ou à celle des bains. Il se montre très épris de Liutgarde. C'est à elle qu'il a confié le royaume tandis qu'il creuse. Et Berthe, du haut de son âge, de sa stature toujours droite et de son titre, inaliénable, de reine mère des Francs, la surveille de son œil sombre. « Elle vieillit, environnée d'honneurs » note Eginhard. De Liutgarde on sait peu de chose. Un historien d'aujourd'hui [1] la décrit ainsi : « la douce, pieuse et fine Liutgarde ». Il semble qu'elle ait grande conscience de son rôle de femme de roi. Elle régente tout, et dicte ses ordres à un scribe comme elle l'a vu faire à son royal époux.

Le hasard malicieux ou une audace incongrue de Pépin le Bossu les fait se rencontrer dans la grande salle du palais, réservée aux cérémonies. Pépin, solide et hargneux, se bat contre trois jeunes nobles qui l'ont agressé. Ils se donnent de fameux coups et Liutgarde, indignée de leur présence en ce lieu et que révolte l'inégalité de la rixe, fait hautement entendre sa voix. Elle somme l'attaquant de venir jusqu'à elle. Hirsute, les cheveux dans les yeux, le nez en sang, tête baissée, il se présente. Elle voit alors la gibbosité de son dos.

1. Jean-Yves Boulic, *Charlemagne, empereur d'Europe*, Médialogue, 1991.

– Que fais-tu ici ? D'où viens-tu ?
– Des cuisines.
– Pourquoi les as-tu attaqués ?
– Ils m'ont traité de bâtard.

Un instant, la reine hésite. Pour lui répondre, Pépin a levé son visage et l'image de Charles s'est aussitôt imposée à Liutgarde. Le querelleur lui ressemble. Elle chasse les trois autres et, d'une voix différente, dès qu'ils sont seuls, interroge :

– C'est vrai ? Tu es bâtard ?
– Oui.
– Qui est ton père ?

La reine devine la réponse avant de l'entendre.

– Le roi Charles.
– Suis-moi.

Alors le secret remonte au grand jour.

Eginhard, dans ses écrits, se montre soucieux de l'honneur de Charles et explique l'histoire à sa façon. « Il avait eu d'une " concubine " un fils nommé Pépin, dont je n'ai pas encore parlé, agréable de figure, mais bossu. » Il ne relève ni le mariage religieux sans l'agrément de Rome, ni le fait que Charles ait donné à ce premier enfant le nom de son père Pépin, alors roi des Francs. Il exécute Pépin le contrefait en deux lignes.

Liutgarde, plus maternelle et éprise de justice et de charité, le rétablit, le jour même, dans ses prérogatives de prince. On l'envoie aux bains, on lui donne un écuyer et, enfin, on le vêt selon son rang. Par dessus la chemise et le caleçon de toile de lin, on lui passe une tunique bordée de soie. Des esclaves lui lient des bandelettes autour des jambes. On lui met un grand gilet de peau de loutre qui lui couvre les épaules et la poitrine. On s'écarte enfin de lui pour que la reine le contemple.

C'est un homme à présent. Il est de taille moyenne mais bien prise, ses cheveux blonds descendent jusqu'à ses épaules et ses yeux sont aussi noirs et aussi pénétrants que ceux de Berthe aux Grands Pieds. Mais la noblesse de son costume rend encore plus monstrueuse la bosse qui déforme son dos.

– Qui a osé faire cela?

Berthe est entrée, sans doute alertée par l'un ou l'une de ses fidèles. Vieillie, le cheveu gris, elle est toujours aussi altière, faite d'un métal que rien ne peut corrompre. Elle écume de fureur.

– J'ai fait le tour complet du palais. J'ai interrogé tout le monde. C'est vous?

Elle s'est tournée vers la reine et son regard l'incendie.

– Cette mascarade? Ce contrefait, cet avorton, ce mal venu, déguisé en prince, c'est vous?

Délaissé par les esclaves, désemparé dans ses habits neufs, Pépin lutte de toutes ses forces contre l'envie de fuir qui s'est emparé de lui depuis l'entrée de Berthe. Liutgarde n'a pas cillé.

– Oui, c'est moi, dit-elle. Je l'ai fait pour la grandeur de Charles et pour la paix de son âme.

Immense et noire, Berthe s'est avancée jusqu'à sa bru courageuse et sereine.

– Et de quel droit l'avez-vous fait?

– Du droit, répond celle-ci, d'épouse légitime du roi devant Dieu et selon l'usage des Francs! Charles, en partant, m'a confié, devant vous, la charge du palais durant sa longue absence. J'ai fait ce que je devais.

– Sans prendre mon conseil?

La réponse de la jeune reine est d'une telle hauteur tranquille que Berthe en sursaute.

– La reine des Francs est trop grande princesse pour avoir à prendre conseil de personne. Fors du roi dont elle est l'épouse obéissante.

La vieille mère ne se contient plus. Elle a trop longuement vécu, vu trop de crimes, d'horreurs irréversibles, pour ne pas deviner le malheur quand il se prépare sous ses yeux.

– Vous avez réveillé le démon et demain il régnera sur ce palais, en l'absence de mon fils! Prenez garde! Vous êtes fière de votre cœur, n'est-ce-pas ? Vous croyez à la bonté universelle. Qu'allez-vous imaginer ? Qu'un roi de la terre doit se comporter toujours en accord avec la morale des prêtres ? Il ne serait pas roi, alors. Il serait comme les autres et il ne pourrait plus ni les conduire ni les protéger.

Elle se tourne vers Pépin, toujours interdit et craintif.

– Défiez-vous de ce qui vient des cuisines, ma fille. Je me retire dans mes appartements. Je n'en sortirai plus qu'au retour de mon fils.

Et, avec un haussement d'épaules, rassemblant tout le mépris dont elle est capable, elle ajoute, au moment de sortir de la grande salle :

– Décidément, Charles n'a jamais su choisir ses femmes !

⁂

Une nuit immense et sans étoiles est tombée sur la terre des Francs. Le temps, partout, est exécrable. Il pleut dru et avec rage comme au commencement du déluge. Il pleut sur Aix-la-Chapelle ainsi que sur les plaines qui, de Ratisbonne, conduisent à la nouvelle Rome du roi Charles. Un cavalier, insensible à l'orage sans fin, raide sur sa monture, un capuchon sur la tête, armé de pied en cap, chevauche en solitaire. Il a quitté l'ancienne capitale de Tassilon, d'où, depuis la destitution du duc et sa réclusion au couvent de Prüm, tous les reptiles rampants qui conspiraient contre Charles se sont enfuis. Le cavalier des ténèbres et de l'eau du ciel est, entre tous, le plus dangereux et le plus familier des anciens compagnons du roi. C'est le comte Ganelon, épargné par les Basques, et qui, après avoir trouvé refuge et subsides à la cour bavaroise, a entendu l'appel du destin lorsqu'il a appris la nouvelle dignité du « bâtard », Pépin le Bossu. « Ce fut à Ratisbonne qu'en 792 éclata la révolte de Pépin le Bossu. On pense que des Bavarois mécontents étaient mêlés au complot. »

⁂

Charles dort et ronfle dans le tumulte du vent qui secoue avec rage la tente royale et tourmente ce qui se trouve à l'intérieur. Des images de déluge hantent son sommeil. La veille au soir, Eginhard, le fidèle, a cherché, une fois encore, à le dissuader de poursuivre une tâche surhumaine.

– Combien de jours ? Combien de nuits ? Combien d'années peut-être, mon prince ?

– Creusons, Nardulus. Il suffit d'un fossé de deux mille pas de long et de trois cents pieds de large pour que les deux fleuves se déversent l'un dans l'autre. Et c'est alors tout un continent que je tiens dans ma main.

Le roi se fait charmeur pour justifier son entêtement aussi constant que la pluie.

– Dis-moi. Toutes ces terres en deçà de l'Elbe où nous avons rencontré les Wilzes, comment les Anciens les appelaient-ils ? Redis-le-moi !

– *Europa*, mon prince.

Le visage de Charles s'illumine sous la barbe qui le ronge.

– C'est un très beau nom, *Europa* !

Chapitre 3

L'HEURE DU PARDON

Les événements vont plus vite que les astres, quand le destin s'amuse à fouetter ses chevaux. Ganelon, celui qu'on croyait occis à Roncevaux, est debout dans le hall superbe d'Aix-la-Chapelle. Pépin le Bossu occupe dans l'abside de l'Ouest la place de son père. Il est assis sur le trône des Francs.

Comme il y excelle, Ganelon, sitôt arrivé, s'est fait connaître du prince, et mêlant la flatterie et le miraculeux, il l'a insidieusement incité au crime de lèse-majesté. Le vieux compagnon des heures adolescentes a fort vieilli. Son visage, naguère coupant et maigre, à la barbe rebelle, s'est nourri de rides. Il semble refléter des détresses sans nombre.

Ganelon écoute la litanie du contentement de la royauté usurpée. Pépin est radieux.

– Tous, ils viennent tous s'incliner devant moi. Les plus hauts hommes de la cour que je voyais passer des cuisines. Les comtes Astrade et Théobald, Fardulf le diacre et même Agilbert, l'abbé.

Un sourire de mépris passe sur les lèvres du comte.

– L'abbé avait donné à ton père sa première communion, et Andrade lui devait la vie depuis la guerre d'Aquitaine où il avait failli périr. Ce sont de beaux motifs de rancune.

Pépin s'étonne qu'on le tutoie puisqu'il est roi.

– Un roi que j'ai fait sauter sur mes genoux, réplique Ganelon. De tous les compagnons de Charles, j'étais le seul qui n'avais pas peur de toucher ta bosse. C'est moi qui t'ai mis pour la prime fois sur un cheval, ça me donne le droit de te dire *tu*.

Le regard du fils rebelle se fait venimeux.

– Tu sais ce qu'on me disait, dans les cuisines ? Que si j'étais tordu depuis ma naissance, c'est parce que j'étais toujours avec le traître... Le traître, c'était toi...

Ganelon :

– Tu l'apprendras très vite à tes dépens : je n'ai jamais trahi ton père.

L'inquiétude vient aussitôt tarauder la cervelle de l'enfant indigne. Il a été élevé dans la peur et dans la honte : il est leur otage. Il se venge à sa façon sur ce compagnon de tendre enfance, revenu du fond des ténèbres pour le persuader de se faire roi contre son père.

– Tu hais mon père, lui dit-il, parce qu'il t'avait promis de te faire paladin et qu'il n'a pas tenu parole.

– Qui t'a dit que les rois avaient à tenir parole ? Les rois ont à être rois, rien d'autre.

Un étrange dialogue se noue entre le jeune prince au dos grotesque et le vétéran ressuscité ! Les narines palpitantes, Pépin s'enquiert du nombre d'ennemis que Ganelon a occis dans les batailles ou par félonie. Il l'interroge :

– Tu aimes la guerre ? C'est ça ?

– C'est une boucherie. On appelle ça l'honneur.

– Tu pourrais la refaire, demain ?

– Si c'était pour Charles, oui.

– Dis-moi : c'est vrai ? Tu as empoisonné mon oncle Caroloman pour que mon père soit seul à être roi ?

La moue dédaigneuse effleure une fois encore la bouche du conspirateur.

– Dieu le sait, dit-il, ton père le sait. Je le sais. C'est assez.

– Je veux que tu m'appelles sire, exige Pépin.

– Jamais! réplique le comte Ganelon. Il n'est qu'un roi sur cette terre : c'est le roi Charles!

***

Crevé de fatigue, noyé d'eau, tourmenté par la chair qu'aucune femelle de Germanie ne peut apaiser, il dort comme un animal d'étable, le roi Charles! Il n'entend même pas se soulever la portière de la tente; il ne ressent pas la présence de la créature de pluie qui vient de s'y glisser. Vêtue d'une robe de bure brune, une capuche lui masquant le visage, elle s'approche de la couche royale et s'agenouille. Alors, seulement, elle rejette sa capuche en arrière : c'est Alcuin avec ses cheveux de neige.

– Roi David! Roi David!

Comme piqué par un serpent, Charles a bondi. Son épée a surgi d'instinct à son poing et il en a planté la pointe à la gorge de l'intrus. Il le reconnaît et n'en croit pas ses yeux.

– Albinus!

Il repose son fer, prend le moine dans ses bras et le relève.

– Tu criais « Roi David »! Il n'est que toi pour m'appeler ainsi.

– Personne d'autre que toi ne me dis Albinus!

Charles s'étonne. Pour qu'Alcuin ait quitté ses scribes de Saint-Martin-de-Tours et ait traversé le royaume franc jusqu'aux fosses carolines, il faut que la nouvelle soit d'importance. Comment Alcuin a-t-il fait alors que la garde royale veille sur le sommeil de son maître pour y pénétrer sous le déluge? Que vient-il annoncer qui vaille tant de chemins et de périls?

– Je suis venu te chercher, répond Alcuin. Il faut que tu partes tout de suite.

– Pour faire quoi?

– Pour sauver ton trône. Ton trône qui est occupé par un usurpateur.

– Le trône des Francs ? Tu es devenu fou, Albinus ?

– Non. Je viens d'Aix-la-Chapelle. Ta reine m'y avait appelé. J'ai vu de mes yeux et je suis venu t'avertir.

– Le nom de l'usurpateur ?

– Ton fils !

Charles, rassuré, éclate de rire.

– Mes fils ! Ils sont là. Ils creusent comme moi !

– Pas Pépin ! Pas Pépin le Bossu ! Il est assis sur ton trône !

Depuis quelques minutes, le roi des Francs croyait à une méprise de son ami. L'idée du bâtard ne l'avait même pas effleuré. D'un coup, réveillé, il mesure la gravité de la situation et le chef de guerre en lui se met déjà en campagne.

– Liutgarde ? Et ma mère ? Et mes filles ?

– Prisonnières.

La pluie qui crépite sur la toile accroît la colère du géant. Il hoche la tête, grogne, s'ébroue, cherche toujours à comprendre. Pépin ne peut avoir ourdi lui-même un complot. Il en est incapable. Il lui a fallu des complices, un instigateur, un appui. Pourquoi les officiers du palais, les prêtres et les hauts hommes du royaume ne se sont-ils pas dressés contre lui ?

– S'il y a complot, ce ne peut être l'œuvre de Pépin. Il y a quelqu'un derrière lui. Qui est-il ?

– Le plus ancien de tes compagnons, répond le moine. Ganelon.

A ce nom, Charles, d'un coup, reprend confiance. Le vieil homme qui parle de palais aux mains des rebelles et de roi postiche sur le trône n'a plus sa tête. La folie s'est emparée d'un esprit naguère sans rival.

– Ganelon est mort, Albinus ! Mort voici dix années et plus, à Roncevaux !

– Non, roi Charles. C'est une nouvelle épreuve que Dieu t'envoie. Ganelon est vivant. Il commande tout dans ta maison. Il te faut partir sur-le-champ !

***

La lumière du jour éclaire le trône comme un vitrail. Pépin s'y dandine avec de grands soupirs d'aise.

– Tu vois, dit-il à Ganelon, c'est le seul endroit où, quand je suis assis, on ne voit plus que je suis contrefait! Il n'y a pas de roi bossu!

A peine a-t-il terminé sa phrase que la porte qu'ont naguère franchi les ambassadeurs de Byzance, le calife de Bagdad, l'émir de Cordoue, le roi du Danemark, le roi des Angles, la porte monumentale, vole en éclats.

D'instinct, Ganelon s'est retourné.

C'est Charles qui entre.

Vêtu de la broigne aux écailles de fer, le cor de Roland battant sa poitrine, il s'avance suivi de son ombre immense, encore plus géante que lui. En cinq enjambées, il est au trône. D'un revers de main, il jette l'avorton à terre. La couronne rebondit sur les dalles. Pépin, la tête rentrée dans les épaules, tremble de tous ses membres et gémit.

Charles, d'abord, ignore Ganelon. Il sort sa grande épée et la pointe sur sa limace de fils qui rampe à ses pieds. On dirait qu'il va la clouer au sol, mais il se contient, remet son arme au fourreau.

– Mon fils, dit-il soudain et, incompréhensiblement, il s'agenouille et le prend dans ses bras pour l'apaiser. Mon fils, mon fils infortuné!

L'émotion passée, il le laisse, prostré, cherchant à se faire le plus petit possible. Alors, seulement, il se tourne vers Ganelon qui, de toute la scène, n'a pas bougé.

– C'est donc vrai, dit-il, tu es vivant, Judas?

***

Aquæ Grani, Aix-la-Chapelle, pour Charles c'est le trône.

Puis le bain. Avec Liutgarde, sa reine.

Toujours aussi immense, le torse un peu alourdi, le poil grisonnant, le roi porte le caleçon des Francs et ce jour-là, la jeune épouse, à la demande de son sire, a les seins nus, arrogants et roses. C'est entorse à la règle ancienne qui réprouve la nudité ailleurs qu'au lit pour s'ébattre et procréer. Dans l'eau, Charles est un autre homme. Il y retrouve l'éclat et la malice de son adolescence dissipée.

– Je croyais que tu ne reviendrais jamais, se plaint la belle princesse.

– A force de creuser, j'aurais bien fini par te rejoindre. J'ai eu tant faim de toi!

Il l'enlace, la noie sous ses baisers, l'entraîne au fond de l'onde d'où ils rejaillissent ensemble, tels deux dauphins.

L'heure des confidences a sonné.

L'eau et la solitude y sont propices. Liutgarde raconte tout : l'algarade dans le grand hall, la découverte du fils bossu dont elle ignorait l'existence et qui tant lui ressemble, le désir de la reine de lui rendre sa place de naissance, la colère de Berthe, l'arrivée de Ganelon.

– Il s'est mis à mon service comme le meilleur de tes compagnons, puis il a tourné la tête de ton fils. Ta mère et moi nous sommes retrouvées captives et Pépin y a souscrit.

– Il suffit de donner de la corde au louveteau pour qu'il se montre loup, dit Charles. Tu sais qu'il se préparait à entrer en guerre contre mes fils? Il voulait vaincre Charles et Pépin, le vrai, et enfermer Louis, le vieux, dans un monastère.

– Vas-tu le faire occire, grand roi?

– Non. Je me suis juré de ne jamais mettre à mort quelqu'un de mon sang, quoi qu'il ait fait. Je vais faire de lui le prieur d'un monastère. Les odeurs de cuisine lui ont fait l'âme vulgaire.

– Et les autres? Tous ceux qui te doivent tout et qui se sont ralliés à lui?

– Leur crime, par sa gravité, méritait cent fois la mort. Pas eux : ils ne sont pas assez grands pour le martyre. Les monastères sont vastes, ils iront s'y repentir.

Liutgarde hésite à formuler la question qui lui brûle les lèvres. Comme il y pose les siennes pour un baiser, elle se renverse en arrière. Ils partagent la même pamoison dans le clapotis du bassin.

– Et ta mère ? demande ensuite Liutgarde.

Une ombre passe sur le visage de Charles.

– On est responsable des enfants qu'on fait, répond-il. Pas de la femme qui vous a fait elle-même. Je viens tout entier d'elle.

Il commence doucement à s'immerger, et, avant de s'engloutir, ajoute :

– Elle s'est souvent trompée. C'est preuve qu'elle n'est pas mal intentionnée.

Sa tête disparaît dans l'onde bleue.

Un sourire passe sur le visage de la reine.

Avec une grâce infinie, elle sort du bassin. Une esclave lui passe une longue robe blanche. Quand elle se retourne, Charles, ruisselant, émerge du bain. Elle lui sourit.

– Tu es le plus grand des rois.

Et avec une lumière dans les yeux :

– Tu es le plus bel homme de la chrétienté !

Puis elle sort – plus reine qu'elle n'a jamais été. Alors, Charles fait venir le comte Ganelon escorté de deux gardes avec pique et poignard. Il se cache derrière les hautes colonnes de marbre et guette l'arrivée du compagnon de sa jeunesse. Le traître s'avance. Visiblement, il s'étonne de ne voir personne. La voix du roi le surprend.

– Tu viens au bain avec moi ?

Sans attendre la réponse, majestueux, Charles descend dans l'eau. Ganelon se déshabille. On a l'impression qu'il accomplit les gestes qui précèdent une exécution. Bientôt, vêtu comme Charles du seul caleçon franc, la nudité de son corps le fait frissonner. Il va dans l'eau comme on se livre au bourreau. Une longue estafilade, boursouflée et rouge, court de son épaule gauche à sa poitrine. Quand il est à la hauteur de son ami, il lui demande, avec un pli de dédain aux lèvres :

– Tu as voulu que je meure propre ?

– J'ai voulu te revoir comme avant. Quand nous étions jeunes !

Des yeux, il désigne la cicatrice.

– Tu te souviens ? On avait quinze ans. Tu m'as défié à l'épée.

– Oui, répond Ganelon. Quand tu as vu que mon épaule pissait le sang, tu m'as dit : « Tu vois... ça y est. Je t'ai armé chevalier ! » Tu t'es contenté de ce simulacre !

Charles reste un moment silencieux. Les instants qu'il est en train de vivre lui semblent frappés d'irréalité. Mort, Ganelon était énigme. Vivant, il réveille des interrogations insupportables.

– Est-ce vrai que tu m'as trahi à Roncevaux ?

– Les Basques chez qui tu m'avais envoyé m'ont fait prisonnier et, ligoté et bâillonné, m'ont contraint à assister au massacre. Puis, ils m'ont fait l'insulte de me laisser en vie. Dès lors, je ne pouvais plus me représenter devant toi.

– Pourquoi es-tu allé à Ratisbonne ?

– Parce qu'on y trouvait tous tes ennemis et que je voulais te revoir.

– En te faisant nourrir par le Bavarois, tu devenais son valet. C'est lui qui t'a ordonné de monter mon fils contre moi ?

– Non. Fors toi, nul ne m'a jamais donné d'ordre.

Ils se regardent, d'abord avec la dureté réciproque qu'impose la situation puis, très vite, avec un rien de goguenardise.

– Un garçon de cuisine sur mon trône ! dit Charles. Pourquoi as-tu fait ça ?

– Pour te forcer à revenir, roi Charles.

Charles rit. Il est bien, le corps dans l'eau, la pensée plongée dans les souvenirs.

– Tu me hais ? C'est ça ? Tu me hais parce que je ne t'ai pas fait paladin ?

– Tu te trompes de péché, Sire, répond Ganelon. Le

mien n'est pas la haine, c'est l'amour, l'amour que je porte à mon prince.

Le géant a froncé les sourcils.

– Judas, aussi, aimait Jésus.

Et le comte, avec une mâle assurance :

– Sûrement, Sire, de toutes ses forces!

Charles a toujours apprécié l'approche abrupte et sincère que Ganelon a des vérités simples. Pourquoi faut-il que, de tous les compagnons des années vertes et douces, il soit le seul, avec Roger, à avoir survécu ? D'où vient que ne restent, auprès de lui, que celui qui se posait trop de questions et celui qui ne s'en posait aucune ?

– Sais-tu pourquoi Roger est si fidèle ? ironise Ganelon. C'est qu'il ne saurait pas répondre à ses propres questions.

Ils rient ensemble pour la première fois depuis leurs étranges retrouvailles. Une malice luit dans la prunelle de Charles.

– Te souviens-tu de la Frisonne ? Celle que tu m'avais gagnée à l'arc ?

– J'avais distendu la corde, répond Ganelon joyeux.

– Je sais : je t'avais vu.

– Et tu n'as pas protesté ?

– Non. Pour faire plaisir à la Frisonne : elle te dévorait des yeux. Elle croyait que tu étais le roi.

Charles, des yeux, fait l'inventaire de son vieux compagnon, et comme s'il s'agissait d'un jeu d'enfants devenus hommes, il propose :

– Je te joues ta vie à la nage.

– Tu me battras, réplique Ganelon. Comme chaque fois! Mais va pour la nage!

Ensemble, ils vont jusqu'au fond du bassin, s'y adossent. Côte à côte, ils ont un regard de complicité amusée. Charles fait un clin d'œil, puis un signe de la main : ils s'élancent à l'eau.

Un aller-retour tourbillonnant du bassin.

Charles nage beaucoup plus vite que Ganelon. Il

touche le bord de marbre bien avant son adversaire, se relève, le visage joyeux.

– Pour bien nager, il faut se faire animal ! Si tu penses, tu coules !... Surtout quand on a une tête lourde de pensées comme la tienne !

Deux grands garçons retrouvés et qu'apparemment plus rien ne sépare. Et c'est alors qu'une ombre noire passe sur le visage du roi.

– A mon fils Pépin, au bossu, tu n'as rien dit ? Sur ce que tu avais fait pour moi ?

Ganelon hoche négativement la tête.

– Il m'a interrogé. Je lui ai répondu que seuls Dieu, toi et moi le savions. Et que c'était assez ainsi !

Charles soupire :

– Dieu soit loué ! Si tu lui avais parlé tu m'aurais obligé à l'occire.

Une espèce de bonheur s'est inscrit sur le visage du comte. Il irradie. Il est déjà de l'autre côté de la vie.

– Embrasse-moi, Charles. Le Christ a embrassé Judas !

C'est tout juste si le roi hésite. Ses yeux étincellent. Il se penche, regarde Ganelon droit dans les yeux et pose sur ses lèvres le baiser qui tue. Ganelon se dégage le premier et appelle :

– Gardes !

Les deux soldats apparaissent derrière les colonnes d'où ils observaient la scène.

– Conduisez-moi au bourreau sur-le-champ !

Le noble Franc, renégat sans excuse et sans honte, monte sans émoi vers le sacrifice. Quand il atteint le haut des marches, les soldats font un geste pour l'empoigner. Le feu de son regard les en dissuade.

– J'irai librement, dit Ganelon.

Ils vont quitter les thermes tous les trois sans que le traître ait daigné tourner la tête. C'est alors que la voix du roi des Francs se fait entendre :

– Tu l'as oublié, Ganelon, ici c'est moi seul qui donne des ordres !

Les trois hommes se sont arrêtés, interdits.

– Le comte Ganelon est banni du royaume, annonce le roi Charles sur un ton sans réplique. Qu'il ne se présente jamais plus devant moi. Il est libre.

***

« Ses manœuvres ayant été découvertes, le roi autorisa Pépin a recevoir la tonsure au couvent de Prüm et, selon le désir qu'il avait exprimé, à s'y consacrer à la vie religieuse. »

Charles est occupé à dicter à Eginhard sa version des événements tragiques qui viennent de se dérouler en son palais d'Aix-la-Chapelle quand on lui annonce une visiteuse. Les femmes ont conservé pour lui le même attrait. « Elle est jeune ? », demande-t-il, et son serviteur, qui ne veut point lui déplaire, de répondre :

– Peut-être, Sire, mais il y a très longtemps.

– Elle t'a dit un nom ?

– Non. Elle m'a chargé d'un message : « Tu diras à ton roi que je suis celle qui, naguère, se disputait avec lui pour la nourriture à donner à son fils. »

Sur-le-champ, Charles change de visage.

– Himiltrude !

Il renvoie Nardulus pour la recevoir seul. Il interdit au serviteur de fouiller la visiteuse.

– C'est une reine !

Himiltrude est devenue une vieille femme. En la voyant, le roi des Francs prend conscience de la morsure du temps qui s'acharne plus vilainement sur femelle que sur mâle et cela l'émeut. Il se lève et ouvre grand les bras.

– Himiltrude !

Elle s'y réfugie et il l'emprisonne. Il la serre à l'étouffer. Et, elle, enfouie et gardée enclose, de lui confier :

– Je suis venue te dire merci pour avoir épargné notre fils.

– Remercie Dieu. C'est lui qui m'a ordonné le pardon.

Il la libère et elle le regarde avec des yeux d'amoureuse.

– Tu es encore plus beau!

Comme il va répondre, elle l'en empêche, par son sourire et par ses mots :

– Moi, je suis vieille. Seuls les rois n'ont pas d'âge.

– Ils portent leurs rides à l'intérieur. Ils ne montrent pas plus leur âge que leurs pensées.

Himiltrude paraît perdue dans la salle immense où ils se tiennent l'un près de l'autre.

– C'est grand, dit-elle. Grand comme toi! Puis elle ajoute, d'une voix très douce : Je sais pourquoi tu as laissé la vie à notre enfant. Je le sais. C'est parce que tu l'aimes. Parce que tu l'as toujours aimé. Il tient pour partie de ton père, pour l'autre de ta mère. Il n'y a que la bosse qui vienne de moi.

Charles rit. Comme si le passé était entré dans la pièce et y régnait en maître pour un moment.

– C'est de moi, la bosse... Tu disais toujours que j'étais maladroit pour tout...

– Pas pour l'amour.

Charles lui prend la main.

– J'ai mis notre fils à Prüm et j'ai donné ordre qu'il ne rencontre personne. Je l'ai fait pour qu'il puisse rester en vie.

Elle lève vers lui des yeux où l'inquiétude vient brusquement de renaître.

– Il détient un secret, c'est ça?

– Il se peut qu'il ait appris quelque chose de grave durant les journées et les nuits qu'il a passées sur mon trône ou dans mon lit. Un secret qui, s'il était révélé, vrai ou mensonger, pourrait nuire à la nation franque et à la chrétienté.

– Je ne le reverrai donc jamais?

– Non. Au ciel seulement.

Il porte à ses lèvres la main qu'il tient serrée dans la sienne.

– Tu me comprends?

De la tête, toute vaillante, elle dit *oui*.
L'entretien est fini.

***

Maintenant que les affaires du royaume sont remises en ordre, Charles, comme Alcuin le lui a recommandé, s'est tourné vers le pape de Rome. Il lui a fait tenir un message par son fidèle Eginhard :

« De Charles, rex Francorum et Longobardorum à Sa Sainteté – Hadrien Ier – Très Saint-Père, combien ai-je invoqué ton nom dans ces jours d'horreur et de malheur! Mais ta voix n'est pas parvenue jusqu'à moi. Pourquoi? Pourquoi m'as-tu abandonné? »

Le chef de la chrétienté a reçu l'envoyé du roi dans la chambre où le mal le tient captif. Il a renouvelé à Charles son affection et lui a accordé sa bénédiction apostolique. Il l'a remercié des trois chariots contenant des joyaux d'église repris aux Avars et qu'il lui a fait parvenir. Il s'est déclaré très faible de corps mais toujours égal d'âme. Par deux fois, solennellement, il a prononcé le nom de Quiercy.

– Raconte, raconte encore, Nardulus, dit Charles. Tu étais seul avec lui quand il t'a dit tout cela?

– Seul, mon prince. Sauf le petit moine Léon qu'il vous avait mandé naguère pour vous morigéner et qui est devenu cardinal. Il se veut le pasteur des pauvres et des malheureux.

– Redis-moi ses paroles exactes.

Eginhard récite de mémoire :

– Va dire au roi des Francs qu'il a bien rempli la mission que Dieu lui a confiée. Qu'il vienne à Rome. Je lui ouvrirai mes bras comme à mon fils dans le Seigneur.

Charles réclame sans cesse d'autres récits. Rome fourmille de complots, d'intrigues et de médisances. Ne prétend-on pas là-bas que, à Byzance, l'impératrice Irène, lasse de ne point régner seule, a fait crever les yeux de son fils Constantin VI afin qu'il ne puisse plus, étant privé de vue, partager le trône d'Orient avec elle ? Hors de la présence attentive du cardinal Vitale et de ses propres neveux, le pape a confié à Eginhard les craintes que lui cause, dans la Ville éternelle elle-même, le parti byzantin. On affirme au Latran qu'une flotte a quitté le Bosphore, chargée de présents pour Hadrien et qu'elle transporte des milliers de guerriers venus prêter main-forte au souverain pontife contre les ennemis de la chrétienté d'Occident.

– Ne suis-je pas là, moi ? s'indigne Charles. N'étais-je pas là à Pavie ou à Rome quand le péril se levait ? Les chrétiens d'Occident n'ont nul besoin d'autre aide que moi quand il s'agit de défendre la Cité de Dieu.

Et, aussitôt, le grand roi décide de faire route sur Rome. Il va s'y rendre en grande pompe, emmenant avec lui Berthe, la reine mère des Francs, Liutgarde, sa douce épouse, ses fils rois, les meilleurs de ses conseillers et évêques, ainsi que Roger, son dernier paladin. Plus Eginhard, l'inévitable.

Au moment de quitter le palais, Berthe se fait conduire auprès de son fils. Tragique et noire, elle a grand mal à marcher. On dirait une statue de deuil, soutenue par des guerriers.

– Pour la première, dit-elle, et la dernière fois, Charles, je n'obéis pas à ton ordre : je ne pars pas avec toi.

Dans le regard du roi, en un bref instant, passe toute la détresse du monde. Il prend sa mère par les épaules comme s'il voulait la réchauffer.

– Je n'irai pas sans toi, dit-il.

– Si. Mon heure est passée. Je ne suis plus capable de filer la laine, moi qu'on a tant moquée pour mon rouet, et j'ai les orteils gelés, moi qu'on a surnommée Berthe aux Grands Pieds. Il est temps que je meure si je veux me présenter devant Dieu sans lui faire honte. Va, mon fils.

– J'ai besoin de toi, ma mère.

Berthe hoche négativement la tête. Un sourire, désabusé et tendre, passe sur ses lèvres que l'âge a pâlies.

– Je regrette de ne point t'accompagner, mais je sais que je n'arriverai pas à Rome et je veux mourir en terre franque où je suis née. Va à Rome. Le pape t'appelle. Si la ville des villes est sauvée par un roi franc, les Byzantins n'auront jamais plus de prise sur elle. Du ciel, je serai là pour te voir gagner. Ne t'attarde plus à présent!

Charles la prend dans ses bras. Elle a maigri de façon si effrayante qu'il en tressaille.

– Tu vois, nous aurions dû nous serrer plus souvent l'un contre l'autre. Nous y aurions puisé de la force, toi comme moi. Je t'ai trop souvent réprimandé.

– Tu réprimandes si bien!

Elle rit du fond des yeux, mais elle est affreusement lasse. Se tenir droite lui cause une épouvantable souffrance qu'elle se garde de montrer.

– Promets-moi une chose, mon fils, une seule.

Charles tend la main devant lui.

– Je promets, ma mère.

– Désormais, n'obéis à aucun homme sur cette terre, le pape excepté. Tu es le plus grand roi d'Occident. Et n'écoute aucune femme, sinon la tienne qui est la meilleure que tu aies eue. Ainsi le royaume et la chrétienté n'auront rien à craindre de personne.

Et Berthe, de douleur infinie, en dépit de sa volonté farouche, s'écroule aux pieds de son fils. Il la ramasse dévotieusement comme une enfant blessée.

Chapitre 4

LE PAPE AUX YEUX CREVÉS

Les guerres, lorsqu'elles sont trop souvent répétées, ont l'inconvenance de laisser derrière elle les encombrants stigmates de la mort. Celles contre les Saxons s'étaient poursuivies durant trente-trois années consécutives. « Elles étaient, écrit Eginhard, le théâtre de scènes constantes de meurtres, de rapines et d'incendies, se répandant de part et d'autre. »

En marchant vers Rome, le grand roi en piétine les vestiges. Un paysage sans fin, une interminable terre caillouteuse, dure comme le roc et que le gel semble avoir stratifiée. C'est l'aube. Ni présence, ni bruit – sauf le passé qui rôde. A l'horizon, le soleil comme un disque glacé.

Charles s'immobilise pour voir, sur une colline devant lui, s'élever, selon son ordre, la grande croix du Christ. Il a tenu à ce qu'elle domine le camp où l'armée a fait halte pour la nuit. Les charpentiers ont travaillé sans relâche et la voici qui monte à l'assaut du ciel sans couleur. Faite de deux troncs d'arbre immenses, robustes et mal équarris, elle est hissée jusqu'à la verticale par les guerriers. Un sourire de contentement s'inscrit sur la face du roi. Son glaive à poignée d'argent à son côté, le cor de Roland suspendu au cou près de son talisman, Charles se tient droit sur son cheval qu'il monte toujours à cru, sans selle ni étriers. Il a cinquante-huit ans, il est au sommet de sa gloire et il est de plus en plus conscient de porter le monde sur ses épaules de géant.

Il pousse son pur-sang noir et galope, seul. Il boit le vent comme un élixir de vie. Un heurt métallique, le choc d'un sabot contre un casque, font soudain cabrer son cheval. Il se laisse couler à terre. C'est la tête d'un Saxon décapité au combat. Du pied, Charles la retourne. Au fond de la carcasse rouillée, un crâne, blanc, curé par les vautours, aux orbites creuses et dont les dents semblent vouloir mordre. Le roi se souvient de Verden et il a froid, soudain, dans son gilet de loutre.

***

Le campement des Francs s'étage sur les pentes déchirées d'une petite colline qui surplombe la Lippe. Des feux, çà et là, finissent de s'éteindre. Veillés par des sentinelles figées de froid, des guerriers dorment à même le sol, enroulés dans leur cape de laine. Quand Charles passe à la hauteur des guetteurs, ceux-ci raidissent encore la position.

La tente royale est un présent des Asturies. Elle est ornée de soies chatoyantes tendues entre des piquets. C'est la seule note de couleur vive dans cet univers où se disputent le blanc du givre, le fauve de la végétation hivernale et le noir des forêts lointaines. Eginhard a entendu le galop de son maître et, emmitouflé dans son manteau à capuche, il s'est avancé à sa rencontre. Le vent le transperce.

Charles lui laisse les rênes du cheval noir. Avant de le quitter, il approche son visage de son museau. Ils échangent leurs buées.

– Tu t'es levé bien tôt, Nardulus!

– Moins que vous, mon prince!

– C'est quand les autres dorment encore qu'on a le plus de chance de rencontrer Dieu.

Le géant n'entre pas dans la tente où Liutgarde repose.

Il s'écroule sur le sol comme un soudard, et, familier, sans qu'on s'y attende, pose brutalement la question à son biographe :

– Tu voulais écrire l'histoire d'un roi, Nardulus, regrettes-tu de m'avoir suivi ?

***

La brume du matin continue de traîner sur la rivière Lippe que la mauvaise saison a transformée en miroir glauque. Une barque plate s'y déplace lentement. Un vrai cortège funèbre. A bord, trois silhouettes de bure. Le moine debout à l'avant rame avec des gestes amples de marinier, celui qui est assis à l'arrière tient le gouvernail. Entre eux, le troisième : un gisant. Allongé sur une litière, enfoui dans des fourrures, le capuchon baissé sur le visage, il semble mort.

La barque défile harmonieusement à l'abri d'une longue rangée de jeunes peupliers au garde-à-vous.

***

A quelques pas de là, le camp des Francs. La main rude du roi soulève la lourde portière de la tente. A l'intérieur, le feu fait danser des reflets rouges. Sur le grand lit défait, la reine Liutgarde est allongée en travers de la couche, impudiquement dénudée par le sommeil qui suit la joute amoureuse. Charles s'en approche, s'agenouille, se penche et pose ses lèvres sur les siennes. D'abord avec une infinie douceur, puis avec une mâle passion. Elle gémit. Il s'empare avec la bouche de la pointe rose d'un sein. Elle tremble d'aise sans ouvrir les yeux.

– Mon roi...

Ils s'étreignent, se mêlent. Un bruit dehors les sépare. Charles est debout, il va droit à la portière de la tente, la soulève. Liutgarde s'est blottie sous les peaux de bêtes.

Roger se présente, face à Charles. Il porte la main à son cœur en signe d'allégeance.

– Sire, une barque est arrivée de Wesel avec trois moines à son bord. L'un des trois est sur une civière et semble prêt à trépasser. Il aurait un message de la plus haute importance à te remettre.

– D'où disent-ils qu'ils viennent ?

– De Rome.

Le roi fronce le sourcil.

– Hadrien sait que je suis en route pour aller vers lui. S'il avait eu une nouvelle à me faire savoir, il m'aurait dépêché un chevaucheur. C'est-on bien assuré que ce sont des moines ? Où sont-ils ?

Roger étend la main.

– Là, près du feu.

En deux enjambées, Charles est devant ses visiteurs. Celui qui semble les commander est un grand squelette de moine, efflanqué et noir de poil, dont les yeux sombres mangent la face. L'autre se tient peureusement debout, tête basse, à l'autre extrémité de la litière. Entre eux, le moribond à la capuche rabattue, immobile.

– Ton nom ? demande le roi. Et de qui viens-tu ? Du pape Hadrien ?

– Je me nomme Sylvestro et j'ai ordre de ne répondre qu'au roi Charles en personne.

On entend hennir les chevaux. Ils sont tout proches, libres et nus autour du camp. Leurs robes brillent dans le matin boréal. Ils sont sans entrave comme au commencement du monde. Partout où il y a Charles, il y a immanquablement des forêts, des guerriers, des moines, des femmes – et des chevaux.

– Tu ne vois pas que je suis le roi Charles, méchant moine ? Regarde ma taille.

– Il y a plusieurs géants dans la chrétienté. Il n'y a qu'un seul roi Charles. Si c'est toi, où est ta couronne ? Où est le roi de fer ?

– Et moi, réplique le Franc, qui me dit que tu n'es pas un rebelle saxon et que tu ne caches pas un couteau dans ta robe ? Parle, ou – que je sois ou non celui que tu viens visiter – je te jure que ce soleil que tu vois sera le dernier de ta vie. C'est mon ami Hadrien qui t'envoie ?

Le moine s'incline, les yeux brûlants.

– Le pape Hadrien est mort, Sire.

Charles chancelle comme si on lui avait porté un coup de masse d'armes. Eginhard, qui s'est avancé en silence, assiste à la détresse de son maître. « Hadrien était son ami de prédilection, écrit-il. Les larmes jaillirent de ses yeux et je le vis pleurer, sans retenue, comme s'il avait perdu un frère ou un fils chéri. En amitié, Charles était parfaitement équilibré, se donnant facilement, d'une fidélité à toute épreuve, et, tel Auguste, vouant à ceux avec qui il s'était lié l'affection la plus sacrée. »

Déjà, le roi prend le pas sur l'ami malheureux.

– Qui est assis à la place d'Hadrien sur le trône de Pierre ?

– Sa Prudence Léon III.

La stupeur se peint sur le visage de Charles.

– Qui est-ce ? demande-t-il.

Le gisant a bougé sur sa litière. Il s'est à demi redressé, il tente de tourner la tête vers le géant, et d'une voix presque imperceptible, comme si elle contenait son dernier souffle, il parvient à dire :

– C'est moi. Je suis le pape Léon.

Charles n'y a pas tenu : il a relevé la capuche et ce qu'il voit le fait reculer d'horreur. Les yeux et les paupières du pape sont lacérés et portent des boursouflures sanglantes. La bouche n'est plus qu'un gouffre noirci et odieusement torturé. On dirait que des bourreaux ingénieux se sont acharnés savamment sur son visage. Epuisé, le supplicié s'est laissé retomber en arrière. Son crâne sonne sourdement sur la litière.

– Qui lui a fait ça ? Qui ?

La colère du roi est à la mesure de l'ignominie qu'il découvre. Alors, Sylvestro, le décharné, lui raconte l'attentat à Rome, pendant la procession de San Marco. C'était la première sortie en public du nouveau souverain pontife, celui que déjà le Trastevere appelait le pape des humbles : Léon, le petit moine dont Hadrien a fait un évêque. Le conclave l'avait élu parce qu'on croyait qu'étant de basse extraction, il serait obéissant aux désirs de la faction byzantine, conduite par les deux neveux d'Hadrien et le cardinal Vitale. Depuis plus d'un siècle, Rome avait toujours oscillé entre la préférence byzantine et la fidélité au royaume franc. En 769, comme Constantin II penchait tout naturellement pour l'empire d'Orient, un groupe de notables s'était introduit dans son palais, lui avait crevé les yeux et l'avait enfermé à jamais dans un couvent. Le lendemain, Etienne III, ami des Francs, était élu à la place devenue vacante. Trente ans plus tard, les tenants de l'impératrice Irène se sont livrés en plein soleil, à la même barbarie. Dans l'autre sens.

– Les conjurés s'étaient cachés dans l'église San Stefano, rapporte Sylvestro. Ils ont surgi au moment où le pape est passé devant l'édifice. Ils se sont jetés sur lui, l'ont fait tomber de cheval, et se sont acharnés sur son visage comme des oiseaux de proie, les uns avec des couteaux, les autres avec leurs ongles. Sans doute allaient-ils l'achever, quand quelqu'un a crié : « La garde ! » Aussitôt, ils ont pris la fuite.

Charles ne parvient pas à détacher son regard de la face couturée, rapiécée et creusée, du Saint-Père. Il se souvient du jeune messager qui était venu le tirer, au petit matin, du lit où il s'ébattait avec sa belle Italienne et le corps d'Hermengarde, nue, et indécente, vient traverser ses pensées.

– Ils lui ont crevé les yeux et arraché la langue. Comme on l'avait fait aux deux Constantin : le pape et l'enfant d'Irène, et tous deux pour la même raison pour qu'ils ne puissent plus, ni l'un ni l'autre, exercer la magistrature suprême. Nous avons relevé Sa Sainteté et nous l'avons transportée dans notre monastère, à l'abri de ses assassins. Et c'est là que le miracle a eu lieu !

Charles écoute de toute son âme. Comment lui, roi des Francs, roi des Lombards, pacificateur des Saxons, maître de la Bavière, lui, petit-fils de Charles Martel, et que son père avait tout exprès privé de son légitime héritage, pourrait-il ne pas être reconnaissant au miracle ? Il a bâti son royaume de douleurs en merveilles, sans jamais rien tenir d'assuré, et l'éblouissement fait partie intégrante de son destin.

– Raconte, dit-il à Sylvestro.

– On a allongé Léon dans la cellule du père abbé et chacun de nous a juré de répondre à qui le viendrait rechercher que nous ne l'avions jamais vu et que nous savions seulement qu'on l'avait cruellement privé de la vue et de la parole. On l'a soigné et on l'a fait dormir. De tout évidence, la nuit ne passerait pas sans qu'il rende son âme à Dieu. Avant mâtines, c'est moi qu'on a envoyé. J'ai ouvert la porte...

Eginhard, bouche bée, note sur ses tablettes.

– La couche était vide. C'est alors qu'il y a eu cette voix derrière moi, qui m'appelait par mon nom : frère Sylvestro ! Je me suis retourné. C'était Sa Sainteté. Elle se tenait debout, elle me parlait avec la langue qu'on lui avait arrachée. Elle me regardait avec les yeux qu'on lui avait crevés. Et elle m'a dit : « Conduis-moi sur-le-champ auprès du roi Charles. » Je l'ai fait.

– Il est en sécurité à présent. Il est sous la protection des Francs. Laissez-nous seuls. Toi aussi, Nardulus !

Contrit, Eginhard quitte les lieux avec les autres.

⁂

Charles s'est agenouillé. Son visage surplombe celui de Léon.

– La vérité, vite, dit-il. C'est un miracle de Dieu ou un joli tour que tu leur as joué ?

Depuis que plus personne ne peut les entendre, le pape marque un robuste regain de vigueur. Ses paupières demeurent closes mais sa voix, bien que massacrée, devient plus audible.

– C'est le propre des miracles d'être inexplicables. Ce qui est sûr c'est qu'ils me voulaient aveugle et muet pour que, n'étant plus intact, je cesse d'être pape. Je te vois un peu et tu m'entends mal. Dieu ne l'a donc pas voulu.

– Et je ne le veux pas non plus. Qui est derrière ces hommes ?

– Paschalis, le neveu d'Hadrien. Avec Campulus, le cardinal Vitale et les familles les plus fortunées de Rome, ils offrent la Ville éternelle à l'armée byzantine et la chrétienté à Irène.

– Je les en empêcherai. Dis-moi de quoi est mort Hadrien.

– Ses proches se sont bornés à dire qu'il a été rappelé à Dieu.

– S'ils l'ont tué, ma vengeance sera terrible.

– Il faut empêcher Irène de mettre main basse sur Rome. Je lui avais envoyé un messager pour l'adjurer d'y renoncer, mais ils ont arrêté le chevaucheur et l'ont tué. Je suis venu te chercher : tu es le glaive de l'Occident. Le moment est venu de tenir le serment que ton père et le pape Etienne ont échangé à Quiercy.

Charles regarde longuement le pape. Il réfléchit. Son hésitation ne dure que quelques minutes.

– Peux-tu marcher ?

Comme Léon soupire, la voix du roi se fait pressante.

– Il le faut.

D'un mouvement de tête, le pape s'y engage.

– Je reviens te chercher, dit Charles.

***

Dans la tente royale où les braises finissent de se consumer, leurs dernières ardeurs font trembler des ombres sur la toile. Charles est entré. En le voyant, Liutgarde s'est levée et elle serre une grande cape contre son corps nu.

– Habille-moi.

La broigne aux écailles de fer est plantée sur un piquet, droite comme une carapace vide. Avec un soin de vestale, Liutgarde équipe son royal époux : jambières, cuissardes, chemise de métal. Elle en refait l'« homme de fer », effrayant et superbe, dont parlait Ogier, le transfuge, lorsque le roi des Francs avait pris Pavie. Elle se hausse sur la pointe des pieds sans parvenir à poser la couronne franque sur son front. C'est Charles qui met un genou en terre et lui tend sa tête. Il se redresse : c'est le roi chrétien de l'an 800 dans toute sa grandeur farouche.

Liutgarde le regarde avec un amour infini. Il lui rend son sourire et, émerveillé d'elle, il relève la portière multicolore et sort.

***

Des quatre coins de la plaine les Francs arrivent. Du même pas, terrible et lent, ils convergent vers la colline du campement que domine la croix d'arbre. Certains remontent de la rivière où ils étaient allés puiser l'eau. D'autres sortent de l'obscurité de la forêt. Ils entrent dans la fumée des feux. On voit luire l'éclair blanc de leurs épées et de leurs haches bifaces. Ils arborent des lances et des arcs avec des gestes de paysans. Ils portent de longs boucliers. On lit la sauvagerie maîtrisée sur leurs visages et dans leur démarche. Ils sont rudes et propres. Comme des loups.

Pêle-mêle, ce sont les vétérans de trente campagnes et les jeunes recrues, engourdies de froid, impatientes de pillages qui tapent du pied sur le sol gelé.

Le ciel, au-dessus d'eux, est immensément vide. Sauf la croix.

Au sommet de la colline, côte à côte, se tiennent le comte Roger, Eginhard drapé dans son manteau, Sylvestro et l'autre moine tous deux venus de Rome. Au milieu d'eux, Liutgarde, la jeune reine, dans sa cape noire, fragile et lumineuse d'être nue dessous, encore toute chaude des braises et des étreintes de la nuit.

– Charles!

Elle a prononcé son nom en le voyant apparaître, statue coiffée du cercle d'or des Francs et tenant d'une main protectrice le petit moine devenu pape et martyrisé, la face toujours enfouie dans son capuchon. Ensemble, l'un traînant l'autre, ils atteignent le sommet du tertre où le vent pousse sa plainte. Roger, aussi, les a vus. Il lève sa lourde épée étincelante et la rabaisse, d'un coup, comme s'il tranchait une tête.

Aussitôt, les guerriers, d'un même geste, brandissent leurs bras armés du fer et le heurtent, de toutes leurs forces, contre leur bouclier. Un énorme vacarme qui enfle et se répercute. Par trois fois, d'une même voix, ils crient – comme on hurle – le nom de leur chef vénéré :

– Charles! Charles! Charles!

Charles s'est immobilisé et a lâché la main de Léon. Le pape se tient seul, chancelant. Quand le silence se fait et que le triple écho s'éteint, le grand roi s'adresse d'une voix tonnante à ses Francs rassemblés sous le soleil d'hiver. Il étend les bras, puis se tourne vers la frêle silhouette de bure et clame :

– Pape Léon!

Léon s'est redressé. En dépit du froid qui pince, il se débarrasse de sa capuche et de sa houppelande brune et il apparaît – blanc dans son habit de plus haut dignitaire de la chrétienté.

Charles, aussitôt, met un genou en terre. Il incline la tête jusqu'au sol aux pieds du souverain pontife. La couronne d'or tinte contre la pierre dure. La Cité des hommes fait soumission à la Cité de Dieu.

Tous les yeux sont sur eux. Léon y puise une force qu'on dirait surnaturelle. Il ne sent plus souffrance ou lassitude. Ses plaies ne saignent plus, son corps est lavé de toutes ses meurtrissures. Lui qui, l'instant d'avant, paraissait prêt à défaillir, se reconnaît digne d'ordonner à tous :

– A genoux, crie-t-il. A genoux, les Francs.

Sur le tertre, le comte Roger est le premier à obéir et, aussitôt, tous le suivent. Eginhard, Liutgarde, les deux moines, puis, derrière, tour à tour, par pans entiers, les archers, les lanciers, les cavaliers, prestement descendus de leur cheval, tous se prosternent, comme Charles, le front contre la terre.

Alors, seulement, assuré de la soumission dévotieuse de ces farouches chrétiens agenouillés sur son ordre, le pape ressuscité trace, dans l'air coupant du matin d'hiver, le signe de la croix.

Un souffle grandiose passe sur cette foule à genoux.

Léon regarde Charles.

Le roi, devant tous, baise le bas de sa robe blanche. Leurs yeux se rencontrent. Invisible aux autres, réservé à leur seul usage, un sourire de connivence passe sur leurs lèvres. Jamais encore la chrétienté n'avait donné dans la Saxe conquise et apaisée un spectacle aussi immense.

La route de Rome est grande ouverte devant les Francs.

***

Charles, instruit par les mauvaises surprises de Saragosse et autres lieux, sachant quel chaudron bout dans la Ville éternelle, décide de renvoyer sa reine au palais sous bonne escorte. A Rome, il se doit d'être libre dans tous ses actes. Il y va de la grandeur de la chrétienté d'Occident. Quand il fait part de sa volonté à Liutgarde, elle regimbe d'amour. Il la détrompe : il ne faiblira pas. Pour l'amour d'elle précisément. Il lui fait ce regard bleu qu'il sait irrésistible.

– Je me souviens, dit-il, du jour où je t'ai vue pour la première fois. Tu traversais le grand hall du palais aux côtés de ton père. Je l'ai appelé. Il m'a dit : « Sire, je conduis ma fille à la cour pour lui trouver un mari. »

– Et tu lui as répondu : « Ne cherchez plus, vous l'avez trouvé. » C'est le plus beau jour de ma vie.

Elle se blottit contre sa large poitrine comme si son corps détenait le pouvoir de retenir le sien. Elle lui dit qu'elle rêvera de lui chaque nuit.

– Tu sais que les bédouins d'Arabie croient que les rêves s'évanouissent avec le jour, lui dit-il. Pour les empêcher de s'envoler, ils serrent très fort leur turban avant de s'endormir. Fais de même avec ta couronne, ma reine...

Comment pourraient-ils, l'un et l'autre, savoir qu'ils se parlent pour la dernière fois et que la belle Liutgarde ne verra pas se lever le matin de Noël de l'an 800 ?

Chapitre 5

EMPEREUR D'OCCIDENT

Pour les Francs, Rome est la lumière du monde. Du temps de Pépin le Bref, nombreux sont les seigneurs qui s'y rendent en pèlerinage, et la fascination romaine est grande. C'est dire combien le partage du royaume, à la mort du père, qui dresse une barrière entre Charles et la Ville éternelle, a été cruellement ressenti par le jeune prince. La ville l'attire, le séduit et l'émerveille. C'est pour que sa capitale d'Aix-la-Chapelle lui ressemble qu'il fait venir de la péninsule des marbres et des colonnes. En aucune occasion, le roi n'a manqué de générosité à l'église de saint Pierre ni n'a failli à sa protection. « Cependant, écrit Eginhard, malgré le cas qu'il en faisait, il n'y alla que quatre fois au cours des quarante-sept années de son règne pour accomplir des vœux et faire ses dévotions. »

Tout porte à croire que si Charles révère Rome, il ne s'y sent pas à l'aise. Par sa naissance, il y est reçu en grande pompe, mais il ne cesse de se tenir sur ses gardes. Les intrigues religieuses, les complots ourdis par les nobles, le temps consacré aux manœuvres et palinodies, la dissimulation et la flatterie trompeuse l'insupportent. Il lui prend très vite, quand il y séjourne, l'envie furieuse de taper du pied dans la fourmilière pourpre et or.

Voilà pourtant qu'il y retourne. Et cette fois avec, dans

ses chariots, le souverain pontife que Rome croit agonisant ou occis. S'il n'avait peur d'apprendre durant son long voyage la mort de Berthe, sa mère, Charles apprécierait le renversement complet de situation que le destin lui procure.

***

Au palais du Latran où la Curie tient conseil, il n'est question que de l'attentat dont le pape a été la victime et on ne cesse de s'interroger sur ce qu'il est advenu de lui, depuis qu'il a été laissé pour mort devant Saint-Marc. Son absence, son silence, sa disparition, son décès peut-être font l'objet de toutes les interprétations. Paschalis, pour sa part, dénonce l'ignominie de l'attentat. Il ne manque pas de laisser entendre que les partisans des Francs à Rome n'y sont sans doute pas étrangers. Il invoque son oncle regretté, le pontife Hadrien, qui avant de mourir avait lui-même désigné Léon aux suffrages du conclave. Campulus le relaie avec plus d'onction et de larmes. Il paraît accablé par un double deuil : l'irréparable perte de son oncle Hadrien et l'agression sauvage de son successeur. Il fait courir un frisson sur l'assistance, en menaçant de la colère de Rome.

– Le bas peuple gronde. Le Trastevere et le Subure sont en ébullition. Tout peut arriver!

Les hauts prélats en ont, certes, vu d'autres. Ils sont rompus à ces joutes de cour. Ceux qui font partie du complot prennent les mines graves des martyrs désignés. Ils savent quel or passe dans les mains des fauteurs de troubles et d'où il vient : en droite ligne des possessions italiennes et siciliennes de Byzance. L'intrigue tient la ville et la fait grogner exprès pour impressionner les partisans des Francs et les hésitants – de tous les plus nombreux – et qui s'interrogent sur le camp qu'il convient de rallier. Le cardinal Vitale réveille l'assemblée. Il dit avoir écouté avec émotion les phrases qui exprimaient le chagrin et l'indignation de tous, mais il estime que la situation requiert, avant tout, une fermeté implacable.

– Le trône de Pierre est vide, dit-il. Quelle qu'en soit la raison, une telle vacance ne peut être tolérée. Il y va de la toute-puissance de Rome.

Après ce préambule, il réclame aux prélats la manifestation publique de leur volonté de punir les assassins.

– Rigueur contre les assassins! clame-t-il. Elle doit être exemplaire et immédiate. Mais rigueur, s'il le faut, et quelque chagrin que cela nous cause, contre le pape lui-même!

A ces mots, la Curie frémit et s'émeut.

– Contre Léon? Léon à qui on a arraché la langue et crevé les yeux?

– La vérité est peut-être épouvantable, mes frères, répond Paschalis, et nous nous devons de vous la faire connaître. De lourdes accusations sont portées contre Léon, contre celui auquel mon oncle Hadrien avait accordé toute sa confiance.

– Des accusations? Lesquelles?

– C'est à peine si mes lèvres les peuvent formuler : de simonie et d'adultère.

Pour le coup, la salle tout entière bourdonne et s'indigne.

– Calomnie! s'écrient les uns. Blasphème! répondent les autres.

Paschalis, qui a, en un tournemain, obtenu le désordre des esprits nécessaire à l'exécution de son plan, s'emploie à réconforter ceux-là mêmes dont il vient de faire enfler l'inquiétude.

– Ni calomnie, ni sacrilège, dit-il, seulement justice. On sait dans quel couvent les moines qui l'ont secouru l'ont soustrait, par dévotion, à ses bourreaux. Il importe à présent de les en remercier et de ramener Léon, notre bien-aimé pape, en ce palais. S'il est mort, on élira son successeur et on gardera le secret de ses fautes s'il les a commises. Elles ne peuvent plus mettre d'ombre sur la

Sainte Eglise. S'il est vivant, et, par ses mutilations, hors d'état d'assurer la fonction suprême, nous l'entourerons d'égards et de soins, et procéderons à son remplacement. S'il voit et parle et s'il est innocent de ce dont on l'accuse, nous nous prosternerons à ses pieds et nous lui rendrons, avec respect et obéissance, son ministère de vicaire du Christ. Enfin, s'il est vivant et coupable, nous lui appliquerons la justice de Dieu.

Le discours produit l'effet escompté : l'assistance se calme. Campulus croit bon de rappeler que la Cité des hommes ne se tient pas inactive. A Rome, la noblesse s'impatiente. Elle réclame sur-le-champ un nouveau pape. Certains vont même jusqu'à suggérer qu'une ambassade soit envoyée aux bataillons de Byzance qui font voile vers les ports du sud de l'Italie afin qu'ils hâtent leur venue. Enfin, il y a aussi ceux qui parlent du roi des Francs.

Paschalis est péremptoire :

– Charles est à cent lieux, dit-il, de connaître la situation. Le décès d'Hadrien ne lui a pas été annoncé. Nous y avons veillé. De plus, il a fort à faire avec sa famille depuis que son bâtard a failli lui prendre son trône. Nous réglerons sans les chrétiens barbares le sort de l'Eglise de Rome !

Le fumet du scandale, l'odeur fade du sang, la perspective d'avoir à choisir parmi eux un nouveau pape, font courir dans l'assemblée comme une ondée de jouissance. Les corps constitués, même lorsqu'ils ont à débattre de la représentation divine sur la terre des hommes, connaissent les mêmes tentations de lâcheté. On demande donc au cardinal Vitale des lumières supplémentaires sur les crimes dont Léon se serait rendu coupable.

– Blasphème, corruption, vente de charges, attribution injustifiée de privilèges ecclésiastiques... et détournement de mineurs ! énumère-t-il.

Il ne manquait plus que le péché de chair pour donner du piment à la méchanceté, gourmande, de la Curie.

Campulus précise, sous prétexte de témoigner de sa mesure, que rien ne doit filtrer hors du Latran, bien que les accusations portées contre le pape Léon semblent étayées « par de nombreux et sérieux témoignages ». Un évêque en vient tout naturellement à réclamer que, dans un premier temps, on agisse « en silence ». Il rappelle l'usage constant depuis les siècles les plus anciens selon lequel « le premier siège n'est jugé par personne ».

Dans un froissement de robes sur les dalles, l'assemblée se sépare et, à voix basse, déjà, chacun distille le venin de la calomnie, tout en recommandant la prudence et en criant bien haut le terrible devoir de justice. Les trois conspirateurs, demeurés seuls, dressent le bilan de la séance. Leurs calomnies, savamment distillées, mettent un doute grave sur la sainteté du pape. Il est urgent de recruter de faux témoins et de leur faire accuser Léon, mort ou vif.

– Mort, déclare Paschalis, avec son sourire de hyène, serait plus charitable. Nous n'aurions pas à le condamner. Irène de Byzance ne souhaite pas de procès public. Elle veut se présenter en protectrice d'une Eglise d'Occident irréprochable et se dit prête à s'incliner devant un pape martyr.

Il va donner un ordre à Campulus quand un clerc entre sans frapper dans la grande pièce qu'il croyait vide et s'immobilise. Il paraît en proie à une émotion intense. Dès la porte, essoufflé, il s'écrie :

– Le roi Charles est à Rome !

Le cardinal Vitale manque de défaillir. Campulus a blémi. Seul, Paschalis conserve son sang-froid.

– Es-tu sûr de ce que tu annonces ?

– Sûr, tout à fait sûr, Eminence. Il s'est installé dans le triclinium. Le pape Léon est avec lui !

***

L'art suprême de Charles est toujours de surgir là où on ne l'attend pas. Ce n'est pas par calcul ou par souci de surprendre. L'impatience est son maître. Il ne supporte pas de ne pas intervenir sitôt qu'il a connaissance de l'événement. Jusqu'au piège de Saragosse, cette prestesse lui a toujours réussi. A Roncevaux, elle lui a coûté la mort de Roland et lui a fait rencontrer Alcuin d'York juste avant qu'il ne reparte pour le pays des Angles. Là, le roi est sûr de son bon droit : il ramène à Rome le pape légitime qu'on a vilainement traité et qu'il entend remettre sans plus tarder sur le trône de saint Pierre.

Eginhard, dépêché aux nouvelles, revient avec une très longue mine. Il fait son rapport à Charles dont la rage ne tarde pas à envahir les traits. Auprès de lui, Ara, évêque de Salzbourg, qu'il a tiré de son palais, écoute, stupéfait. Les bruits sont véloces. Ils n'ont pas tardé à filtrer à travers les murs du Latran et le peuple, après les prélats, les propage. Les rumeurs les plus affreuses et les plus contradictoires circulent. Charles s'indigne.

– Que Léon soit ou non coupable ne change rien à l'épreuve terrible qu'on inflige, avec beaucoup d'imprudence, à la chrétienté. Ce n'est pas un problème de foi, ou d'innocence, c'est une machination politique. Le parti de Byzance a beaucoup investi sur l'alliance avec la papauté. Léon n'a pas été assez docile : on le meurtrit et on l'accuse de tous les péchés. Irène veut s'emparer de Rome, la cité la plus peuplée de l'Occident chrétien.

Tourné vers Angilbert, abbé de Saint-Riquier, qui l'a rejoint à Aix-la-Chapelle, auquel il a pardonné et qui voyage avec lui, il s'enquiert :

– L'abbé, ton conseil ?

– Pour sauver le pape ou pour conserver votre trône ?

– C'est mauvaise question : si je ne reste pas solidement assis sur mon trône, je ne peux rétablir Léon sur le sien.

Angilbert soupire. Comme certains des conseillers du roi, il regrette que Charles ait renoncé, un peu légèrement selon lui, à l'alliance byzantine.

– Si vous aviez épousé Irène comme elle vous le proposait, vous seriez aujourd'hui le plus grand empereur de l'univers, le plus grand de tous les temps, plus grand que César, plus révéré que Constantin !

– Tu ne sais pas bien lire, l'abbé. Tu oublies le pacte signé entre mon père et Etienne, à Quiercy. Tout enfant que j'étais, j'ai vu de mes yeux s'établir la chrétienté d'Occident. Le pape et le roi. Rien d'autre. La Cité de Dieu et la Cité des hommes. Toute autre puissance est intruse.

Charles flambe. C'est l'enfant sincère en lui qui se révolte. Depuis qu'il est en âge de comprendre, il n'a vécu que pour tenir un serment, hérité de son père et scellé par le baiser posé sur les lèvres du cadavre et la confrontation, brutale, avec le regard d'au-delà la vie. Il entend, en cette période de Noël de l'an 800, à Rome, Cité de Dieu, donner à la promesse de Quiercy, quelles qu'en soient les conséquences, toute sa signification rayonnante.

– Qu'on me conduise chez Léon, ordonne-t-il.

***

Debout dans sa chasuble blanche, le Saint-Père accueille le roi. Le visage couturé, les yeux ravagés, il semble sortir du martyrologue. Le soleil d'hiver romain nimbe d'or les deux hommes. Charles s'avance avec une solennité qui ne lui est pas coutumière. A deux pas du pape, il s'agenouille et Léon le bénit.

– Saint-Père, dit le roi, de même que j'ai naguère contracté avec ton prédécesseur Hadrien un lien sacré de paternité, je viens, aujourd'hui, former avec toi le même lien inviolable. Je suis à tes ordres.

– Quels ordres ? Tu le vois, aujourd'hui, je suis un pape captif de la Curie, demain, sans doute, un condamné.

– Ordonne-le-moi. Avec deux bataillons de mon armée, je prends la ville.

Un faible sourire passe sur les lèvres déchirées du petit moine.

– Tu prends Rome, mais pas l'Eglise. La Cité de Dieu

ne se conquiert pas de vive force. Mes ennemis veulent me faire passer en jugement devant des accusateurs à leur solde. Ils n'en ont pas, pour le moment, le pouvoir. Mais, avant Noël, la flotte byzantine aura débarqué en face d'Antium. Les soldats d'Irène seront ici pour fêter la Nativité.

Charles se relève.

– Laisse-moi faire dit-il. Ils ne pénétreront pas dans Rome. Tout ce que je demande, c'est l'autorisation, pour Eginhard, d'aller consulter les livres dans ta bibliothèque.

Léon s'étonne :

– Qu'espères-tu ?

– Avant mon départ d'Aix, Alcuin d'York m'a confié un exemplaire du *Sacramentarium*, le livre des sacrements de Grégoire le Grand, en me recommandant de ne jamais m'en séparer. Je veux que Nardulus le confronte avec les autres ouvrages sur les droits des papes.

Une nouvelle fois, le pontif marque son désenchantement.

– Je crois pouvoir faire ouvrir pour lui les portes de la bibliothèque, mais je crains que ce soit l'extrême limite de mon pouvoir...

– Obtiens-le, dit Charles. Et par écrit. N'oublie-pas : tu ne peux ni parler, ni voir. C'est essentiel pour ce que je prépare.

Le pape lui tend sa bague à baiser.

– Va, mon fils! Et que Dieu te garde!

***

Durant une longue nuit et un long jour, enfermé dans la grande bibliothèque, cerné par les milliers d'ouvrages accumulés au cours des siècles, Eginhard s'acharne à remplir les deux missions secrètes que son roi lui a assignées.

La première consiste à rechercher, depuis l'apôtre Pierre, qui, parmi les pontifes qui lui ont succédé, a été traduit en justice.

La seconde, plus perverse, n'a d'autre dessein que de trouver, parmi les nombreux manuscrits consultés, un qui soit de la main de Paschalis, et, ensuite, de s'exercer à imiter son écriture dans les moindres détails – ce en quoi Nardulus excelle.

Lorsqu'au soir du deuxième jour, Charles se fait ouvrir la double porte bardée de fer, il brûle d'impatience. Au visage ébloui d'Eginhard, le roi comprend que la partie est gagnée. Deux papes, régnant au VIIe siècle, ont été appelés à répondre devant le Saint-Siège des agissements qui leur étaient reprochés. Le premier a fait jouer l'adage « *Le premier siège n'est jugé par personne* » qui consiste à récuser tout tribunal pour l'excellente raison que personne ne peut juger le Saint-Siège. Le second a argué d'un droit donné au pape de prononcer le *Purgatio per sacramentum* : le serment d'innocence, et il a, de ce seul fait, été reconnu non coupable. Charles exulte : Alcuin, en lui recommandant de ne jamais se dessaisir de l'ouvrage, lui a fourni la clef indispensable au sauvetage du pape.

– Et le manuscrit de Paschalis ?

Eginhard lui tend un rouleau de parchemin. Charles le lit. Son regard exprime une surprise sans borne.

– Quoi, dit-il ? Paschalis a déjà, une fois, écrit au chef d'une expédition byzantine pour lui demander de rebrousser chemin ? C'était quand ?

– C'était ce matin, mon roi, réplique joyeusement Eginhard. C'est le petit travail que tu m'as demandé. Tout est écrit et signé Paschalis, tout est de ma main !

Le roi serre son biographe dans ses bras.

– Nardulus ! La chrétienté te sera à jamais reconnaissante !

***

Charles possède à présent les armes pour exécuter son plan. Alors que les Romains préparent la fête de Noël et s'attendent à la confrontation entre le pape et ses accusateurs, le roi prend ses dernières dispositions. Elles se résument en ceci :

– D'abord, continuer à faire croire à la surdité et à la cécité du pontife.

– Ensuite, grâce à un faux en écriture, savamment rédigé, obtenir que la flotte byzantine rebrousse chemin.

– Enfin, provoquer le procès du pape, et, au dernier acte de son jugement, lui donner la parole – qu'on lui croit définitivement enlevée – et l'amener à prononcer devant tous le serment d'innocence préconisé par le *Sacramentarium.*

Assuré de son stratagème, le roi ordonne au comte Roger de placer, au cours de la nuit, et sans qu'ils se fassent remarquer, des soldats francs sur tous les points qui commandent la ville, et il retourne voir le souverain pontife.

***

– Saint-Père, dit-il, je te pose la question en fils respectueux. Es-tu coupable ou non des crimes dont on t'accuse ?

Léon le regarde entre les bourrelets qui déforment son visage et mangent en partie ses yeux.

– Et toi, demande-t-il ? Oublies-tu que je te connais de longue date et que je me suis gardé de t'interroger, roi Charles. As-tu ou non fait empoisonner ton frère Caroloman ? Pourquoi prends-tu tant de soin à faire écrire par ton fidèle Eginhard qu'il est mort saintement dans un monastère où il menait, loin de tout, une vie de prières ? Ne te fais pas meilleur que tu n'es ! Souviens-toi avec quelle facilité tu as rejeté ton fils, le Bossu, dans les cuisines puis au fond d'une cellule de moine ? Et, à Verden, n'as-tu pas, en une seule journée, fait mettre à mort quatre mille cinq cents Saxons qui étaient captifs et donc sacrés ?...

– J'ai fait ce que Dieu m'a ordonné et pour sa plus grande gloire. Chacun son fardeau : je brandis le glaive, tu tiens la crosse.

Le pape grimace douloureusement un sourire.

– Comme dit le psaume : le roi est roi par sa force, le souverain pontife par la prédication. J'ai prêché.

– Rien d'autre ?

– Non, roi Charles, rien qui soit de nature à prononcer, comme toi, pour la plus grande gloire de Dieu, le serment d'innocence !

– Alors, faisons vite, conclut le Franc. Noël approche. Nous n'avons que trois jours devant nous pour sauver, ensemble, la Cité de Dieu !

***

Tout va se jouer dans la basilique Saint-Pierre-du-Latran.

La nef est partagée en deux : d'un côté la Curie pontificale, au sein de laquelle se tiennent, fort entourés : Paschalis, Campulus et le cardinal Vitale en qui certains voient déjà le futur pape ; derrière, la noblesse romaine, aux visages hautains, à la posture avantageuse, bavarde comme des brigands ; au fond, les humbles. Les femmes en noir sont à genoux. Elles ont la misère dans les yeux et les plus jeunes ont la beauté des madones.

De l'autre côté, Charles, entouré de ses guerriers. Ils sont entrés dans la nef avec leurs parures de fer. Charles arbore la fine couronne d'or des Francs.

Tous ont les yeux fixés sur les premières marches du maître-autel où se tient le pape. Il porte les vêtements pontificaux et sa face martyrisée, paupières closes, semble revenir de l'autre monde. Il se tient droit avec une dignité admirable, mais tout son corps tremble.

Charles prend le premier la parole, et sa voix résonne sous la voûte :

– En tant que roi des Francs et patrice des Romains, je

vous ai demandé de venir dans cette église afin que, devant vous, et à sa demande, le pape Léon soit reconnu innocent des crimes dont la calomnie l'accuse et qu'ensuite ses assassins soient châtiés.

Des rumeurs commencent à courir dans les rangs comme les vagues légères qui se succèdent, s'enflent et, bientôt, forment la houle des grandes tempêtes. Paschalis répond au roi :

– Au nom de la chrétienté tout entière, celle d'Orient comme celle d'Occident, j'exprime le soulagement sincère de l'Eglise lorsqu'elle voit consacrer la primauté de la justice sur toute autre considération de hauteur et de personne. Le procès peut donc commencer.

Charles lève la main. Avec l'âge et sans que sa stature ait le moindrement fléchi, il est encore plus impressionnant que dans sa jeunesse. Ses traits se sont creusés et adoucis à la fois; ses yeux disent la profondeur, parfois douloureuse, de son âme et la foi l'éclaire, de l'intérieur, comme une lampe.

– Le pape Léon, dit-il, délivre solennellement les prélats et les abbés qui sont présentement rassemblés en tribunal de leur allégeance et du principe sacré selon lequel le souverain pontife ne peut être jugé sur cette terre, n'ayant personne que Dieu au-dessus de lui.

Dans les rangs de la Curie, les comploteurs échangent des regards de surprise et de contentement. A voix basse, Vitale souffle à Campulus :

– Charles a compris : il lâche Léon!

Campulus se lève.

– On va procéder à l'appel des témoins!

– Non, dit Charles, on n'entendra aucun accusateur et aucun témoin.

La foule commence à gronder dans les travées. Vitale intervient :

– Comment pourrait-il y avoir chose jugée avant que les faits aient été, au préalable, exposés et reconnus?

– Il n'y en aura nul besoin. Sa Sainteté a décidé de prêter, devant la Sainte Eglise de Rome, le serment d'innocence, que conformément au *Purgatio per sacramentum* un autre pontife a prononcé devant la même assistance, et en son temps, voici un siècle. C'est un droit imprescriptible du pape en pleine conformité avec la loi de l'Eglise.

Léon semble avoir grand mal à se tenir debout. Eginhard ne le quitte pas des yeux. Dans le camp des Romains, on se consulte à voix basse, et c'est Paschalis qui, flairant le danger, réplique au roi des Francs :

– La procédure est conforme au rituel romain. Elle sera donc respectée. Nous proposons de nous réunir à nouveau, le même jour de la semaine à venir. L'affaire est de la plus haute importance. Elle mérite d'être portée devant une assemblée plus vaste. Nous savons tous que l'impératrice de Byzance nous envoie de hauts représentants de l'Eglise d'Orient. Nous attachons le plus grand prix à leur sagesse et nous délibérerons en leur compagnie.

Charles hausse le ton. Par-dessus la travée centrale de la nef, les adversaires se défient.

– L'Eglise d'Orient ne fêtera pas la Nativité à Rome, réplique-t-il. La flotte qui devait débarquer à Antium a rebroussé chemin. Aurais-tu oublié, Paschalis, que c'est toi qui lui en as donné l'ordre ?

De partout, les exclamations fusent. Des cardinaux entourent le neveu d'Hadrien. Trompé par le faux document, on crie au mensonge et à la trahison. Seul, Charles paraît serein. Il échange avec Léon, toujours aussi vacillant, un clin d'œil d'encouragement.

– Je n'ai jamais donné cet ordre ! crie Paschalis.

Charles se tourne vers Vitale qui discourt avec des militaires romains, qui viennent d'entrer et qui sont visiblement porteurs d'un message.

– Pouvez-vous nous éclairer, Eminence ?

– On m'apporte la confirmation que les voiles byzantines ont fait demi-tour sans accoster. L'ambassadeur de Constantinople dit s'être conformé à la requête expresse de notre Premier ministre Paschalis.

Dans le camp des comploteurs, c'est l'effondrement. Charles bondit, la prunelle triomphante.

– Le peuple de Rome présent dans la basilique dédiée à saint Pierre n'a nulle raison d'attendre davantage pour connaître la vérité que le successeur de l'apôtre a décidé de lui révéler.

C'est Campulus qui, le premier, reprend l'offensive. Il est, lui aussi, neveu d'Hadrien et, à ce titre, fort écouté par les membres de la Curie.

– C'est cela, dit-il, que Sa Sainteté prononce le serment d'innocence, mais par sa bouche. Nous connaissons bien le pape Léon. Il était le confident de notre regretté oncle Hadrien. Ce n'est pas au roi Charles à parler en son nom. C'est au pape lui-même.

Déjà, dans l'assemblée, les premiers rires fusent. Ceux qui sont les mieux renseignés sur l'attentat dont Léon a été la victime et qui appartiennent au clan qui a accompli le forfait feignent de se passionner :

– Oui, qu'il parle ! Qu'il parle ! Nous sommes tout oreilles !

Alors, Charles, de sa voix terrible, comme s'il l'ordonnait au nom du Dieu du ciel, apostrophe le souverain pontife :

– Pape Léon ! Prononce le serment d'innocence !

Paschalis se remet à espérer. Plus rompu à la rouerie des hommes et des assemblées, d'avance prêt au pire, Vitale glisse, tout bas, au cardinal le plus proche :

– C'est le moment de croire très fort en Dieu !

Léon s'avance et manque de chuter. Deux clercs se précipitent et le soutiennent. C'est un fantastique acteur. Désormais, par ce seul faux pas, il s'est gagné les hésitants. Il se redresse, relève la tête, prend le temps de capter l'attention de la foule tout entière. Charles le regarde. Il mesure combien, demain, il lui faudra compter avec ce pape qu'il est en train de ressusciter.

L'assistance est pétrifiée.

Et soudain le pape *parle*. D'une voix encore malhabile

mais avec une force souveraine. Dès les premiers mots prononcés, les partisans de Byzance se consultent du regard : ils savent qu'ils sont perdus.

– Au nom des très Saints Apôtres, dit le pape, moi Léon, pontife de la très Sainte Eglise romaine que nul n'a jamais jugée, ni contrainte...

Déjà, les soldats francs s'installent devant toutes les issues. Et la voix poursuit, tandis que l'on s'écrie, çà et là, « Miracle! » ou que l'on tombe à genoux...

– De par ma volonté et en votre présence, je m'absous devant Dieu qui me voit. J'affirme n'avoir commis aucun des crimes dont on m'accuse, ni avoir été impliqué d'aucune façon dans leur perpétration si elle a eu lieu. J'en témoigne devant le Dieu tout puissant qui nous jugera tous un jour et qui voit tous nos actes, qu'ils soient accomplis dans la lumière ou dans les ténèbres. On a cherché, par violence, à me priver de la vue des choses humaines, et de la parole grâce à laquelle je vous prêche les Saints Evangiles. N'ayant réussi ni à me rendre aveugle ni à me faire taire, on a voulu monter contre moi une parodie de justice. Le plus grand roi de la chrétienté a volé à mon secours!

Léon étend largement les mains.

– Fils respectueux et humble de la Sainte Eglise, conscient des terribles châtiments de Dieu et de ma damnation éternelle si je mens... je fais serment d'innocence! Je le jure sur ma foi!

Charles se dresse de toute sa stature et lève très haut la main pour obtenir le silence, et il s'écrie :

– Longue vie au pape Léon!

Quelques pas le séparent du pape blanc. Il les parcourt et debout à ses côtés, annonce à l'assistance stupéfaite :

– Nul ne sortira de Saint-Pierre sans mon ordre. Toutes les portes sont gardées. Le procès du pape Léon est jugé et son innocence reconnue. Nous allons commencer sur-le-champ un autre procès. Celui de ses accusateurs qui sont, aussi, les complices des assassins. On les connaît. On sait leurs noms. Aucun d'entre eux, quelle que soit sa condition ou sa parenté, ne sera épargné. La justice de Dieu va passer!

***

« Que saint Pierre prête vie au pape Léon et qu'il accorde la victoire au roi Charles! »

C'est l'inscription que Léon, rétabli dans tous ses droits de souverain pontife, a fait graver au bas de la mosaïque commandée par son prédécesseur Hadrien. A la veille de Noël, elle scelle définitivement le pacte de Quiercy. Léon insiste pour que le roi des Francs assiste à la basilique du Latran aux festivités de Noël.

– Je veux que le peuple de Rome nous voit ensemble, dit-il.

– Le peuple! réplique Charles avec de l'amertume dans la voix. Il danse dans les rues et il attend, avec une farouche impatience, le beau spectacle de l'exécution de Paschalis et de ses complices comme cadeau de Noël. Il aurait dansé aussi pour ta condamnation! Il sera déçu, le peuple : j'ai agi selon ton vœu, j'ai ordonné que la peine de mort des condamnés soit commuée en exil perpétuel. En mémoire de la naissance du Christ.

Le pontife et le roi marchent, côte à côte, dans la basilique déserte. Dehors, les charpentiers travaillent avec les peintres et les autres artisans à parer l'édifice religieux pour les cérémonies. On entend résonner leurs marteaux. De place en place, les soldats francs montent la garde.

– Je te regarde, dit Léon au roi. Je cherche à comprendre pourquoi tu réussis tout ce que tu entreprends.

– Parce que je le fais au nom du Christ.

Léon est pensif : le Saint-Siège, au long de siècles difficiles, a connu de nombreux protecteurs : les Goths, les Lombards, les Byzantins. Ce fut toujours alliance tumultueuse, mais aucun d'entre eux ne s'est montré aussi volontaire que Charles et si peu respectueux de la règle ecclésiastique.

– J'ai appris que tu as même convoqué un synode à Francfort. Tu n'en avais pas le droit.

– Ma mère, la reine Berthe, avait une très belle expression pour cela. Elle me disait : « Va faire le ménage de Dieu ». Ce n'était pas une mince affaire ! Il m'a fallu retrousser mes manches et alterner la hache et l'eau bénite ! La terre est immense, Léon. Je l'ai parcourue plusieurs fois et en tous sens. Chaque race sait des choses que l'autre ignore. Les Maures, par exemple, sont plus savants que nous. Mon grand-père Charles l'ignorait, c'est peut-être grâce à cela qu'ils les a battus à Poitiers. Moi, je l'avais compris en Espagne. Ils ont appris l'irrigation aux Andalous. L'un des leurs, Diani, connaît le secret de l'alliage des métaux. Mais ils nous haïssent. Ils disent : « Sois maudit comme le Franc ! » Il croient que nous portons des armes parce que nous avons peur de la nuit.

Il parle, le géant, dans le soir d'hiver qui commence à emballer la ville dans la brume. C'est le moment capital de son existence. On dirait qu'il le sent et qu'il prolonge la veillée et les confidences.

– J'ai marché jusqu'au grand fleuve qui borde le monde mais j'en ai payé le prix. Il m'a fallu semer mes amis et mes femmes au long des routes.

Ils sont parvenus au grand porche qui ouvre sur la nuit où, déjà, des feux s'allument. Il fait froid.

– Défie-toi de Rome, Saint-Père, recommande Charles. Elle est changeante. Hier, le Trastevere était de ton côté parce que tu étais un gueux comme lui. Demain, il réclamera ta tête quand il saura que tu es condamné à mourir riche.

– Il y a une chose qui m'intrigue, dit Léon. Pourquoi Paschalis a-t-il envoyé un message à la flotte byzantine pour lui demander de rebrousser chemin ? Et toi, comment savais-tu qu'il l'avait écrit ?

– C'est moi qui l'ai dicté, Saint-Père. Dicté à mon ami Eginhard qui est un calligraphe et un faussaire de génie.

– C'est donc cela ? Tu gouvernes la Cité des hommes par la ruse ?

– L'important, Saint-Père, c'est que le Bien triomphe du Mal. C'est la part de Dieu.

Un oiseau s'est réfugié dans l'église et y volette éperdument. Charles a levé les yeux.

– Tu vois, dit-il, le chrétien est comme l'oiseau. Il cherche la lumière dedans. Et elle est dehors. Il suffit d'attendre le matin...

***

L'heure familiale a sonné. Charles réunit ses trois enfants : Charles, son aîné, Pépin, entouré de ses quatre jeunes filles, et Louis le Pieux. Devant eux, il dicte ses volontés à Eginhard qui prend note :

– On ne fera pas de travaux pénibles le jour du Seigneur. Seuls trois genres de transports au chariot seront permis...

– Même aux pauvres, tu interdis le travail du dimanche ? demande Louis.

– Ils doivent prendre du repos et prier Dieu. Les rois que nous sommes doivent tout faire pour les rendre moins misérables. Les trois seuls transports permis le dimanche sont les transports de troupes, les transports de vivres et les transports de corps à leurs tombes... On ne fait attendre ni la guerre, ni la faim, ni le Bon Dieu.

Le grand roi est serein comme il ne l'a jamais été. Un chevaucheur, puis un autre, puis un troisième, durant ce long séjour à Rome lui ont appris, successivement, que Berthe, Alcuin et Liutgarde avaient quitté leur enveloppe charnelle. Pour la mère et l'ami, Charles s'y attendait. La mort de l'Alamane au corps si doux à caresser lui a porté un coup funèbre, et l'a conduit à un détachement qu'il n'avait, jusqu'alors, jamais atteint. Il le force à voir loin.

– Je veux, dit-il, qu'après ma mort, vous soyez les garants de l'unité de la Cité des hommes. Vous ne devrez jamais vous quereller. Cette cité s'appelle l'Europe. Elle est immense. Les hommes qui y vivent sont à présent rassemblés dans le Christ. Il vous appartient de les maintenir ainsi. Alors, tous les cœurs battront à l'unisson et le règne de l'harmonie commencera sur la terre.

Charles fait agenouiller ses trois fils et leur demande, d'une seule voix, de jurer qu'ils tiendront cette promesse solennelle faite la veille du jour de la Nativité, en l'an 800, à Rome.

– Et n'oubliez jamais, rappelle le roi en les faisant se relever, que le temps de Dieu, toujours, prime le temps des hommes.

***

De son côté, le pape Léon prépare la grand messe du lendemain. Outre la cérémonie religieuse, il a décidé de procéder à un acte historique qui fera date dans l'Eglise romaine : il veut couronner Charles empereur d'Occident. Sur le plan politique, c'est, au lendemain du bannissement des partisans de Byzance, et de l'éloignement de la flotte d'Irène, l'affirmation de la primauté définitive du pacte de Quiercy. Pour la Curie, c'est confirmer l'appui sans réserve que le roi des Francs, le plus puissant monarque de la chrétienté occidentale, apporte au pape lui-même. Léon entend profiter de la présence à Rome de Charles pour affermir, *urbi et orbi,* sa propre autorité qu'on a si gravement bafouée. Reste à convaincre Charles. Ses conseillers les plus intimes, sortis de la clandestinité à laquelle ils ont été contraints durant les journées dominées par Paschalis et ses complices, cherchent à dissuader le pape d'agir par surprise envers le roi.

– Quand le Seigneur, rétorque Léon, ordonne au prophète Samuel de chercher un enfant du nom de David et de le couronner roi, Samuel ne prévient pas David. Il prend la corne d'huile et il l'oint sans l'instruire de la volonté divine !

– Charles me fait peur, confie son cardinal le plus proche. Il est trop grand!

Un sourire fleurit sur les lèvres mutilées du pape.

– Moi aussi, il me fait peur, dit-il. J'espère seulement qu'il me fera moins peur lorsqu'il sera empereur que quand il est roi!

⁂

Le matin de Noël est radieux comme un enfant qui naît.

Autour de la basilique, le comte Roger a disposé des guerriers francs en armes. Rome, partagée et rebelle, demeure toujours dangereuse.

– Chaque archer doit se tenir l'arc prêt, le carquois plein. La surprise peut venir à tout moment. De n'importe qui, même de l'entourage du pape. Nul, hors le cortège du roi Charles et celui de Sa Sainteté, ne doit approcher du porche. S'il le faut, servez-vous de vos flèches!

Et les cloches se mettent à sonner, à toute volée!

A l'intérieur de la basilique, devant le maître-autel, se tient le pape Léon, frêle apparition blanche, entouré de ses prélats et de ses clercs. Dans les deux ailes se répartissent la Curie, la haute aristocratie romaine d'un côté, Charles avec ses fils et ses évêques, et Eginhard, de l'autre. Derrière, la foule, contenue par un cordon de guerriers francs, qui tournent le dos à l'autel et font face à l'assistance.

Une colombe blanche – celle qui est entrée la veille dans l'église quand Charles et Léon se parlaient – volette tout en haut de la nef, à la fois captive et enivrée.

Tous la regardent. La tension est insupportable dans l'édifice bondé où chacun, après les journées terribles qu'a vécu Rome, cherche à reprendre espoir.

Le pape s'agenouille. L'assistance entière le fait après lui. Un clerc s'approche. Il porte sur un coussin pourpre la couronne d'or des empereurs. Léon la prend. Angilbert a vu. Il se penche à l'oreille de Charles.

– Il ne peut pas le faire sans votre assentiment!

Charles ne répond pas.

Se doutait-il? L'événement est immense. Demain, il va retentir dans toute la chrétienté. Le fallait-il? C'est un fardeau, de plus, superbe et farouche, qui lui est à nouveau imposé. La couronne d'Occident est très lourde à porter. Pourtant, le visage du roi resplendit de lumière. L'abbé place sa main sur l'épaule de Charles, comme s'il voulait, une dernière fois, le mettre en garde. Le roi libère son épaule. Léon ne l'a pas averti de son intention. Sans doute craignait-il d'essuyer un refus. A présent, le destin est en marche, Charles ne s'y oppose plus.

Le pape s'est approché. L'espace d'un instant, leurs regards se croisent. Complices soudain. Quand le souverain pontife pose la couronne sur la tête du roi, de la nef tout entière monte une houle de contentement. Et des clameurs :

– Charles! Charles le Grand! Charles empereur d'Occident! CHARLEMAGNE!

Le géant est ému au-delà de l'imaginable. Pour masquer son trouble, il glisse à Charles le jeune qui se tient à ses côtés :

– Que ton aïeul Charles le Martel, que ton grand-père Pépin et ta grand-mère, la reine Berthe, du haut du ciel, les entendent!

De nouveau les regards de Léon et de Charles se rencontrent. Comme en Germanie quand, devant les guerriers francs rassemblés, le roi avait baisé le pied du pape. Aux lèvres de Charles revient le mot qui, depuis sa prime enfance, a commandé toute son existence et qu'il a cueilli sur la bouche de son père mort, les yeux ouverts sur l'éternité :

– Quiercy!

ÉPILOGUE

« A la fin de sa vie, comme il pliait déjà sous le poids de la maladie et de la vieillesse, Charlemagne fit appeler auprès de lui le roi Louis d'Aquitaine, le seul fils qui lui restât de son mariage avec Hildegarde, et, en présence des grands de tout l'Etat franc, réunis en assemblée générale, sur le conseil de tous, il l'associa au gouvernement de l'ensemble du royaume et le désigna comme héritier du titre impérial ; puis, lui ayant placé le diadème sur la tête, il prescrivit de l'appeler désormais empereur et “ auguste ”. »

Ainsi s'exprime Eginhard.

« Vers les calendes de novembre, poursuit-il, après avoir chassé, comme d'ordinaire, aux environs de son palais d'Aix, il y rentra pour y passer l'hiver. Au mois de janvier, il fut pris d'une forte fièvre, il se mit à la diète, pensant pouvoir ainsi écarter la maladie ou tout au moins l'atténuer. Mais la fièvre se compliqua d'une douleur au côté – ce que les Grecs appellent pleurésie – et comme il continuait à observer la diète et ne soutenait plus son corps que par quelques rares boissons, le septième jour après s'être alité, ayant reçu la sainte communion, il mourut en sa soixante-douzième année et la quarantième-septième de son règne, le cinq des calendes de février [28 janvier] à la troisième heure du jour [9 heures du matin]. » De l'an 814.

On l'enterra dans la superbe basilique qu'il avait fait construire et l'on mit sa tombe sous une arcade dorée avec son portrait et une inscription à sa gloire où il était qualifié de « grand et orthodoxe empereur qui a noblement accru le royaume des Francs ».

CARTES

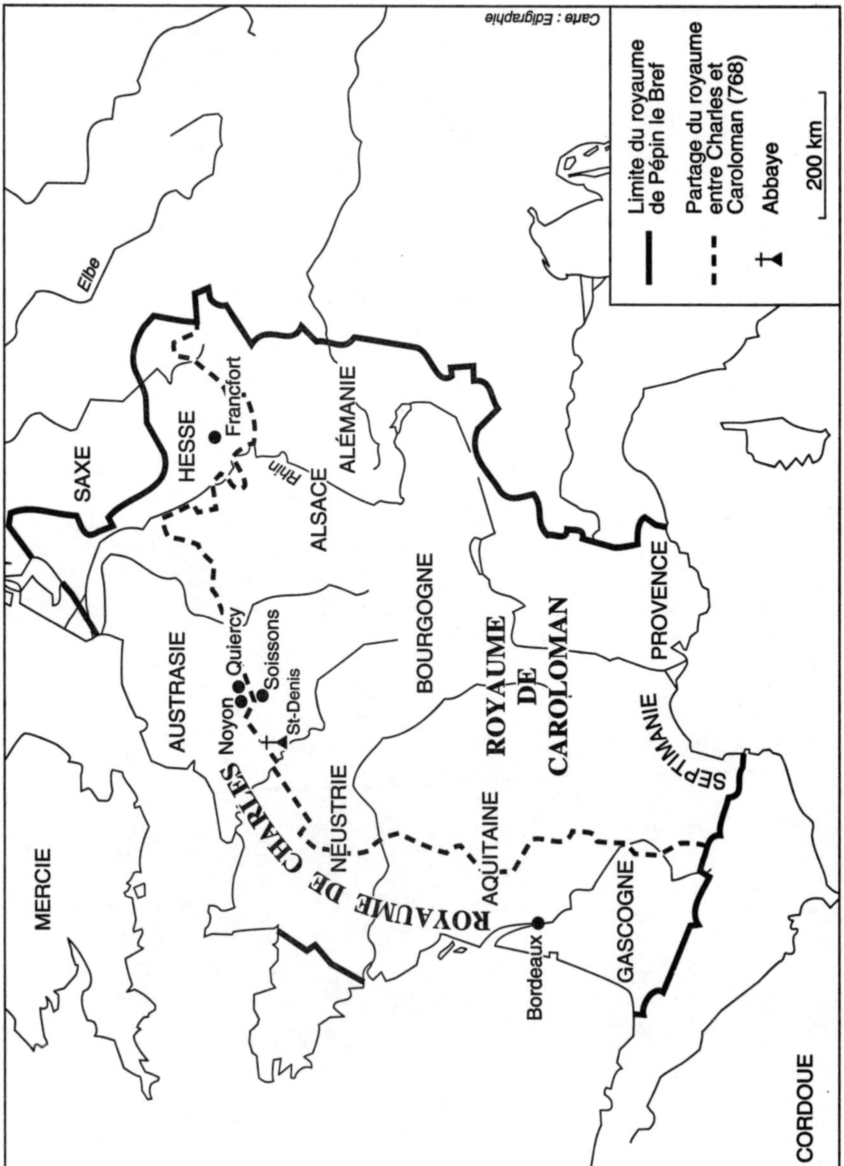

Le royaume franc à la mort de Pépin le Bref (768)

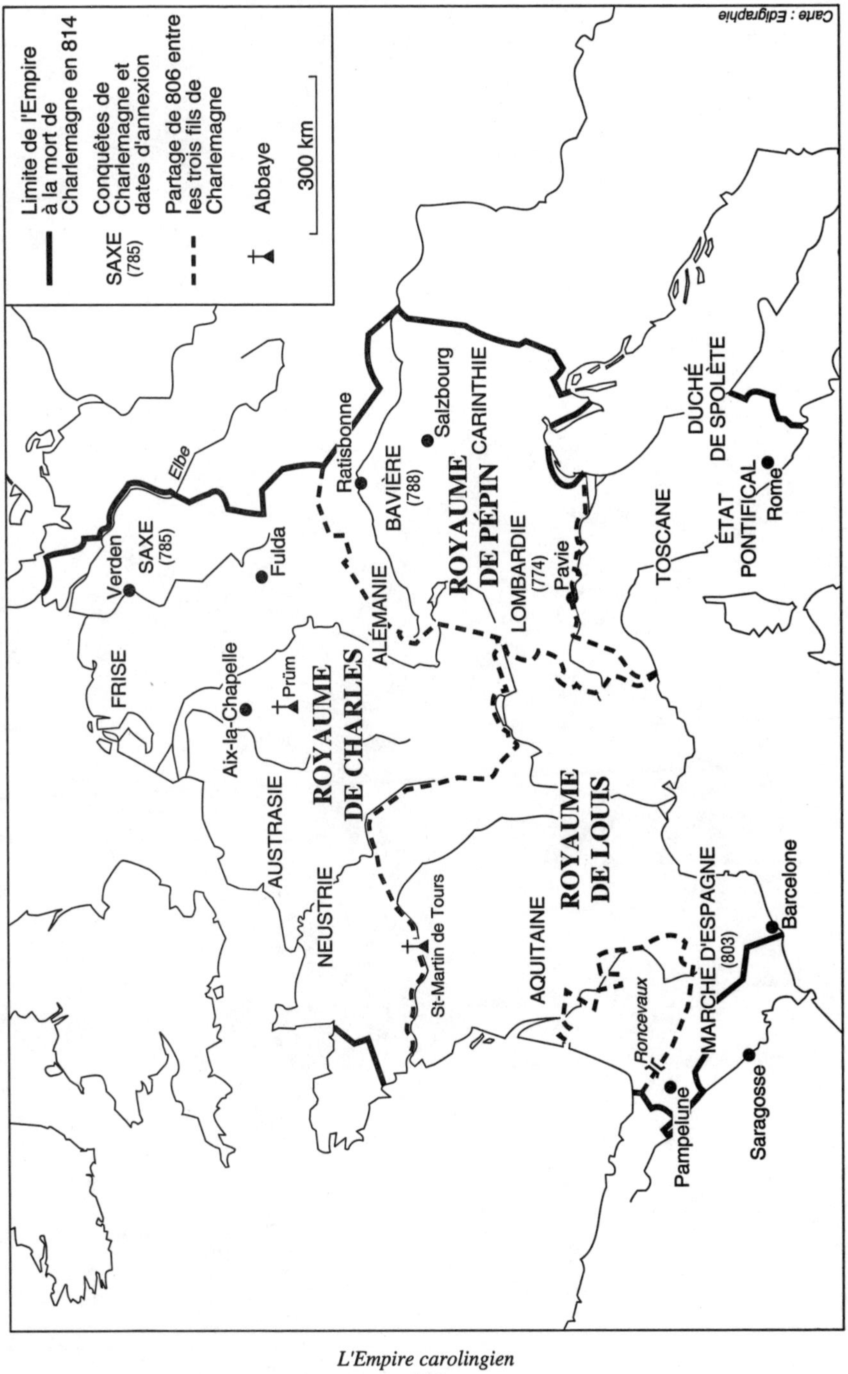

L'Empire carolingien
814

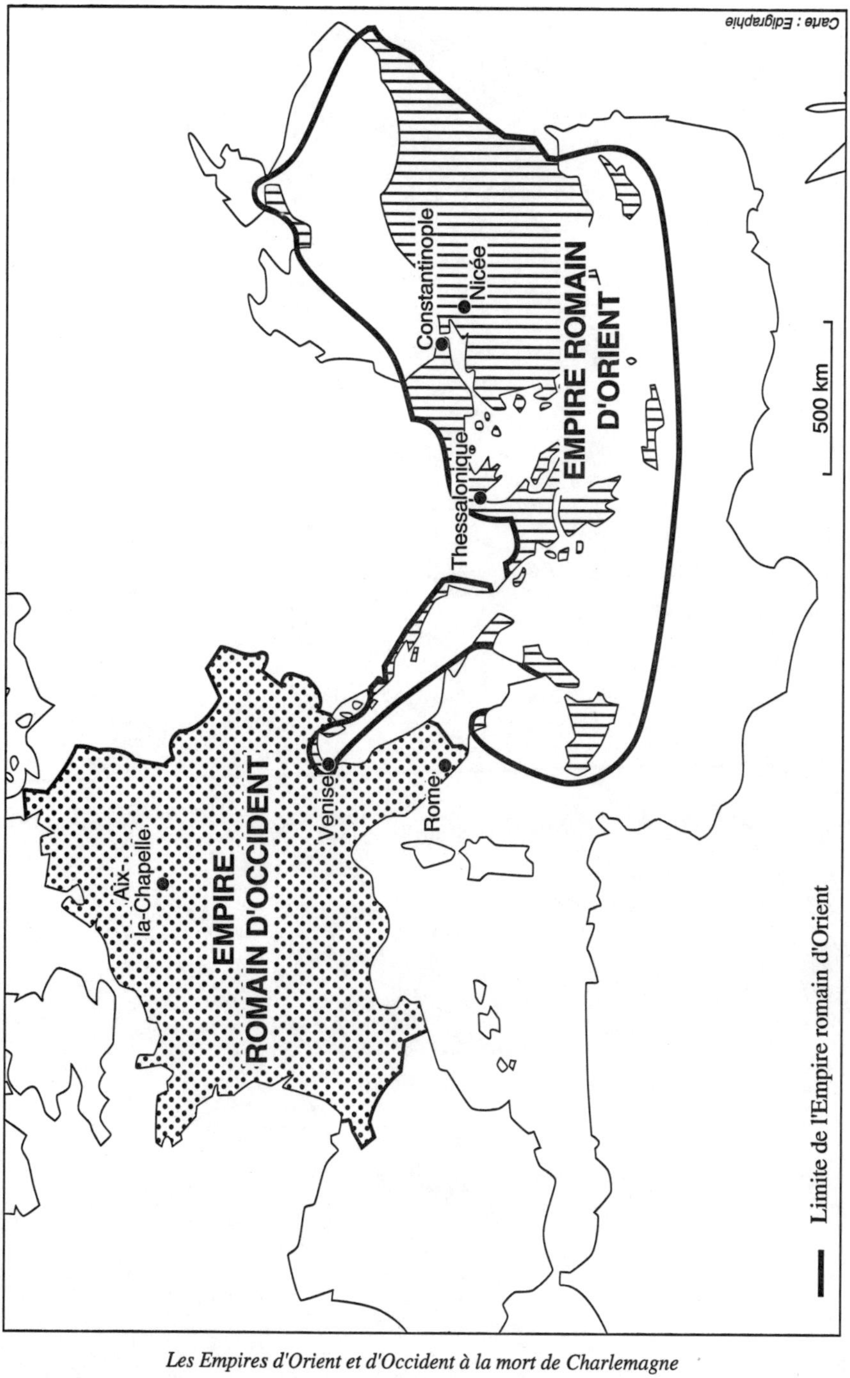

Les Empires d'Orient et d'Occident à la mort de Charlemagne

Table

Cet ouvrage a été réalisé par la
SOCIÉTÉ NOUVELLE FIRMIN-DIDOT
Mesnil-sur-l'Estrée
pour le compte des Éditions Flammarion
en janvier 1994

Imprimé en France
Dépôt légal : octobre 1993
N° d'édition : 14984 – N° d'impression : 26089